U0364217

智能全媒体传播时代口语传播的迭代升级

编 委 会

主　编　王一婷

副主编　朱永祥

编　委　石　研　胡蓓蓓

智能全媒体传播时代
口语传播的迭代升级

王一婷◎主　编　朱永祥◎副主编

The Upgrade of
Oral Communication in the Era of Intelligent
Multimedia Communication

ZHEJIANG UNIVERSITY PRESS
浙江大学出版社
·杭州·

图书在版编目（CIP）数据

智能全媒体传播时代口语传播的迭代升级 / 王一婷主编；朱永祥副主编.--杭州：浙江大学出版社，2025.5.--ISBN 978-7-308-26275-0

Ⅰ. G206-53

中国国家版本馆 CIP 数据核字第 2025KP4608 号

智能全媒体传播时代口语传播的迭代升级

王一婷　主编　朱永祥　副主编

责任编辑　李海燕

责任校对　朱梦琳

封面设计　雷建军

出版发行　浙江大学出版社
　　　　　（杭州市天目山路 148 号　邮政编码 310007）
　　　　　（网址：http://www.zjupress.com）

排　　版　杭州好友排版工作室

印　　刷　杭州钱江彩色印务有限公司

开　　本　710mm×1000mm　1/16

印　　张　15

字　　数　269 千

版 印 次　2025 年 5 月第 1 版　2025 年 5 月第 1 次印刷

书　　号　ISBN 978-7-308-26275-0

定　　价　70.00 元

版权所有　侵权必究　印装差错　负责调换

浙江大学出版社市场运营中心联系方式：0571-88925591；http://zjdxcbs.tmall.com

序

我们知道,传播学研究的重要起源之一,就是对于口语传播的研究,特别是基于辩论、演讲,还有基于修辞学的文本研究等,它们都是整个传播学研究非常重要的起源。但是面对智能全媒体传播时代的到来,传播学面临着非常严峻的挑战,其中也包括口语传播研究与实践的迭代升级问题。

习近平总书记在党的二十大报告中指出,加强全媒体传播体系建设,塑造主流舆论新格局。[①] 这个更多的是指向主流媒体。报告又指出,健全网络综合治理体系,推动形成良好网络生态,这句话更多的是指向新媒体和互联网,当然也一定是指向主流媒体和传统媒体的,因为传统主流媒体也正在加快媒体深度融合,融入互联网社会。如果把这两句话作为对我国未来媒体发展的一个基本判断,就可以看到,我们正阔步迈入全媒体传播时代,特别是一个智能化的全媒体传播时代。在这个智能化的全媒体传播时代,我们的口语传播同样面临着几个巨大的挑战。口语传播的实践已进入一个急速迭代更新的时代,而基于这样的实践,我们要开展的口语传播研究也急需升级和改造,下面我想分两个方面进行探讨:一是急速迭代口语传播实践,二是急需升级口语传播研究。

首先来看第一个问题,就是口语传播的实践。整个人类社会的传播实践正如火如荼地进行着创新、改造、迭代和升级,而这种急速迭代当中的口语传播实践,也已经呈现出很多方面的新的机会、新的变化以及新的挑战。

进行简要梳理后可以看出,第一个变化就是口语传播的主体越来越全员

---

① 中华人民共和国国务院办公厅.习近平:高举中国特色社会主义伟大旗帜 为全面建设社会主义现代化国家而团结奋斗——在中国共产党第二十次全国代表大会上的报告[R/OL].(2022-10-25)[2023-04-30]. https://www.gov.cn/xinwen/2022/10/25/content_5721685.htm

化,也就是说,我们过去所谓的口语传播者往往都是专业人士,即基本是 PGC (Professional Generated Content,专业生产内容)。但是进入互联网自媒体时代,大量的 UGC(User-Generated Content,用户生成内容)、PUGC (Professional User Generated Content,专业用户生产内容),乃至于最近最热的 AIGC(Artificial Intelligence Generated Content,生成式人工智能),也成为口语传播的主体。

从几年前新华社在国内首创"新华小新"虚拟主持人开始,我们就已经进入了一个口语传播主体虚实结合的时代,这是第一个方面的变化。

第二个方面的迭代更新就是口语传播的内容已经变得越来越全方位。我们过去听到的口语传播,要么是演讲,要么是辩论,要么是主流大众媒体的播音员、主持人通过有声语言进行的播报。而如今的口语传播内容已经全方位了。在日常生活各种垂直的行业当中,各种场景下都有大量的口语传播实践,或者说基本上都由口语传播去交流与沟通。

第三个方面的变化就是口语传播的形态越来越多模态。这个变化主要是由于技术的支撑,今天的口语传播,特别是一种有声语言的传播,一定不再是单一的渠道,或者叫单一模态。现在已经有大量的有声语言,加上视频,加上其他多种音频,甚至加上交互的手段和方式,让真人与虚拟人之间、真人与真人之间、虚拟人与虚拟人之间进行这种多模态的交流和互动,这是口语传播形态的一个非常重要的变化。

第四个方面的变化就是口语传播场景越来越全面化,或称全息化。当下的口语传播已经不再像过去只有在广播电台由播音员完成。那个时代与那种模式所形成的是单一口语传播场景,现在越来越变成多场景乃至全场景虚实共生的口语传播。只要有社会生活场景的存在,就一定会出现各种各样的口语传播,线上线下结合,数实融合,虚实共生,乃至出现全景声,这些都使得我们在今天这个时代进行口语传播的时候,场景已经没有了隔阂,没有了割裂,已经使得场景流动和场景跨越成为可能,实现了非常平滑地转移的效果。

第五个方面的变化就是口语传播渠道越来越平台化。过去的口语传播基本都是在专业渠道进行的,如广播电台和电视台,今天口语传播的渠道已经越来越平台化,出现了许多口语传播音频平台,如喜马拉雅。另外在社交媒体上,大量的口语传播自媒体,都已经呈现出平台化趋势,如大量电商品牌营销基本上是靠口语传播来进行,还有大量电竞游戏解说也都是依赖口语传播形成自身模式的。现实中也看到,高校播音系毕业的大学生开始大量从事电商和电竞工作。

最后一个方面的变化就是口语传播的效能越来越全效化。基于前五个变化,即由于口语传播主体多元、内容全方位、形态多模态、场景全息化和渠道平台化,口语传播效能更高,能够在任何场景下实现它所希望达到的效能。因为口语传播来得最便捷,某种意义上来讲,要比一般需要经过后期加工的方式进行的传播速度更快、成本更低、效率更高。

综上所述,我们已经进入口语传播急速迭代的一个时期。实践的急速变化,给我们学术界的研究带来了一系列重大挑战。

我想讨论的第二个问题就是急需升级当下和未来的口语传播研究。急速变化的实践带来的新挑战、新问题、新困惑会越来越多,第一个就是口语传播多源头的问题。因为口语传播的源头已经不单是指人,很多时候是来自机器,某种意义上来讲,更多的时候可能会来自人机互动诞生的共生和共创、口语内容的共生和共创,这是现在的数字和虚拟人技术给我们带来的挑战,而且已经是摆在我们面前的现实问题。

第二个需要特别关注研究的就是口语传播的流程变迁。在今天这个智能传播时代,其内容生产、流通以及消费形态,跟工业时代大众传播的广播电台和电视台的生产、流通、消费有什么不一样?有很多问题需要研究。

第三个方面就是口语传播的效果或效能。在互联网时代、智能传播时代,传播已经能够做到无远弗届、无处不在、无时不在,各种场景全覆盖、全连接。因此,口语传播效果已经变得多因多果、多元复杂。

第四个方面急需开展的研究就是口语传播的逻辑基础。过去,我们是在工业时代里面研究传播,现在是在人工智能时代里面来研究传播。时代更迭已经带来了很多基础逻辑的改变,比如数字社会的基本构成要素与原理、数字人群的动态构成,以及技术在整个数字生产、数字流通、数字消费当中的驱动方式等,这些都属于口语传播研究当中对于基础逻辑或者逻辑基础的一种认知的改变。我们不能再用工业时代的观点、观念和逻辑来判断人工智能时代口语传播的一些基本问题。

第五个方面也是特别值得研究的,就是打造或者创新口语传播的一些基础理论。我们再不能用农业时代、工业时代只关注面对面进行演讲、修辞和辩论等模式。人类社会正在进入人工智能网络社会，进入一个数实结合、高度复杂的社会，所以对口语传播基础理论就要进行一些根本性改造和更新。

　　我们特别期待，口语传播学术界能从政治、经济、社会、文化，乃至从本体论的角度去做更多的创新研究。我们正处于一个迅速迭代更新的时代，不管是实践还是研究，都急需我们不断创新，如此才能够面向人类社会共同发展的未来。

　　　　　　　　　　　　　　　胡正荣

　　　　　　　　　　中国社会科学院新闻与传播研究所所长

　　　　　　　　　　2024 年春

自序　在数字浪潮中重构口语传播的新坐标

前谷登堡时代，人们通过手写或口耳相传来保存古老的智慧。在以印刷术发明为标志的谷登堡时代，口头文化转向需要授权，并以视觉主导的线性思维。而到了后谷登堡时代，我们的传播媒介再次变成了对话式的、开放的、被大众分享的、再混合的，继而是互相协作的、业余的、无止境的。

后谷登堡时代，就是伴随网络技术应运而生的数字媒体时代。在这个时代，网络内容平台和社交平台纷纷崛起，尤其是短视频＋直播强势攫取注意力，直接蚕食了广播电视的优势领地，也给依附其上的播音主持专业教育带来了挑战。一方面，由于公众参与的互动分享，强化了"近在眼前"的对话式协作，正在重塑播音主持的文化审美取向；另一方面，借助数字可供性的驱动，传统意义上的播音主持人才在"技术—社会"共生性生态中面临新的转型。

浙江是主流媒体的融合高地和主播经济的产业高地，其对新媒体主播人才的需求如同劲风一般扑面而来。也正是在这一背景下，2021年，浙江传媒学院播音主持艺术学院在时任院长杜晓红教授的推动下，率先成立了数字媒体和口语传播教学部（2024年改为智媒口传系），并开始在大三学生中开设新媒体主播方向，尝试培养胜任新媒体多模态、多场景口语传播实践的播音主持人才。

众所周知，由于播音主持和口语传播分别隶属戏剧影视学和新闻传播学两个一级学科，当下的口语传播教育更多侧重理论探究，而不是实务训练，因此，在全媒体视域下，如何立足传播学理论基础，融合播音主持艺术表达的"精粹口语"专业特色，形成数媒时代口语传播学科建设"差异化"优势，需要播音主持和新闻传播两大领域专家学者的通力协作和共同努力，也正因为这种交叉融合，将给中国特色的播音主持学科专业发展带来新的想象。

2023年夏，浙江传媒学院首次主办了全国性的数媒口语传播学术论坛，论坛以"新时代、新媒介、新语境：全媒体视域下口语传播的想象"为名，旨在推动数媒口语传播的理论创新、学科建设和人才培养，以因应全媒体传播时代内容产业发展的需要。

可以说，本文集的出版，不仅是对首次论坛提交论文的一次梳理，更是对口语传播本质命题的深层叩问：在万物皆媒的智能时代，人类最本真的言语交往如何在数字媒体的激发下获得重生？口语传播的学术体系又该如何建构新的解释框架？

一、技术重构：从工具依附到生态重构的认知跃迁

数媒传播时代，口语传播虽然伴随着媒介技术的迭代升级而焕发生机，但当前研究存在严重的"技术工具论"倾向，也就是将智能传播技术简单视为传统口语传播的增效工具。这种认知偏差导致学界陷入"传播主体性消解"的理论困局。我们认为，人类独有的具身认知与情感共振能力将构成数媒口语传播不可替代的人本价值。当传播效能的评价标准从"信息精准度"转向"意义共创度"，也将推动播音员主持人从语言审美主导转向包含对话性、情境性、疗愈性的交流审美实践。此时，我们应该追问：当机器能够完美复刻人类的声音与表情时，主持人何以继续成为"不可替代的媒介节点"？这一问题的答案，必然指向技术无法僭越的人本价值疆域——具身认知带来的情感共振、文化解码衍生的意义协商、社会互动构建的群体记忆。

由于数字口语的话语组织遵循推荐算法的内容偏好，情绪表达适配社交平台的传播规则，价值判断受困于信息茧房的认知局限。这种深层异化警示我们，当技术不再仅是传播工具而成为认知框架时，口语传播研究必须建立新的价值坐标系——既要理解算法如何形塑言语交往，更要探索人文价值对技术逻辑的制衡机制。

二、主体转型：专业壁垒消融中的价值坚守

浙江广播电视集团副总编辑陈洁在《当下主持人的变与不变》的发言中，以新闻姐、小强等集团新媒体大 V 切入，勾勒出从广电时代"权威声腔"到短视频直播时代"人格化 IP"的演化轨迹，分享了新形势下主流媒体播音员主持人培养打造的变与不变。结合浙江广电转型实践策略，提出新时代主持人如何"以不变应万变，以善变应万变，以促变应万变"。她说："以不变应万变，赋

能播音员主持人队伍培根铸魂""以善变应万变,助力播音员主持人队伍强筋健骨""以促变应万变,推动播音员主持人队伍转型升级"。这种"变与不变"的辩证法,为智能时代的传播者身份转型提供了关键路标。

这种主体性的价值坚守,在浙江广电集团新闻主持人、"小强说"账号主播小强的《全民互动语境下,新闻主持人如何做好正能量传播——以中国蓝名嘴"小强说"为例》中,直接阐发为"三个觉悟",即正能量是"人心的正能量"、大流量是"阵地的硬实力"、好声量是"流量的真价值"。

三、范式创新:构建口语传播的元理论框架

中国社会科学院新闻与传播研究所所长胡正荣教授在论坛的视频致辞中提出了这样一个命题:"这个时代已经带来很多基础逻辑的改变,比如说数字社会和数字人群的构成,以及技术在整个数字生产、数字流通和数字消费中的影响等,需要我们创新口语传播的理论。"论坛上,不少与会专家学者对这一命题进行了回应。浙江传媒学院播音主持艺术学院教授朱永祥在《全媒体视域下口语传播学科建设的思考》中,结合浙江传媒学院口语传播与数字媒体学科建设,提出新媒体口语传播应该和广播电视播音主持一样,成为"精粹口语表达"的一体两翼,并强调其人本主体性。

在智媒传播引发学科重构的当下,这种研究范式展现出一定的学术想象:既承认技术对传播形态的根本性改造,又坚持人文价值对技术发展的规训引导;既立足当下的数字口语传播实践,又延续着中国播音主持艺术理论的学术脉络。

四、现实图景:在多模态、多场景中开启人才培养之路

面对媒体融合大潮,中国传媒大学播音主持艺术学院教授柴璠在《新传播形态下播音主持的再专业化》中指出,跨入智能媒体时代,我们都需要重新审视"专业主义",不再将"想象的受众"作为口语传播的交流范本,思考播音主持从专业化、到去专业化、再到专业化的进程。针对网络直播行业的勃兴,网络主播人才需求强劲,广州大学新闻与传播学院副教授苏凡博指出:"智能媒介时代,网络主播与新媒体平台内容呈现出同构化特征,业界急需具备创新性和独特性的深度复合型人才……需要从教师角色转换、课程体系再造、实践平台探索和主播价值重估四个方面进行高校人才培养体系改革,构建智能媒介时

代网络主播人才培养的路径。"而中国人民大学新闻学院副教授董晨宇更是结合三年的田野调查,从主播职业的视角,考察了他们如何对待、规划和实践自己在网红、主播等数字产业中的职业生命。

站在智能传播的奇点时刻,本文集的出版既是阶段性的学术总结,更是面向未来的实践领航。浙江大学传媒与国际文化学院教授赵瑜指出:"生成式人工智能(AIGC)背景下,主播职业发展趋向受到广泛关注。AIGC 的崛起,特别是 ChatGPT 等产品的应用,显著提升了人机交互能力,并在艺术领域展现出新的创造力。虚拟主播作为 AIGC 的重要应用,经历了从拟物到拟人再到拟真的发展,通过全息投影和增强现实技术,其表现形式日益丰富。"她还从计算机文化的角度重新定义了虚拟主播的实践,进一步指出虚拟主播的兴起对主播行业既是机遇也是挑战,呼吁主播须重塑"专业性"定义,坚守传统传播优势,并融合个人生命体验和人格素质。

"我们只有面向国家社会发展的任务需求、面向新技术带来的结构性变革、面向全球化背景下人类文明交往的新形势,承担起中国口语传播学应有的历史使命,才能把握正确的发展方向,发挥应有的作用,才能获得长足的发展,作出应有的贡献。"华东师范大学传播学院副教授巩晓亮在论坛上开宗明义。

我们期待,本文集能成为点燃学术创新的火种:在理论维度,推动构建中国特色的数字口语传播理论体系;在实践层面,指导智媒口语的多场景人本化应用;在文明意义上,守护数字时代言语交往的人文价值。这或许就是口语传播研究在智能时代的终极命题。

在此,我们要特别感谢与会专家学者的真知灼见,他们的思想碰撞催生了这些富有创见的学术成果。浙江传媒学院作为中国数媒口语传播研究与实践的探求者,将持续搭建跨学科交流平台,推动建立"新文科"背景下的口语传播学术共同体。相信本文集的读者不仅能从中获得学术启发,更能感受到传播学者在技术洪流中的思想定力与人文情怀。

王一婷　朱永祥

2025 年 5 月

目 录

一、数媒口传理论建设：溯源与探索

新传播形态下播音主持的再专业化 　　　　　　　柴璠　张彪（ 3 ）

中国式现代化进程中口语传播学的学科使命与知识体系建构　　巩晓亮（ 14 ）

虚拟主播的身份"迷思"

　　　　——从人格化建构到伦理困境应对　　　苟凯东　郭方舟（ 25 ）

数字口语时代的交流情境重构

　　　　——兼谈播音教育　　　　　　　　　　　　闫利超（ 34 ）

智媒时代播音主持人格化传播的发展与研究　　　　　　林阳（ 43 ）

"劝服"艺术：口语传播视域下国际主播的显隐性特征分析　　李俊铭（ 53 ）

精度与温度的异化：AI 合成主播人格化界限的模糊　　　　宋来慧（ 63 ）

二、数媒口传人才培养：反思与选择

全媒体视域下口语传播学科建设的思考

　　　　——以浙传播音主持专业实践探索为例　　朱永祥　吴景美（ 73 ）

中传口语传播教育为何要从语言认知起步　　　　　　丁龙江（ 84 ）

主体性的回归：数媒智媒时代网络主播人才培养的探索与思考　苏凡博（ 96 ）

建构主义视域下新媒体主播人才培养的教学法探析　李斌　颜涵（102）

新文科背景下工科院校播音与主持艺术专业课程案例开发研究

于　红　胡兴波(109)

移动互联时代全景浸入式口语传播人才培养模式探析

张苗苗　穆　洁　王文斌(119)

双重身份的焦虑：播音专业的科研现状与路径选择　林玉佳　王　鑫(128)

三、数媒口传策略重构：主持与主播

生成式人工智能背景下的主播职业发展趋向　　　　　　　　赵　瑜(147)

从主播到网红：平台经济中的职业前景　　　　　　　　　董晨宇(157)

新形势下主流媒体播音员主持人培养打造的变与不变

——以浙江广电集团播音员主持人"蔚蓝金声"品牌实践为例

陈　洁(161)

全民互动语境下，新闻主持人如何做好正能量传播

——以中国蓝名嘴"小强说"为例　　　　　　王志强　曹　莹(170)

浅析访谈类节目主持人的个性化塑造及口语传播策略

——以《十三邀》主持人许知远为例　　　　　康佳骏　吕　帅(175)

城市传播视域下文化类主持人的情感表达与优化展望

——以央视《一平方米》节目为例　　　　　　　　　孙泽文(185)

职业与跨界：电商主播的语言表达策略比较研究

——以央视主持人与某头部主播电商主播直播话语文本为例

秦　霄　吕蓓旻(194)

品牌叙事视角下内容种草的心智策略探析

——以直播种草为切口　　　　　　　　　　　　　张书敏(203)

文化场域视角下文旅短视频口语传播策略重构

——以"广西文化和旅游厅"抖音号为例　　　　　　　牟坤书(212)

徐静雨式解说：开启中国网络体育解说"娱乐至死"时代　陈鑫隆(222)

一、数媒口传理论建设：溯源与探索

新传播形态下播音主持的再专业化

柴　璠　张　彪

（中国传媒大学播音主持艺术学院，北京 100024＊）

摘　要：伴随全球新闻传播行业初步跨入智能媒体时代，播音员主持人在脱域融合空间中的种种表现成为当前学界、业界讨论的焦点，同时也催生出对"播音主持专业化"这一母题的再思考。数智传播的诞生，既使得播音主持工作者的媒体生产实践更加集约，又存在着语言表达原子化、"去专业化"、创作道路异化等现象对播音主持学科光晕的消解。如若播音主持工作者仍将"想象的受众"作为口语传播的交流范本，终将是对数字交往畅想的坐而论道。本文经由对播音主持"专业化—去专业化—再专业化"的路径反思，以新传播形态下播音主持的拓展空间、再专业化面向为蓝本，回答播音主持再专业化的存在之思。

关键词：新传播形态；播音主持；再专业化；具身性在场

2014 年 8 月 18 日，中央全面深化改革领导小组第四次会议审议通过了《关于推动传统媒体和新兴媒体融合发展的指导意见》。[①] 媒体深度融合十年间，从媒体融合到融合媒体的数字化传播，再到智能媒体的数智化传播，媒体传播方式经历了结构性转变。数智传播作为智能媒体时代的主要传播方式，其基于"AI＋5G＋VR"的技术支持，形成了一个全链条内容传播新格局。伴随着新传播形态的更迭，播音主持学界和业界也不断对"技—艺"关系进行新

＊　本文系国家广播电视总局部级社科研究项目："媒体深度融合中广播电视主持人专业能力'做强做优'研究"（GDT2125）研究成果之一。

作者简介：柴璠，中国传媒大学教授，博士生导师；张彪，中国传媒大学播音主持艺术学院硕士研究生。

①　新闻"习近平主持召开中央全面深化改革领导小组第四次会议"[EB/OL]. (2014-08-18)[2024-02-25]. https://www.gov.cn/xinwen/2014-08/18/cntent_2736451.htm.

的思考。但处于智能媒体石器时代①的我们尚未全然享受到技术红利，又何以建立起一套完整的评价谱系？与其对传媒技术与播音主持学科进行堂·吉诃德式空想，不如重视有机世界中的播音员主持人。20世纪后期兴起的技术哲学的重要先驱刘易斯·芒福德（Lewis Mumford）预见性地提出，在"巨机器"的背后，我们仍要关注人本身。今后的媒体传播方式究竟给播音主持工作带来哪些新变化？当播音主持再专业化时究竟面向何方，而播音主持工作者又将如何"存在"？这是本文将要探讨的三个问题。

一、新技术下的新传播形态：播音主持的拓展空间

1940年12月的陕北王皮湾窑洞里，在功率为10千瓦的广播发射机、旧汽车引擎改装的发电机、用以隔音的羊毛毯子等设备的支持下，以"XNCR"为呼号的延安新华广播奠定了新中国广播事业的基础。从那时候开始，中国广播电视技术的发展进入与世界同步的阶段，"从实现'高清化、网络化、文件化'，到打造'超清化、移动化、智能化'新一代媒体融合技术体系……实现从传统技术布局向'5G＋4K/8K＋AI'战略格局转变，从传统广播电视机构向原创视音频内容生产发布的全媒体转变"②。放眼整个媒介域，当前移动互联网、人工智能、虚拟现实、增强现实、数字孪生等技术正在深刻地影响媒介生态。基于此，我国主流媒体建设在技术应用、传播理念、舆论引导三个端口发力。例如《中国诗词大会》《中国考古大会》《诗画中国》等由央视出品的文化类节目，运用XR（扩展现实）等虚拟现实技术表达，实现有效调动"技术＋文化＋艺术"模组，让海内外观众感受到博大精深的中华优秀传统文化；《青春万岁》《唱支Rap给党听》等央视新闻独创的短视频节目，基于抖音、快手、哔哩哔哩等互联网平台的网民审美特征创新节目形态；《主播说联播》《大国外交最前线》《相对论》等新闻短视频节目，创新互联网舆论引导新模式，为网络舆论厘清边界。

---

① 廖祥忠.从媒体融合到融合媒体：电视人的抉择与进路[J].现代传播（中国传媒大学学报），2020,42(1):1-7.

② 胡睿.2012—2022年中央广播电视总台媒体融合发展科技成果[J].中国传媒科技,2022,(11):34-40.

　　从一个媒介圈向另一个媒介圈过渡，主要是依靠"机器革命"。① 新技术是否在很多领域令真人话语边缘化？比如，文本转语音的 AI 工具 ElevenLabs，实现一个"人"能说 28 种语言，语音清晰，断句准确，情感丰富甚至带有口音特色。② 也许很多人看过由 AI 工具 HeyGen 生成的郭德纲、岳云鹏英语相声表演，这不是新技术的噱头，每个用户都可以通过极简方式，由 AI 工具生成会说多国语言的自己。AI 广播有了这项技术的支持，将会对内容生产方式和传媒产业布局产生极大影响。这只是人工智能语音技术应用的内容生产实践，很快我们将进入用传感器来感知，用 AR、VR 来观看和行动的虚拟现实媒介世界。那么表达的内涵和外延将发生怎样的变化？

　　80 多年来，广播电视新闻播报的语体特征比较稳定，态度庄重、字正腔圆、气息深厚、停连规整、节奏稳健，体现一种清晰、权威、不容置疑的传播情态。即使 2002 年中央电视台的新闻播报尝试采用 1998 年凤凰卫视主持人鲁豫的"说新闻"方式，将新闻以口语化的、轻松的、故事性的方式播送，并且在此后的若干年内各个广播电视台诞生了"新闻故事会""某某聊新闻"等新闻栏目，但极其考验播音员主持人吐字发声和创作基础能力，此类新闻的主持人一直是非播音主持专业出身的主持人不能胜任的。在人工智能技术不断升级的情况下，准确、清晰、规整地播报新闻不再是难题，但我国特定的权威主流媒体的新闻节目具有超越新闻本身的政治象征意义，新闻播音员和主持人不但是具有职业个性的个体，更是具有政治符号意义的"党的喉舌"。因此，他们不能够被物化、被技术化，他们的工作不能够成为"死劳动"（materialized labor）。可以肯定地说，在权威主流媒体的新闻播报中，播音员、主持人不能够被人工智能语音和虚拟人所替代，吐字发声、创作基础是播音主持专业化的核心，也是播音主持专业实践的护城河。

　　在新传播形态的推演之下，播音主持工作的位置正在渗透到不同媒体表达的语境当中。不论是社交媒体、自媒体的短视频化的口语表达，还是连麦直播、直播带货等互动性极强的语言表达，都离不开"言说"二字。同时，各种互联网化的表达样态也为播音主持工作带来新的拓展空间。

　　① 雷吉斯·德布雷.媒介学引论[M].刘文玲，译.北京：中国传媒大学出版社，2013：48.
　　② 样文.28 种语言，原汁原味的口音，ElevenLabs 文本转语音出测试版了[Z].（2023-08-25）[2024-02-25]. https://mp. weixin. qq. com/s? _ _ biz = MzUyODA3MDUwMA = = &mid = 2247514428&idx=1&sn=5760d2ff10a1d9616cbab32afd83d70a.

（一）言语破茧：从专业化到社会化的口语实践

普及吐字发声新领域，倡导口语传播新形态。播音主持专业为社会培养更多乐于出场、敢于在场、善于表达的社会口语表达者，助力各行各业人才语言素质的提升。2023 年 7 月，中国传媒大学国家语言文字推广基地面向贵州省水城区开展了教师国家通用语言文字能力提升在线示范培训。贵州水城区100 名中小学教师通过对科学发声、语音语法、逻辑思维等方面的学习，全面提高了作为一线教师的日常沟通能力和课堂表达水平。除此之外，播音员主持人、播音主持专业的教师开设泛知识化新媒体内容、专业垂直内容等的特色课程，形成了对社会公众进行口语表达素养和能力培训的新格局。

（二）视角叠合：多元叙事视角的共情表达

张颂认为："播音员是新闻工作者，也是语言艺术工作者。"[①]向世界讲好中国故事，正需要具备新闻专业素养和语言艺术优势的人才。在加强传统媒体宏大叙事的主流性、权威性的同时，播音主持工作者更加注重微观叙事和生活世界的呈现，将目光投向小人物，将镜头摇向小切口，以第一人称视角表达细致入微的感情。例如，央视新闻新媒体访谈栏目《相对论》打破以往的电视新闻纪录形式，通过更加微观的表达手法、更加细腻的人物对话，给观众呈现出我国公民视角中的中国精神，通过日常视角向国人表达对未来美好生活的希冀。在数智传播的语境下，播音员与主持人的边界逐渐消融，取而代之的是两者更注重在新闻报道当中关注"小人物"纠结的内心变化。在其中一期节目中，庄胜春（主持人）与孙河社区卫生服务中心的徐大夫谈及亲人道别的话题时，徐大夫口述自己与父亲永别的画面——

庄胜春：当时是什么状况？

徐文：我先坐在那块儿，自己先哭上了，我爸就看着我说，你怎么了？然后我就说，我好爱你；我说，我好舍不得你。（流泪）

徐文：我觉得我说出来之后，我内心压抑的那种感觉会得到释放。当他离开的时候，我没有任何遗憾，父亲温暖的怀抱，确实在我心里留存。

这段对话引起无数网友共情。

通过平台化的传播方式，将中国人的情感连接成网，共同构成强大的温情

---

① 张颂.中国播音学[M].北京：北京广播学院出版社，2013（1）：28.

叙事互动链。这样细致入微、具体生动的镜头表达，共同补充构成一个丰富、生动而多元的大国形象。

（三）策略调适：视频直播中有声语言的言说逻辑

结合新传播形态中的具体场景，重视传播话语策略。互联网语境下，虽然BAT（百度、阿里巴巴、腾讯）三巨头的秀场直播产业占据直播行业的大半壁江山，但是以带货为主要目的的直播，当前由主流媒体、品牌方和电商型MCN（多频道网络）机构包揽。其中，秀场直播的主播话术以诉诸情感服务为主，直播平台及工会依靠指导主播对自己的情感进行"异化"来获取最大的利润。[①] 相较于秀场直播诉诸情感表演的语言策略而言，直播带货在言说过程中有着结构性的调整。以央视新闻、东方甄选、张小泉刀具旗舰店、赵健的读书日记、顺子说茶等账号为例，它们在直播带货领域创新营销模式，以"知识带货"为核心，根据产品内容的不同匹配适当的话语策略。将原本的卖货话术输出升级为泛产品知识分享、将单一脚本播读转变为共情场内互动、将生硬的产品售卖演化为定制化推荐。这种言说逻辑转变所形成的反差，给受众留下更加深刻的视听体验，也为播音主持的表达空间延拓提供了新的可能。

二、新传播形态下的反思：播音主持再专业化的面向

"再专业化"源自知识社会学。作为社会集体的产物——知识，总会伴随着人类社会变革而产生新的变化，因此，各学科都将面临着从专业化到专业主义到再专业化的过程。当然，以上学科体系嬗变的过程也适用于在特定的发展时期的播音主持学科。从理论方面看，播音主持的再专业化大致有三个面向：其一，以广播电视播音员主持人的吐字发声和内外部技巧（对象感、情景再现、内在语和停连、重音、语气、节奏）为基础的有稿播音主持专业化；其二，以社交媒体、自媒体的主播和 up 主（视频上传者）的垂直类内容生产为代表的播音主持"去专业化"；其三，"以人为媒"助推数字域语态变革，成为播音主持再专业化的进路。

（一）播音主持的专业化

20 世纪 50 年代，整体媒体传播水平较为有限，对播音员主持人选拔和评

① 董晨宇，叶蓁. 做主播：一项关系劳动的数码民族志[J]. 国际新闻界，2021，43(12)：6-28. DOI：10.13495/j.cnki.cjjc.2021.12.005.

价体系也较为单一,业内普遍认为"声音好""不读错"就是对播音主持人才选择的标准,从而导致业界与学界认为"播音无学"。从《播音主持创作基础》《朗读学》再到《中国播音学》,中国播音学学科体系的开拓者张颂教授划分出了独属于播音主持学科自己的边界。如其所述:"中国播音学的核心是播音创作基础理论,往前生发是发声学、吐字归音,往后生发是各种文体、节目形态、广播电视语言传播。"①播音主持高等教育走向专业化道路,短短几十年间构建了学历教育建立、学历层次提高、理论建设不断充实、学科体系不断完善、学术机构不断扩充、专业专门人才队伍不断扩大的科学、健康的发展格局。

(二)语言传播主体的"去专业化"

在市场化原则、消费主义和算法机制的共同作用下,媒介产品的绩效主义越发兴盛,致使语言传播形态不断翻新,话语方式的求新求变愿望强烈。2020年初,以"迷人的郭老师"为代表的话语狂欢席卷各大视频平台,一年后,由于"不符合社区规范"被全网封禁。此后,伴随"郭语"所出现的"楼兰语""纠语""岚语"等一批"后郭语时代"的互联网用语席卷整个网络。同时,伴随着自然语言处理(natural language processing,简称 NLP)技术的大规模普及,不少网友将上述网络用语翻译为各国版本进行传播,经由 NLP 所生成的视频甚至是博主本人视频流量的数十倍之多。由此看来,互联网中所谓的意见领袖呈现出两方面的言语生产实践,即一方面新语态频出,另一方面其言语过程被一窝蜂地重复、滥用,涌溢出更多的网络迷因。

此外,不少自称专业的 up 主、主播、达人、专家在内容生产构思上和创意上表现出色,但是语言表达不尽如人意,甚至严重干扰内容输出,因言害义,传播效果减损。而在文艺演播领域,文本在类型、题材、文体、风格等方面呈现出单一和匮乏的趋势,有声语言的基调和品位良莠不齐,声音景观生态还有待健康、多样。会员制度、付费制度限制用户的触媒生活质量,间接地影响用户有声语言认知、判断和审美的素养。

(三)"再专业化"道路上面临的改造

1. 新传播形态下的传播语境及业务流程再造

在广播电视媒体中,内容生产的流程一般是主编负责选题,记者负责采访,导演负责录制,编辑负责写稿、整合等,各个岗位职能清晰。在这种格局

---

① 张颂.中国播音学发展论[M]//付程.播音主持教学法十二讲.北京:中国传媒大学出版社,2005:19.

中,播音员主持人处于内容生产流程的下游,创作主要集中于有声语言表达,基本不为节目的主旨、主题、内容和结构负责。播音员主持人作为一个完全的、独立的表达主体,主导性地位不强,主体性在一定程度上被遮蔽,能力也在退化。另外,空间对于媒介传播的文化起到物质性规约的作用,一般说来,客厅是电视机存在环境,看电视是在私域空间中的最小规模的集体观看。摄像机镜头作为"第四堵墙",造就了广播电视播音员主持人与受众的互动关系靠"对象感"模拟的情境。在议程设置和把关人制度下,广播电视互动是拟态的、延时的、隐性的,而新媒体传播中的移动端观看是小屏观看,偏好是极化的,情感是私域的,表达是日常生活化的,都是典型的"原子化"文化情态。播音员主持人在网络环境中应在其广播电视传播口径之外,进一步发挥其主体性,使主持传播过程由撒播走向互动,并在未来应合理使用人工智能技术为个人语言表达创作赋能,为进一步成为新时代国家语言传播人才打下基础。

2. 普通话规训的退让

标准的普通话是广播电视播音主持的专业门槛,作为一种传播观念在广播电视播音主持中处于不可撼动的核心地位。推广普通话被写入《中华人民共和国宪法》第十九条。而广播电视播音主持对普通话使用的要求,不仅是要达到国家普通话水平等级测试的一级乙等以上,而且具有"越标准越好"的普遍约定性。标准的普通话成为广播电视播音主持的第一道护城河,也同时将一部分非播音主持专业毕业、普通话水平达不到一级的具有传播能力的人才"拒之门外"。当我们在谈论广播电视播音主持的时候,标准的普通话作为媒介本身成为广播电视播音主持重要的属性之一,甚至在某些特定的语境下成为最重要的属性。而在互联网语境下,标准普通话的规训退让到几乎可以被忽略的程度。带有方言色彩的普通话反而在呈现地域文化特点、博主个性特色等方面发挥重要作用,并且地域方言和社会方言创作还成为一类网络传播细分领域。

在网络传播中,人们会创造一些"网言网语",不局限于创造声音样态,还体现在创造文字、词汇、语用和语法等。例如,"感悟心理学完颜慧德"借助直播间与网友共创梗,"iPhone 手机(谐音梗)""敌蜜(造词梗)""早知书中有黄金,小米稀饭喝三斤(拼接梗)"等均出自该网红,她也因此被网友命名为"2023 年年度造梗网红"。浓重的陕北口音再加上胡乱的意义拼接,种种的言说实践共同形成一种当代网民的言语时尚。

3."光晕"的异化和消失

数字媒体技术的发展使得我们此前掌握的技能黯然失色。AI 配音员(如姜广涛)、AI 新闻主播(如康晓辉)、AI 手语主播(如聆语)等由全新技术打造的 AI 主播,使得无数播音主持工作者开始隐忧人工智能主播替代自身的可能。在刻板、机械的"技巧"训练中,播音主持工作的创作道路以及人的灵动个性被"纠正"、被遮蔽,而伴随着技术入场,经由机械复制之后的播音主持创作又如何面对当前的光晕消失?

若非制度性组织和布局,人工智能语音技术的应用场景会更加多样和广泛,如在专题片配音、有声书、新闻播音中的应用。2021 年 3 月,由中央广播电视总台央广中国之声播出的献礼中国共产党成立 100 周年的大型融媒体报道节目《红色印记——百件革命文物的声音档案》在各大平台播出,其中由科大讯飞复刻的夏青原声出现在第 41 集中,为网友亲切地讲述红色电台的故事,获得广泛听众共鸣。灵韵异化,如若过去的播音名家被一一复刻,那播音主持面向未来创作的路径究竟如何择选? 而在 2023 年 11 月 7 日召开的 OpenAI 历史首届开发者大会上,首席执行官山姆·奥特曼宣布 GPT4 的知识库已经更新到了 2023 年 4 月,这也就意味着知识在大脑中的存储和调用对主持人的意义逐渐弱化,基于个人对通用型人工智能(AGI)训练的知识建构的逻辑和发问的思路,才能够帮助主持人获得更独特的内容生成。各类主持人大赛非即兴的考试项目,比如当众背一篇早已写好的稿子以考查主持人的知识、创意和表达,将难以维系其作为传播主体的能动性。

三、具身性在场:播音主持再专业化的存在论思考

随着数字化、智能化技术不断升级、更迭,播音主持工作究竟将以何种姿态存在? 于此而言,表达主体和技术都可以成为内容的重要部分,形式和内容"二元论"观念在新传播形态下已经转变。播音员和主持人一方面坚守传统,被主流价值观和审美观形塑;另一方面,创造性地表达自己的内心感受。

(一)技术作为形式和内容促动再专业化

技术团队通过四维扫描、智能绑定、CG 实时渲染等技术将真人主播形象上传至数据库,为播音员主持人在元宇宙确立"数字分身",使得有声语言中的语言文字在信息传播过程中被排列为一个个的符码,变得更加量化、可控。随

着技术和媒介从工具论转向存在论,在移动互联网技术、人工智能、虚拟现实和增强现实技术下的条件下,"身体在场"正在被"远程在场""知觉在场""分身在场"等多种"具身性在场"体验改变,从而挑战了作为个体的"存在"。① 这似乎越来越逼近吉布森笔下所描绘的赛博空间:人类、后人类、超人类共存,人类的发展经由媒介从具身逐步实现离身。实际上,媒介存在论转向根本上是一种从认识论(追问我们何以认识事物)到存在论(追问事物何以存在)的转变,从而导致媒介观的重构,而问题域亦随之转换,即从关心媒介传送了什么、取得什么效果、如何改进传播效率,到关注媒介构成和揭示了什么,存在者如何通过媒介出场和呈现、媒介如何改变人类经验、媒介性如何构成人的可能性、有限性和历史性。② 记者庄胜春谈及在淄博采访感受时说:"印象最深的不是烧烤,而是一种完全不同以往的采访体验。那就是,当我们在记录别人的同时,也在被别人记录着。"传统广播电视是他者呈现他者,而新媒体传播是自我呈现自我、自我呈现他者。网民作为个体存在的价值经由媒介赋权从而显现出来。当然,播音员主持人也不例外。而在镜头反转的背后,还存在一些悖论。比如知识类的博主被网民建议"还是说得太多""虽话说得漂亮,但还是要看行动",新媒体传播中主持人话语输出的比重很大,这反映了一种重要的社会实践的方式和样态,但频繁地输出也会暴露播音主持工作者的局限性,透支内容的含金量。

相应的,播音主持在这场"主体性—具身性在场—话语"的新型关系的想象和实践中必应发生革命性的创新。在技术和社会的双重加压下,播音主持工作者们即将踏上"再专业化"的道路,即以媒介具身在生活世界中追寻和揭示实践意义。

(二)观念和价值:播音主持再专业化的核心

经过大量和反复的训练,人工智能生成内容(AIGC)的知识逻辑建构、发问思路和表达形式帮助传播主体生成独特的产品。因此,保持"新闻真实"是主导数字新闻再专业化的价值罗盘③,而语态变革作为播音主持再专业化的

①　谭雪芳.图形化身、数字孪生与具身性在场:身体—技术关系模式下的传播新视野[J].现代传播,2019,(8):64.

②　张文娟.具身性之思想溯源、概念廓清与学科价值——一种对具身传播研究的元认知[J].新闻与传播研究,2022,(9):123.

③　王辰瑶."新闻真实"为什么重要——重思数字新闻学研究中"古老的新问题"[J].新闻界.2021,(8).

核心,则是在新闻真实的价值罗盘指引下,继续编制着技术具身、知识重构、乐于共动、危中转机、坚守品位的语态变革谱系,并指引着新型主流媒体观念和价值塑造的方向。

知识传递格局重构。播音主持专业的知识在普遍的业界认知中仍停留在表达技巧层面。但事实上,播音主持的知识应该勇于与其他学科接轨,拓展学科边界,并在此过程中,将知识的传播逐步从播音员主持人的具身实践中抽离,形成一套经得起时代检验的知识传承系统,即将播音主持专业知识由具身性在场表演转换为离身性知识传递。

采、编、播全流程渗透。由于数智时代信息传播反馈的循环系统进行了结构性调整,播音员主持人虽作为媒体前端的典型代表,但更应该拓展边界、乐于共动,突破传统工作习惯,使得播音主持业务工作渗透到媒体传播链条的全流程中,重新激活新时代播音主持工作的韧性与活力。

媒介素养全方位引导。新媒体传播过程中,各大互联网平台的兴起给了公众更多自我呈现的机会。但鉴于网民数智时代媒介素养较为薄弱,播音主持工作者更应以公共利益为前提,以新闻真实为价值,以积极建设为导向。对媒介素养失常现象进行深挖,多方面、多立场、多维度地分析网民媒介素养,从而实现危中转机。

文化传承品位守持。伴随后工业社会中反智主义的兴起,所谓"精英文化"正在走向泥潭。在播音主持再专业化的过程中,应让接受主体感受到文化传承的必要性,这种必要性是基于人类对优秀文化最朴素的传承认知,从而不断提升公众的批判性思维、判断力、审美力,为文化传承的可持续提供新的可能。

四、结　语

所有技术革新的最终目的,都是在人类有限的想象之中为我们提供一个充满可能性的未来社会。所谓技术的革新,也是人类的想象裂变和延伸的产物。因此,无论技术如何变化,都很难冲破物质社会当中意识形态所形成的"场"。从这个层面上来看,真正的革新,在于伴随着技术革新中的社会观念的革新,而播音主持作为社会意识形态建构的重要方式之一,其再专业化的进程已悄然开启。

参考文献

[1] 张颂.中国播音学[M].北京:北京广播学院出版社,2013.

[2] 张颂.中国播音学发展论[C]//播音主持教学法十二讲.北京:中国传媒大学出版社,2005.

[3] 张颂.朗读美学(修订版)[M].北京:中国传媒大学出版社,2010.

[4] 刘海龙.大众传播理论:范式与流派[M].北京:中国人民大学出版社,2008.

[5] 约书亚·梅罗维茨.消失的地域——电子媒介对社会行为的影响[M].北京:清华大学出版社,2002.

[6] 雷吉斯·德布雷.媒介学引论[M].北京:中国传媒大学出版社,2013.

[7] 唐·伊德.让事物"说话"[M].韩连庆,译.北京:北京大学出版社,2008.

[8] 廖祥忠.从媒体融合到融合媒体:电视人的抉择与进路[J].现代传播(中国传媒大学学报),2020,42(1).

[9] 彭兰.无边界时代的专业性重塑[J].现代传播,2018,(5).

[10] 陈卫星.媒介学:观念与命题——关于媒介学的学术访谈[J].南京社会科学,2015,(4).

[11] 谭雪芳.图形化身、数字孪生与具身性在场:身体—技术关系模式下的传播新视野[J].现代传播,2019,(8).

[12] 张文娟.具身性之思想溯源、概念廓清与学科价值——一种对具身传播研究的元认知[J].新闻与传播研究,2022,(9).

[13] 董晨宇,叶蓁.做主播:一项关系劳动的数码民族志[J].国际新闻界,2021,43(12):6-28.

[14] 王辰瑶."新闻真实"为什么重要——重思数字新闻学研究中"古老的新问题"[J].新闻界,2021,(8).

[15] 胡睿.2012—2022年中央广播电视总台媒体融合发展科技成果[J].中国传媒科技,2022,(11).

中国式现代化进程中口语传播学的
学科使命与知识体系建构

巩晓亮[*]

（华东师范大学 上海 200241）

摘　要：如何重新界定口语传播在中国的使命与当代价值？特别是人工智能掌握了语言之后，口语传播作为最早的传播形态，又重回传播的中心位置。它必将会通过语言影响人"存在的家"。精神世界的现代化是中国式现代化的重要组成部分。一个立足于新时代、新语境下思考"具有中国特色的口语传播学体系"建设，是时代趋势，也是学科使命，也是理解"言说的现代化，人的现代化"的过程。由此，中国式现代化建设过程中的口语传播学要在社会性、历史感和时代感进程中，立足中国，面向世界，继承传统，创新发展，构造一个"存在的家"。

关键词：口语传播；中国式现代化；使命；建构逻辑

一、当下我国口语传播研究的三个趋势

2022—2023 年我们做了一项工作，以中国知网的数据库为基础，把 2004 年以来我国口语传播方面的研究情况作了一番梳理。我们观察到，口语传播研究经过 20 年的发展，呈现了三个变化。①

＊ 作者简介：巩晓亮，华东师范大学传播学院副教授，戏剧与影视专业硕士点负责人，上海市演讲与口语传播研究会副会长。

① 巩晓亮.我国口语传播研究的学术图景与展望[M]//巩晓亮.中国口语传播研究 2023.北京：中国传媒大学出版社,2023:25-38.

1. 从少人问津到基本达成共识

口语传播起初只是在小范围的学者中有零星的思考和探讨,后来,一些院校相继开设口语传播系,口语传播认知度逐渐提高。如今,质疑的声音几乎听不到了,大家已经基本达成了共识,口语传播存在和发展的必要性和重要性被学界普遍接受。

2. 从播主为主到视域不断扩展

口语传播的研究基本上都是在中国播音学的学者和教师中逐渐展开的,讨论的议题从播音、主持艺术、主持传播逐渐展开,视域逐渐扩展,包括口传思想、人类沟通、演讲辩论、虚拟主播、新媒体的主播、新闻发言人、危机应对、律师口传等方面。

3. 从被动探寻到主动构建

在新的媒介形势下,播音主持的教学和学科发展遇到了挑战,初期老师们可以说是被迫寻找摆脱困境的方向和途径。到如今,特别是多个院校建立口语传播系之后,口语传播的研究逐渐趋向于教育教学的落地工作和学科体系的构建问题。

可以说,我们已经开始探索构建自主知识体系、具有中国特色的口语传播学。

二、口语传播学在中国式现代化建设中的使命

中国口语传播学如何构建自己的知识体系,我认为要把握两个"越"字,一个是超越,一个是跨越。超越,是说我们要有超越时空的能力,超越当下,站在未来,来看我们今天应该做些什么,应该怎样做。要有顶层设计,明方向,清路径。跨越,口语传播要有跨越力,能够跨越障碍,抵达人心,实现人与人的跨越,族群与族群的跨越,不同文化间的跨越,人与物之间的跨越,心与心的跨越。

我们要把自身的发展放到历史发展的大背景下,与国家的发展同呼吸共命运,构建具有中国特色的口语传播学。习近平总书记在党的二十大报告中提出,要"一切从实际出发,着眼解决新时代改革开放和社会主义现代化建设的实际问题,不断回答中国之问、世界之问、人民之问、时代之问,作出符合中

国实际和时代要求的正确回答"①。我们只有面向国家社会发展的任务需求、面向新技术带来的结构性变革、面向全球化背景下人类文明交往的新形势,承担起中国口语传播学应有的历史使命,才能把握正确的发展方向,发挥应有的作用,才能获得长足的发展,作出应有的贡献。

党的二十大报告指出:"从现在起,中国共产党的中心任务就是团结带领全国各族人民全面建成社会主义现代化强国、实现第二个百年奋斗目标,以中国式现代化全面推进中华民族伟大复兴。"②我们应该牢牢把握住中国式现代化的精神内涵,在服务于中国社会主义现代化国家建设的实践中,不断发展我们的学科。党的二十大报告清晰阐述了中国式现代化的 9 个本质要求,即坚持中国共产党的领导、坚持中国特色社会主义、实现高质量发展、发展全过程人民民主、丰富人民精神世界、实现全体人民共同富裕、促进人与自然和谐共生、推动构建人类命运共同体、创造人类文明新形态。

中国式现代化不仅是物质文明的现代化,同时也是精神文明的现代化。我们不仅要建设物质生活世界的现代化,也要实现人内在精神世界生活的现代化。习近平总书记指出"当高楼大厦在我国大地上遍地林立时,中华民族精神的大厦也应该巍然耸立"③。今天我们看到,一场文明的变革,正在悄然开始。

最近看了一篇英国《经济学人》杂志刊登的文章,作者是尤瓦尔·赫拉利。题目是:人工智能已经侵入人类的操作系统。他强调,语言是构成几乎所有人类文化的物料。人类的行为都以语言作为中介,一切宗教想象、信念乃至货币体系都由语言所构筑,由人们的共同相信而得以实存,并影响着整个人类历史。他提醒人类,一旦一种非人类的智能变得比一般人类更善于讲故事、创作旋律、绘制图像、拟定法律和圣典,什么事情会发生?

随着数字人深度融入口语传播领域,口语传播结构正经历前所未有的复杂化演进。在这一全新传播体系中,传者与受者范畴拓展至"人"与"机器"双主体,形成"人(传者/受者)"与"机(传者/受者)"两类主体、四大基础维度的立体架构。并衍生出五种核心传播关系形态。人与人传播：传统意义上的人类主体间信息交互；人与机传播：人类主体向机器主体的单向信息传递；人—机—人传播：通过机器中介完成的人类主体间间接沟通；机—人—机传播：经由人类主体中转的机器主体间信息传导；机与机传播：机器主体间的自主化信息交互链路。这种多维传播关系网络，标志着口语传播正从单一的人类互动模式，迈向人机协同的智能化传播新范式。

这里要特别强调的是，语言不同于文字，语言是声音符号，文字是视觉符号。过去文字非常强大，把人塑造成为一种"文字的动物"，文字是主要的信息传播、接受、处理的媒介。而要理解文字，需要大脑付出大量的努力，将文字转化成声音、图像。在节奏飞快的信息时代，人们逐渐抛弃了需要力气加工的媒介，转向了视觉与听觉。在短视频火热的当下，人们甚至现在观看视觉媒体都会有负担，声音成为更被偏爱的媒介。从前重文轻语的传统正在被打破，声音的价值又被发现。

马丁·海德格尔说："人活在自我的语言中，语言是人'存在的家'，人在说话，话在说人。"[①]口语传播是人类表达文化之根，是最主要、最普及的信息传播途径和思想情感表达方式，也直接关系着我们精神家园的构建和呈现。

陈平原教授在《有声的中国》这本书中说："演说的魅力及其可能性，乃一时代社会是否活跃、政治是否开明、学术是否繁荣的重要表征。"[②]

在中国式现代化的进程中，中国人应当构造一个什么样的精神世界，构造一个什么样的"存在的家"，我们应当怎样言说，应当用什么样的声音讲述中国故事，应当用什么样的声音展现可信、可爱、可敬的中国形象，让中国成为"有声的中国"，这是我们不可回避的问题，也是我们的使命。

三、口语传播学在中国式现代化进程中的重要作用

在中国式现代化进程中，口语传播学发挥着重要的作用，对社会、文化和个体层面产生着广泛而深远的影响。具体来看有以下几个方面。

---

① 马丁·海德格尔.走向语言之途[M]//孙周兴,王庆节.在通向语言的途中.北京:商务印书馆,2015:237.

② 陈平原.有声的中国——演说的魅力及其可能性[M].北京:商务印书馆,2023:5.

1. 促进跨文化交流与理解

中国式现代化以推动构建人类命运共同体为己任,不同文明、不同文化之间需要沟通、互鉴,口语传播探索跨文化沟通的有效方式和策略,帮助人们理解不同文化背景下的语言差异和沟通习惯,培养跨文化交际的能力,能有效促进不同文化之间的和谐与合作。

2. 促进社会舆论的平衡与多样性

关注社会舆论的形成和传播,研究公众参与的话语权和表达方式。帮助人们理解社会舆论的多样性和动态变化,引导公众表达合理、客观的意见和观点,维护社会舆论的平衡和多样性。

3. 促进科技创新与信息传播

研究口语交际在新媒体环境下的特点和影响,关注语音识别、机器翻译和人工智能等新技术在口语传播中的应用。推动科技创新与口语传播的结合,促进信息的高效传播和科技的有益应用。

4. 增强个体口语传播能力与自信心

研究个体口语交际的规律和技巧,培养人们的表达能力、沟通技巧和说服力。通过提供有效的口语传播培训和指导,增强个体的口语传播能力,帮助个体在社会中更好地表达自己、实现自我价值。

5. 保护和传承中国优秀文化遗产

在保护中传承,在继承中创新,挖掘文化智慧和价值观念。促进中华优秀传统文化的传承与发展,保护和传承中国语言的独特性和多样性。口语传播学的研究成果为中国语言文化的保护和传承提供了理论和实践的支持。

6. 促进社会和谐与稳定

中国式现代化进程中,人口规模巨大,必然会出现诸多与人际沟通相关的问题,比如发展不均衡、基层治理的低效等,作为以人与人传播为主要对象的口语传播学,通过研究社会群体的口语行为和参与方式,关注社会舆论的动态和话语权的分配,帮助理解社会群体之间的沟通与互动,通过有效的口语传播和公众参与,促进社会的和谐与稳定。

7. 支持政府治理与公共决策

政府治理和公共决策需要倾听和理解公众声音。口语传播学研究社会群体的话语权、参与机会和沟通策略,帮助政府更好地与公众进行沟通和互动,提供关于公众舆论、意见和需求的研究成果，为政府制定科学有效的政策和决策提供支持。

8. 促进经济发展与商业交流

经济发展和商业交流是现代化建设中的重要内容，口语传播学研究商务口语和跨文化商务交流，提供有效的沟通策略和技巧，帮助企业和个人在商业环境中更好地表达自己，建立信任和合作关系，从而促进经济发展和商业交流的顺利进行。

9. 弘扬民族精神与国家形象

在研究中国的民族精神和文化传统的基础上，精心设计的口语传播策略，传达中国的价值观念、历史文化、社会进步等信息，塑造积极向上的国家形象，增强国际交流与认同。

10. 促进社会文化创新与变革

口语传播学关注语言的创新和变革，研究口语在社会文化创新中的作用。通过分析口语传播的方式、内容和效果，可以发现新的表达方式、思维模式和文化观念，推动社会文化的创新与进步，口语传播学为社会文化变革提供了理论支持和实践指导。

11. 增强人际关系与社会互动

中国式现代化进程中，人际关系和社会互动对于个人和社会的发展都至关重要。口语传播学研究人际口语交流的规律和技巧，帮助人们在日常生活和工作中更好地与他人进行沟通和互动，提供有效的口语交流策略，增强人际关系的质量和深度，促进社会互信和合作，推动个人和社会的共同进步。

口语传播学在中国式现代化进程中具有重要的学科使命和建构逻辑。它促进跨文化交流与理解，维护社会舆论的平衡与多样性，推动科技创新与信息传播，增强个体口语传播能力与自信心，保护和传承中国语言文化遗产，促进社会和谐与稳定，支持政府治理与公共决策，促进经济发展与商业交流，弘扬民族精神与国家形象，促进社会文化创新与变革，增强人际关系与社会互动。通过这些作用的发挥，口语传播学为中国式现代化进程的顺利进行作出了重要贡献。

四、中国口语传播学的建构逻辑

1. 揭示中国式现代化进程对口语传播学的需求

中国式现代化进程中的口语传播需求日益凸显。随着社会的快速发展和变革，人们之间的口语交流变得更为频繁和复杂。中国作为一个多民族、多语言的国家，不同地区和群体之间存在着语言差异和交际障碍。口语传播学的建构逻辑在于识别和理解这些交际障碍，并提供解决方案，以促进各种社会实践的有效开展。

中国式现代化进程还涉及大规模的信息传播和传媒发展。新兴的媒体技术和平台不断涌现，改变了人们的信息获取和传播方式。口语传播学的建构逻辑需要关注新媒体环境下的口语传播特点和规律，探索如何在新媒体时代有效地进行口语传播。这包括研究社交媒体上的口语交流、网络语言的特点和影响等，为中国式现代化进程中的媒体发展和信息传播提供理论指导。

2. 突出口语传播学研究的多元化特征

口语传播学的建构逻辑需要强调研究的多元化特征。口语传播不仅仅局限于语言层面，还涉及非语言元素、交际行为和社会文化因素等。因此，口语传播学的建构逻辑需要跨学科地整合语言学、社会学、心理学、人类学等多个学科的研究成果，形成综合性的研究框架。

在中国式现代化进程中，口语传播涉及不同领域和行业的实践需求。口语传播学的建构逻辑需要关注不同领域的口语传播特点和需求，并提供相应的研究方法和工具。例如，在商业领域中，口语传播学可以研究商业演讲和商务谈判中的口语技巧和策略；在政治领域中，口语传播学可以研究领导讲话、新闻发言人的口语传播效果等。通过针对不同领域的研究，口语传播学可以为中国式现代化进程中的各个领域提供专业化的口语传播指导和支持。

3. 探讨口语传播学的建构逻辑与中国特色相结合的重要性

口语传播学的建构逻辑需要与中国特色相结合，以适应中国式现代化进程的需求和实际情况。中国具有悠久的历史和丰富多元的文化传统，这为口语传播学的研究提供了独特的资源和视角。建构口语传播学的中国特色逻辑包括以下几个方面。

首先,口语传播学的建构逻辑需要关注中国的语言文化背景。中国拥有众多的语言和方言,不同语言和方言之间存在着独特的交际模式和文化认知方式。研究口语传播学时,需要深入探索中国语境下的口语交流特点,关注语言规范和变体、口头表达和非语言符号等方面的文化差异,从而更好地理解中国人民的沟通方式和传播行为。

其次,口语传播学的建构逻辑需要结合中国社会的现实情境。在中国式现代化进程中,社会结构和社会关系发生了巨大变化,人们的价值观念和生活方式也在不断演变。口语传播学的研究应该关注中国社会的社会关系、权力结构和社会身份等因素对口语传播的影响,从而为促进社会和谐、提高社会治理能力提供有针对性的研究成果。

此外,口语传播学的建构逻辑还需要关注中国的传统文化和价值观念。中国拥有丰富的传统文化遗产,包括儒、道、释思想等。这些传统文化对口语传播的理念、方式和策略产生着深远影响。研究口语传播学时,应该挖掘中国传统文化中关于语言、沟通和交际的智慧,将其融入口语传播学的理论框架和实践,以推动中国式现代化进程中的文化自信和文化传承。

口语传播学的建构逻辑需要与中国特色相结合。通过关注中国的语言文化背景、社会现实情境和传统文化,口语传播学可以更好地适应中国式现代化进程的需求,为中国社会的沟通和文化交流提供更有针对性的研究成果。这种与中国特色相结合的口语传播学建构逻辑,将为中国式现代化进程提供深入和全面的口语传播研究,为实现现代化目标提供更具针对性的实践指导。同时,通过将中国特色融入口语传播学的建构逻辑中,也将为国际学术界提供中国经验和智慧,促进跨文化交流与合作,推动口语传播学领域的全球发展。

五、中国式现代化语境下口语传播学的知识体系

中国式现代化建设的历史背景,为口语传播学知识体系的构建提供了广阔的舞台。随着人与物、物与物的对话成为研究特点,口语传播学也显示出其蓬勃的生命力,研究领域日益扩展。从聚焦实践,到多学科交叉,到形成理论构建,口语传播学的研究可以从以下几个方面不断深入。

1. **基础理论**

包括口语传播学的基本概念、理论框架和方法论,涉及口语交流的规律、

特点和影响因素的研究。

2. 语言与语音

研究口语传播中的语言表达和语音特征,包括语音学、语言学、语用学等相关领域的知识和研究方法。

3. 非语言传达

探讨口语传播中非语言传达的作用,包括对声音、肢体语言、面部表情、姿态等非语言要素的研究。

4. 演讲与论辩

研究演讲和论辩,包括演讲理论、演讲技巧、演讲训练;论辩的规则、方法、技巧等方面的内容。

5. 媒介与口语传播

研究口语传播在不同媒介环境下的特点和影响,包括广播电视的播音、主持、直播、现场报道等。

6. 社交媒体与新媒体口语传播

研究社交媒体和新媒体时代口语传播的特点和影响,包括播客、短视频、直播等新媒体形式的口语传播研究。

7. 口语传播思想与文化

研究口语传播的传统与文化之间的关系,包括口语传播思想史,口语在文化传承、文化交流和文化表达中的作用等。

8. 口语传播的实践与应用

研究口语传播在实际应用中的技巧和方法,包括政府沟通、公共演讲、主持才艺、口才训练等实践领域的研究。

9. 国际口语传播与比较研究

与国际学术界开展交流与合作,探讨不同国家、语言和文化背景下口语传播的异同与比较。

10. 智能语音的口语传播研究

就人工智能语音技术在口语传播过程中的应用和影响等相关议题展开研究,例如交流体验、社交影响、隐私安全等。

从基础理论到实践应用,从语言、声音、非语言、媒介、文化等多个维度来观照口语传播学。要推动中国口语传播学的发展,培养专业人才,提高口语传播水平,为中国的现代化进程提供理论支持和实践指导。

六、展望:口语传播学的跨学科研究和创新发展

口语传播学的建构逻辑需要推动跨学科研究和创新发展,这包括以下几个方面。

1. 跨学科合作

传播是人的一种本质的生存方式,口语传播是当代人的重要的生存方式。口语传播学生来就具有跨学科的弥漫性。特别是新技术、新媒介产生之后,声音合成、人工智能、虚拟主播出现,口语传播学的外延进一步扩展。口语传播学要实现同新闻传播学、语言学、艺术学、心理学、文学、社会学、政治学、人工智能等多学科的融合发展。通过跨学科的合作,更全面地理解口语传播现象的本质和影响因素,为中国式现代化进程中的口语传播提供更深入和全面的解读。

2. 理论创新

我国正在经历着翻天覆地的变化,创造了历史上前所未有的发展奇迹。口语传播学要贴合当下的社会实践和媒介的发展变化,研究面临的新情况、新问题。口语传播学需要不断进行理论创新,以适应中国式现代化进程中新兴问题和变化情境的需求。通过不断提出新的概念框架、理论模型和研究范式,更好地解释口语传播现象,预测趋势,并提供有效的解决方案。

3. 技术创新

随着信息技术的快速发展,口语传播学也需要关注和应用新技术在口语传播中的作用,例如,人工智能、语音合成与识别和大语言模型等技术对口语传播的影响日益显现。通过与科技领域的合作,口语传播学可以探索新技术在语言交流中的应用,提高口语传播的效率和质量,为中国式现代化进程中的信息传播和科技创新提供支持。

4. 跨文化研究

在中国式现代化进程中,中国与世界各国的交流和互动日益频繁,要深入探索不同文化背景下的口语传播现象和交际模式。通过比较分析不同文化间

的差异和共性，口语传播学可以促进跨文化理解与和谐发展，为中国式现代化进程中的国际交流与合作提供有益启示。

通过推动口语传播学的跨学科研究和创新发展，我们可以更好地应对中国式现代化进程中的口语传播挑战和需求。

七、结　语

1927 年，鲁迅先生在《无声的中国》演讲中说："我们要说现代、自己的话；用活着的白话，将自己的思想、感情直白地说出来。……青年们先可以将中国变成一个有声的中国，大胆地说话，勇敢地进行，忘掉一切利害，推开古人，将自己的真心的话发表出来……说些较真的话，发些较真的声音。只有真的声音，才能感动中国的人和世界的人；必须有了真的声音，才能和世界的人同在世界上生活。"①

鲁迅希望我们说现代人的话而不是古人的话，说中国人的话而不是外国人的话，说自己的话而不是别人的话，说较真的话而不是假话、空话。

中国式现代化建设，需要现代的言说。中国口语传播学，应当发出国家和人民的"中国好声音"。让我们共建一个每个人真诚说话的中国，一个能够被人听懂的中国，一个生气勃勃的真正的有声的中国，这是我们的使命。

---

① 鲁迅.无声的中国[M]//鲁迅全集(卷四).北京：人民文学出版社，2005：11.

虚拟主播的身份"迷思"

——从人格化建构到伦理困境应对

苟凯东　郭方舟

（西南大学新闻传媒学院,重庆 400715*）

摘　要:虚拟主播是人工智能技术驱动的产物,通过模仿真人主播的样貌、语言、动作乃至神态来实现内容的整合传播。笔者从嵌入性身份的角度思考虚拟主播的人格化实践和存在的伦理问题,分别从虚拟主播与受众的关系、自身的故事和文化三个方面来论述。研究发现,虚拟主播虽与受众建立关系,但存在不可交流的无奈;虚拟主播拥有自己的人设和性格特色,但有限的故事情节难以持续保持人格魅力;虽有强大的科技加身,却难以发展成为独特的文化。鉴于此,笔者认为,在受众与技术,尤其是拟人化的交往过程中,应重视交往理性和人文价值,警惕对工具的崇拜。

关键词:虚拟主播;嵌入性身份;技术崇拜;人文价值

AI虚拟主播是指将人工智能与虚拟仿真技术相结合形成的能够从事媒体内容生产和传播等一系列工作的脱离了"碳基"身体的主播[1],又称为合成主播、机器主播等,与虚拟偶像、虚拟网红、虚拟数字人等概念边界模糊,尚未形成统一、固定的表述。虚拟主播通过人脸关键点检测、人脸特征提取、人脸重构、唇语识别、情感迁移等多项前沿技术,并结合语音、图像等多模态信息进行联合建模训练后,生成与真人无异的AI分身模型。虚拟主播的设计者将海量真人主播的语料库以及新闻信息输入虚拟主播的程序,经过学习和训练,虚拟主播的业务能力逐渐精进。

虚拟主播一再升级,与最初代的虚拟主播相比,如今的虚拟主播无论是在

---

* 作者简介:苟凯东,男,教授,博士;郭方舟,女,硕士。

[1] 邵鹏,杨禹.AI虚拟主播与主持人具身传播[J].中国广播电视学刊,2020,(6):71-74.

外形上还是在口语表达上,都已与真人相差无几。而且虚拟主播拥有智能技术加持,其精准的信息输出和毫无破绽的语音播报都令人叹服,其言说场景的广泛性更能弥补真人主播的局限性,如航天项目中的空间站和全国各地的"两会"现场。作为新闻主播,虚拟主播的业务能力无可挑剔,甚至具有"超能力",但主播的职责不仅仅是新闻的播读和信息的传递,更应具备主播职业所具有的艺术性和文化性。虚拟主播的强工具属性使得其成为人类的得力助手,扩展了主播的可能性,智能技术的加持更使得虚拟主播愈发具有和人一样的交流功能,技术创造的"交流神话"为大众趋之若鹜,但随之而来的主体性挑战和伦理规范问题,成为我们需要更加重视的课题。

一、虚拟主播的历史:技术驱动的屏幕表达

英国新闻协会通讯社于 2001 年推出的阿娜诺娃(Ananova)被认为是人类历史上第一个虚拟新闻主播,彼时的阿娜诺娃还只是一个动画主播,但主播第一次拥有了虚拟的身体,真人主播与虚拟主播的边界在身体层面逐渐消解。此后,日本推出了寺井有纪(Yuki),中国推出了虚拟主持人阿拉娜,美国推出了薇薇安(Vivian),韩国推出了露西雅(Lusia)。[①] 在 2018 年举行的第五届世界互联网大会上,搜狗公司与新华社联合发布人工智能主播,人工智能主播由此正式进入公众视野;次年,新华社再次发布了全新升级的站立式人工智能主播,与此前虚拟主播一直"坐"在演播厅不同,站立式的人工智能主播拥有了完整的身体,不再是只能给受众展现上半身的状态,虚拟主播在形态上更加向真人主播迈进;2020 年继续推出了 3D+AI 主播"新小微"。[②] "新小微"的形象更加逼真,业务能力也更强。2022 年"两会"期间,中央广播电视总台创造性推出了央视频第一位"元宇宙特约评论员"——"AI 王冠",并精心制作了由真人新闻主播与虚拟新闻主播同框互动的特别节目《"冠"察两会》。[③] 虚拟主播与真人主播相辅相成,从各个环节和各个分会场向受众全面展示"两会"。

① 赵瑜,李孟倩.拟人化趋势下的虚拟主播实践与人机情感交互[J].现代传播(中国传媒大学学报),2023,45(1):110-116.

② 高贵武,赵行知.进化中的异化:人工智能主播的言说之窘[J].传媒,2023,(4):12-14.

③ 翁杨,杨大学.媒介元宇宙中的虚拟新闻主播:身份定义与话语功能[J].出版广角,2022,(17):87-90.

2023 年,虚拟主播再度升级和拟真化。据英国《卫报》2023 年 4 月 10 日报道,科威特首次推出 AI 新闻女主播:4 月 8 日,名为"费德哈"的 AI 女主播首次亮相科威特新闻网的社交媒体账号,她身着白衬衣和黑夹克,留着一头淡金色的头发,用阿拉伯语作了自我介绍,并询问读者想看什么类型的新闻。"费德哈"的外形设计极度精细,许多细节的处理已达到以假乱真的程度,而且"费德哈"积极主动的传播模式也逐渐打破虚拟主播被动、模式化的刻板印象,虚拟主播开始主动与人交流。

　　虚拟主播作为一项智能技术,其自身被输入海量程序和数据,在与人交流中直接调取相应的程序即可,当前不少虚拟主播已经可以做到。随着 Chat GPT 的出现,虚拟主播的智能化也许会更上一层楼。技术与人的交流在数字媒体时代已不足为奇,对比人与人之间的交流,技术有哪些优势和劣势? 它还能精进到什么程度? 阿内特在《嵌入性/嵌入身份》一书中认为,关系、故事和文化构成了我们生活的基础,塑造了我们的身份,我们无法独立于这些而存在,嵌入生活世界的人的交流不是抽象的,它建立在思想、叙事和传统的多元性基础之上。[①] 本文将从虚拟主播的嵌入性身份角度,思考其人格化传播实践以及实践过程中带来的伦理迷思。

二、虚拟主播的当下:人格化建构中的身份"迷思"

(一)仿真关系的构建:不可交流的困境

　　虚拟主播是对真人主播的模仿,无论是工作还是生活,虚拟主播背后的操作主体都在尽可能多角度地让虚拟主播学习和模仿真人主播,使其更逼真拟人。虚拟主播在进行专业新闻播报的同时,也在试图建立与受众的类人际关系。作为言说的技术主体,虚拟主播诞生的初衷是承担传统主播基本的言说功能,拓展传播形式,提升传播效率。从虚拟主播的业务能力来看,它的确做到了承担传统主播的基本言说功能和拓展传播形式,例如央视网 2021 年推出3D 超写实数字人小 C,不仅在"两会"期间直播连线采访多位人大代表,还在东京奥运会、北京冬奥会等重大赛事活动报道中发挥了重要作用,让全世界看

---

　　① ARNETT R C. Embeddedness/embedded identity [M]// RONALD L, JACKSON. Encyclopedia of identity. London:Sage Publications,2010:241-243.

到了小 C 超强的业务能力。虚拟主播的工作场景还拓展至文娱主持领域,如湖南卫视虚拟数字主持人小漾、浙江卫视宋韵文化传播者谷小雨等,它们游刃有余的主持功底惊艳了许多观众。虚拟主播在工作上的不俗表现极大地满足了受众对其言说能力的想象和期待,人类震撼于科技的发达,也好奇人工智能无限接近人的可能。

虚拟主播顺利地承担了传统主播的基本言说功能,也拓展了传播形式,但在提升传播效率方面,虚拟主播的技术演进在实践中逐渐凸显出人际交往的"不可交流性"。不可交流可以被表述为一种扭曲的交流,即交流双方没有使用能够被对方理解的词汇,不想回答对方,缺少同感,或者因为没有倾听而不理解对方。① 20 世纪的"传播革命"所带来的技术革新促进"交流(communication)"和"信息(information)"的分离,使得"传递信息总是比交流、建立关系更容易"②。虚拟主播在人际交往层面显示出"不可交流"的弊端,即由于它是依靠数据信息"喂养"的机器,所以在与人交流中会呈现出套路化、机械化的倾向,看似诚意满满的回答,实则是情感空洞的服务式口语,难以建立真实的人际关系。虚拟主播试图与受众建立仿真人际关系,但由于缺乏情感交互和理性思考,只能输出模板式的答案,最终陷入不可交流的困境。

(二)既定的人物设定:有限的故事情节

传统主播之所以获得大众的青睐,很大程度源自真人主播的个性化以及人格魅力,受众可以从每一个主播身上拼出自己独有的故事。如今的虚拟主播不是扁平单一的"传声筒",设计者为了使虚拟主播更加拟真化,会为其设定人物剧本,使虚拟主播具备性格和情感等人类特征,从而达到更好的传播效果,摆脱大众对虚拟主播机械乏味的刻板印象。这是虚拟主播人格化传播实践的一次升级,也是确保未来虚拟主播更拟真化的尝试。2020 年 11 月,上海广播电视台推出了国内首位二次元虚拟新闻主播申雅,人物设定为土生土长的上海姑娘,爱奶茶,偶尔犯迷糊,可萌可飒的人设定位力图迎合当代年轻群体的生活习惯和文化需求。③ 浙江卫视谷小雨作为宋韵文化的代言人,也被

① WOLTON D. Communication, incommunication et acommunication[J]. Hermès, La Revue, 2019,(84):200-205.

② WOLTON D. Communication, I' impensé du xxe siècle[J]. Hermès, La Revue,2014,(70):13-20.

③ 赵瑜,李孟倩.拟人化趋势下的虚拟主播实践与人机情感交互[J].现代传播(中国传媒大学学报),2023,45(1):110-116.

注入了完整而清晰的人物设定——传播宋朝文化,讲述宋词宋韵。特殊的人物设定为虚拟主播增加人格化故事,设计者将特定的性格和情绪输入虚拟主播,使其个性化特征增强,在讲述故事的同时也拥有了自己的故事,人物形象更加立体,使受众探索故事的意愿增强。

不过看似性格各异的人物设定,其实只是浅层的个性体现,分别是不同性格的刻板印象展示。与真实的人不同,虚拟主播可一眼望至尽头的"人生"由有限的故事情节堆砌。人物剧本由虚拟主播的设定者来设计,没有真实人生的变幻莫测,也没有命运的奇妙发展,虚拟主播的人生甚至不如小说人物的人生精彩。虚拟主播以不同人设展示给受众,受众却难以真实感受到不同个性带来的交往体验,而且对于特定的交互情景,受众可以猜测到虚拟主播的反应,减少了人际交往中的神秘与期待,让原本有无数可能的互动过程变成了既定的唯一结局。设计者为虚拟主播塑造的多样化人设,实则是剧本化的"人生路线",受众初见时被科技吸引震撼的新鲜感在一次次重复且能猜测到的回应中被消磨。

（三）服务形式的单一:先验信息的输出

智能技术"喂养"出的虚拟主播愈发聪明,它可以精通多个垂直领域的专业知识,在许多直播场合,也可以做到随机应变。虚拟主播在人工智能技术下可以实现多维度的受众画像,为用户提供千人千面的定制服务。例如,侧重用户服务的"时间小妮"(北京广播电视台发布的中国首个广播级智能交互—真人数字人)将接入"北京时间"App,致力于为用户提供不间断的智能信息交互服务。在总台联合微软推出的《你的生活 AI 为你唱作》融媒体产品中,智能系统会根据用户上传照片中主题、环境、色彩、人物等诸多元素的不同,为用户生成个性化的写意歌词,并由康辉和微软 AI 晓晓联袂演唱。此外,个性化与定制化的人格开发、人格成长与深度学习将赋予虚拟 AI 新闻主播"智慧"的"思考"能力,未来,它们不仅是浅层的信息传递者,更将成为深层的信息处理者。[①]

虚拟主播的知识输出依靠设计者的输入,其所拥有的知识往往是过去的经验事实,即便经历巨量数据的"投喂"和学习,虚拟主播拥有的知识和信息永远是过去式,与人相比,犹如芝诺悖论中的阿基里斯和乌龟,况且虚拟主播所

---

① 崔洁,童清艳.解构与重构:"人格化"虚拟 AI 新闻主播再思考[J].电视研究,2022,(2):62-64.

拥有的大多为服务性知识。从以上表明虚拟主播"聪明"的例子中可以看到，虚拟主播具备超强的科技力量，但科技不同于文化，它更偏向于实用主义，即取即用。而文化是经历时间沉淀、岁月淘洗后的人类文明，文化不偏向于实用主义和功利主义，它更关怀人的价值。播音主持不是一项简单的新闻播报工作，播读新闻时的抑扬顿挫、主持节目时的遣词造句以及主播本身的"身台形表"等，都使得播音主持拥有自己的一套独特的文化。即便智能技术可以使虚拟主播的发音更加标准、外形更加端正，但高科技依然不能让虚拟主播的眼神说话，而这正是真实主播的擅长之处。主持人通过大众媒体的展示强调了口语文化，使大众对口语文化有了更直观的感受。

三、虚拟主播的未来：独特场景中的个性表达

（一）协作生产：现实与虚拟的融合

虚拟主播的新闻播报能力丝毫不逊于真人主播，加之大数据和智能科技傍身，虚拟主播可以第一时间掌握新闻发生的具体信息，如此便捷和高效的优点使虚拟主播很适合在特殊现场进行新闻播报。例如灾难现场，出于对真人主播的保护以及让受众更快更全面地了解灾难信息的目的，虚拟主播便可代替真人主播进行详细报道；再如航空航天或者海底探索领域，真人主播受限于身体条件无法到达第一现场向受众反馈信息，此时虚拟主播便是更优选择，而且它可以凭借自己的智能技术向受众展现真人无法到达和拍摄之处。我们可以借此机会看到世界的更多面，搭配虚拟主播的解释，人类知识领域也能够进一步拓展。当虚拟主播走出演播厅，进入特殊现场，由此传递给我们的信息也许是以前从未接触和掌握的内容，我们也许可以利用这些新的信息内容开创更多新闻研究领域，技术在此时反哺了人类。

（二）嵌入场景：打破空间壁垒

虚拟主播本质上是高科技产品，其所具备的功能远远不止新闻播报，若执着于播音领域，则未免大材小用，造成智能技术的浪费。况且虚拟主播的播音业务能力还没有达到完全替代真人主播的程度，其在感情交流方面远不及真人主播，所以无须在播音领域与真人主播分庭抗礼。正如 Synthesia 公司CEO 维克特·瑞派贝利（Victor Riparbelli）所说，脱离碳基身体的 AI 主播只会充当真人主播的"补充者"而非替代者。虚拟主播的应用领域完全可以拓展

至更多场景,例如融入智能家电作为用户的陪伴者和生活建议者,在衣食住行方面为用户提供帮助;可以在工厂车间为工作者提供语音指导;为残障人士提供贴心的语音建议也是社会充满人文情怀的体现。虚拟主播在向多场景进发的同时,也可以深耕垂直领域,利用其自身强大的数据获取和分析能力,对许多行业领域的工作成果进行研究,并给出优质建议。虚拟主播的作用不应局限于主播一个领域,它更应作为人类的得力工具,提供更高级智能的帮助,优化我们的生活。

(三)重视伦理:警惕技术的次生伤害

虚拟主播因其本身的"智慧"和逼真形象可以在网络世界如真人一般行动,虚拟主播的无障碍交流,甚至是自主的信息分发,可能会带来一定的伦理风险。例如虚拟主播若播报假新闻误导受众造成伤害和损失,其法律责任应当由谁承担?再如虚拟主播在网络世界发表的意见建议代表谁的立场,能否被采用,若被采用是否会引起版权纠纷?虚拟主播与受众进行交流时的度在哪里,又由谁来界定?此前有用户在与 ChatGPT 进行交流时有过被侵犯隐私的不愉快体验,虚拟主播是否也会出现这样的情况,我们尚不得而知。虚拟主播发展势头凶猛,其高科技带来的精彩表现让大众感到震撼,许多人对技术的神奇叹为观止,甚至表现出技术崇拜,加之虚拟主播形象逼真,受众对技术的崇拜是否会转移至对虚拟主播的偶像崇拜,这样畸形的感情投射也许会造成社会观念和秩序的紊乱,值得整个社会警惕。我们在警惕虚拟主播与人交往的同时,也需要考虑到虚拟主播之间的交流互动,随着智能技术一再升级,虚拟主播之间能否产生对话?会发展出怎样的关系?造成什么样的后果?人类当然是技术的主人,技术只能是工具,但我们应防止技术滥用造成的伤害,更不能被技术所奴役。

四、结　语

虚拟主播是对真人主播的模仿,更是一种挑战,关于"虚拟主播取代真人主播"的说法甚嚣尘上。虚拟主播具备的超强业务能力和海量信息存储,普通主播的确难以企及,但播音主持不是简单机械的技术工作,它更是一种艺术。在播音主持艺术中,从原始文本的"一度创作"到新闻播读的"二度创作",甚至存在于言说之中的"多重创作",都凝结了不同阶段创作者的个人体验、经历沉淀、文化认知和个人风格。这既凸显了口语传播中独有的社会性,也启示在人工智能主播与人之间的交往中必须重视口语文化的创造力,从中解放参与主体的能动性,实现更有效、更动人的言说。① 这是属于口语传播的文化,人类历经从没有文字的"原生口语文化"阶段到将印刷、电子信息等技术介入人类言说活动之后的时期,称为"次生口语文化"阶段,文字传播以其更多元便捷的特点几度让口语传播遇冷。

如今来到智能媒体时代,人们开始重新重视口语的力量,回到言说,回归最本真的口耳相传,口语传播的主体也有了新的补充。虚拟主播带给大众的震撼和焦虑同样深刻,受众一方面享受虚拟主播高超业务水平带来的盛宴,一方面焦虑技术对人的取代,甚至恐惧于技术崇拜带来的伦理隐患。技术的局限性限制了虚拟人的真实程度,现阶段的数字生命不过是只言片语拼凑起来的画像,尚不具备最基本的灵性。人类对不具灵性的事物产生崇拜极可能造成社会秩序的紊乱以及伦理道德的丧失。人之所以为人,是因其自身所拥有的文化创新和创造力,这是整个自然界人类所独有的特点,科技可以为人所用,但只能是工具。在技术与人的交往中,需要重视交往理性与人文价值,开展"以人为本"的传播。

参考文献

[1] 邵鹏,杨禹.AI虚拟主播与主持人具身传播[J].中国广播电视学刊,2020,(6):71-74.

[2] 赵瑜,李孟倩.拟人化趋势下的虚拟主播实践与人机情感交互[J].现代传播(中国传媒大学学报),2023,45(1):110-116.

[3] 高贵武,赵行知.进化中的异化:人工智能主播的言说之窘[J].传媒,2023,(4):12-14.

[4] 翁杨,杨大学.媒介元宇宙中的虚拟新闻主播:身份定义与话语功能[J].出版广角,2022,(17):87-90.

[5] 崔洁,童清艳.解构与重构:"人格化"虚拟AI新闻主播再思考[J].电视研究,2022,(2):62-64.

[6] 约翰·卡普托.激进诠释学:重复、解构与诠释学筹划[M].李建盛,译.北京:北京大学出版社,2021.

---

① 高贵武,赵行知.进化中的异化:人工智能主播的言说之窘[J].传媒,2023,(4):12-14.

[7] 艾米丽·汤普森,王敦,张舒然.声音、现代性和历史[J].文学与文化,2016,(2):95-99.

[8] 黄瑜.他者的境域——列维纳斯伦理形而上学研究[M].北京:中国社会科学出版社,2014.

[9] 高贵武,杨航.现实虚拟:技术发展与主持传播的人格进化[J].中国主持传播研究,2019,(1):3-15.

[10] 喻国明.虚拟人、元宇宙与主流媒体发展的关键性操作要点[J].媒体融合新观察,2022,(1):4-8.

[11] 汤林森.文化帝国主义[M].上海:上海人民出版社,1999.

[12] 芮必峰,孙爽.从离身到具身——媒介技术的生存论转向[J].国际新闻界,2020,42(5):7-17.

数字口语时代的交流情境重构

——兼谈播音教育

闫利超

（西安交通大学新闻与新媒体学院，陕西西安 710049*）

摘　要：口语传播是最早出现的一种传播形态，并且一直延续至今，但可能不是最原始的一种传播形态。口语传播近乎涉及所有的传播类型，但口语传播能力却逐渐让渡于媒介技术的发展。不同于西方口语传播"说"的传统，华夏口语传播更加注重"不言""慎言""莫言"的核心内涵。在口语传播的研究转向方面，一方面可以升维到以音频节目、Vlog 为代表的精粹口语/媒介口语，另一方面可以下沉到口语传播伦理问题以及有声语言的情感性伴随等通俗口语/交际口语面向。

关键词：数字口语；播音教育；华夏口语传播；媒介口语传播

"非说不可"催生出原生口语文化形态。口语传播是最基础同样也是持续时间最长的一种传播方式，但应该不是人类最原始的一种传播方式，从猿到人的进化过程也不是因为"突然开口说话"这一标志性节点的出现。也就是说，在人类开口说话进行口语传播之前，一定还存在着一种更为原始的传播方式。芒福德认为，在人类原始社会"语言尚未形成，人类就借助一些动作和行为来

---

*　本文系 2023 年陕西省软科学项目"媒体为陕西创新驱动高质量发展营造良好舆论氛围研究"（课题编号：2023-RKX-047）、辽宁省社会科学基金重点项目"融合媒体视域下主流舆论新格局建构与效果提升研究"（课题编号：L23AXW001）研究成果之一。

本发言稿内容依据作者在《新闻论坛》2022 年第 5 期上发表的《Vlog：数字口语时代的交流情境重构》一文整理而成。

作者简介：闫利超，男，博士生。

进行表达,进而再将这种有序感延续到自然环境之中"①。孟建和黄灿也提到,语言传播产生之前是图像传播方式,"人类开始制作图像并保存这种象征性的记录……是在25000年前,即在真正的书写被发明之前就开始了"②,"图像的信息沟通功能不仅体现在原始社会的日常生活中,更体现在原始人的'自我传播'之中,即人以图像为工具进行各种心灵活动。此时,图像就是一种象征的符号体系"③。王友良认为,"外显性口语存在文化(口语传播)出现之前,人类主要通过自然物化工具和体内介质存在文化为交往手段,形成原始存在文化传播体系,实现意向化、情感化双向传播效果。"④换句话说,是伴随着人类生存和发展的需要而到了一种"不得不说""非说不可"的地步,口语传播才出现⑤,而在此之前至少还存在一种更为原始的传播形态,可能是肢体传播,也可能是图像传播。

　　那又是在什么情况下才导致人们不得不说、非说不可呢?张国光在《融合之境——口语传播修辞新论》一书中提出,当面对自然灾害或者巨大的猎物需要唤来更多的他者提供协助的时候,当自己受了欺负需要"摇人"叫来更多同伴帮助自己的时候,当自己爱恋的对象被他人示爱马上要成功的时候,都是伴随着人类的生存和发展的需要不得不说的情况,人类由此开口说话,口语传播的历史也就此展开。

一、文字失语困扰口语表达

　　口语传播的能力逐渐让渡给不断发展着的媒介技术。口语传播的研究最早可以追溯至2500多年前古希腊时期智辩士的论辩术和《荷马史诗》⑥,口语传播领域最早的学术研究起于柏拉图的《语艺学》一书。彼时人们为了谋求政

---

①　Mumford,L. The Myth of the Machine: Technics and Human Development[M]. New York: Harcourt Brace Jovanovich Harcourt Brace Jovanovich Inc. ,1971: 60.

②　Alexander Marshack,"The Art and Symbols of Ice Age Man",Communication in History [M]. New York:Longman,1999: 5.

③　孟建,黄灿.当代广播电视概论[M].2版.北京:中国传媒大学出版社,2016:22-23.

④　王友良.存在文化传播的范式转型与时代价值[J].浙江社会科学,2021,(12):146.

⑤　恩格斯.劳动在从猿到人转变过程中的作用[M]//马克思恩格斯选集(三).北京:人民出版社,1972:511.

⑥　李泽厚.美的历程[M].合肥:安徽文艺出版社,1994:104.

治权利和生活的需要，具有极强的辩论、演讲、记忆和故事生动传颂的能力，那时的口语传播尚处于文字出现之前的原生口语文化时代。也就是说，"前文字时代，人类有了语言，便可交流信息，描述现实，于是便有了口语新闻。从上古社会一直到谷登堡，新闻也主要依靠口头传播"①。

随着文字的出现、印刷术的普及，人们发现很多内容不再需要背诵下来，印刷时代人们的记忆力随之减退。到了广播电视等电子传播时代，人们的日常生活经常伴随着"词穷"、只可意会不可言传的现象出现，广播时代还好，听众可以根据声音想象对应的画面，而电视时代声音和画面是"直给"的，观众在听到声音的当下就能看到画面，尼尔·波兹曼甚至预言电视时代的受众会退化成"沙发上的土豆"。而到了网络传播时代，尤其是在移动互联网技术高度发达的 Web2.0 时期，"失语症"正在逐步扼杀表达欲，网络词媒体在凝结普通网民集体社会记忆，以最大限度加快信息传播速度，扩大信息传播范围，以最经济的方式获取最大的社会关注度的同时，我们也正面临着语言文化所呈现出的退化趋势。

据中国青年报社会调查中心联合问卷网对 2002 名受访者进行的一项调查数据显示，76.5%的受访者感觉自己的语言越来越贫乏。30 余万名受"文字失语"困扰的网友集聚在豆瓣小组"文字失语者互助联盟"里。而此时的口语传播则分别处在次生口语文化时代的口语—文字二元争论时期、电子口语文化时期以及罗伯特·洛根所言"数字口语时代"。

二、回归口语传播学术传统

口语传播学是媒介环境学派的延续与发展。伊尼斯与麦克卢汉表达了相同的看法，认为口语首先是一种媒介。② 麦克卢汉的嫡传弟子沃尔特·翁（Waler J. Ong）把口语传播阶段划分为原生口语文化时代、口语—文字二元文化时代和电子口语文化时代三个阶段，三个时代又以文字这一媒介出现前后作为分界，分为文字出现之前的"原生口语文化"和文字出现之后的"次生口语文化"（如图 1 所示）。罗伯特·洛根（Robert Logan）又在此基础上更进一

---

① 彭增军.事故与故事：新闻与文学的相生相克[J].新闻记者,2021,(12):63.
② 翟羽佳.新媒介话语的口语化研究[D].济南：山东大学,2018:5.

步,将人类口语一分为三:原生口语、次生口语和数字口语。① 而这一分类方式也得到了学界的认可。雷吉斯·德布雷的媒介域概念中的逻各斯域和视听域也表明,写作过程或者视听内容创作过程也会受到口语文化的影响。②

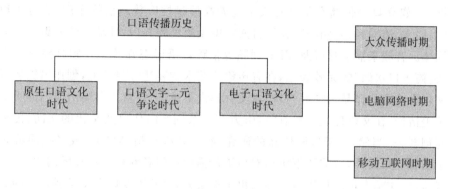

图1　口语传播历史概况

习近平总书记在党的十九大报告中指出:"文化是一个国家、一个民族的灵魂。文化兴国运兴,文化强民族强。"③主持人金星也在 2018 年牛津中国论坛上发言说:"中华民族的优秀文化既包括五千多年来历史积淀的传统文化,也包括新时代的文化创作,文化是一个自然存在的状态,文化的影响力是最有力量的,文化的与众不同也是特别重要的。"④音频产品的火爆也表明了听觉文化的回归,甚至包括《奇葩说》《吐槽大会》《脱口秀大会》等语言类节目的热播,也在某种程度上体现了用户的听觉需求。

与听觉文化中的口语"表达"相区别的是,华夏口语传播的核心内涵是"不言"和"慎言",老子的"不言观"告诉我们在不该说话的时候不说,孔子的"慎言观"也在提醒我们在该说话的时候小心、谨慎地说,现当代的例子包括作家莫言的笔名也是在提醒自己要少说话、多做事、多写作。但这也不是让我们闭口不谈不说话,而是要学会倾听,学会与人交流与沟通,前提是专注于听别人说,听得懂、听得进去。

①　何道宽.罗伯特·洛根:麦克卢汉思想圈子硕果仅存的跨学科奇人[J].国际新闻界,2018,(9):166-176.

②　陈卫星.媒介域的方法论意义[J].国际新闻界,2018,(2):8-14.

③　《党的十九大报告辅导读本》编写组.党的十九大报告辅导读本[M].北京:人民出版社,2017:40.

④　牛津中国论坛.2018 年第五届论坛回顾[EB/OL].(2018-12-08)[2024-07-19].https://mp.weixin.qq.com/s/7-bVY8Qxkclz-i3NBavJyq.

　　语言文字是一个民族文化的根基,有声语言本身也是一种文化传承的纽带,主流媒体应带头规范使用网络语言,使其用语严谨而不失活泼、规范而不失丰富。① 正如德布雷所言,"次生的口语性加强了听众的融合性或共生性"②,媒介口语传播在某种意义上起着高质量推广普通话的作用,努力实现"书同文、语同音、人同心",在语言文字中凝聚民族共识,推动构建人类命运共同体。音频录播节目以及 Vlog 视频等精粹口语形态弥补了音频直播节目中"话筒＋口水话"的无效表达,在有声语言艺术的表达"广场"上,创作出更多有文化影响力的作品,让"好声音"在美育建设上具有"声育力",陶冶人们的听觉审美情操,在文化建设上具有"声引力",关系到新时代民族文化的认同、传承与创新。③ 当然,对于口语传播的研究,除了升维至精粹口语,或者我愿称之为的媒介口语外,也需要下沉至对口语传播伦理问题和情感性伴随的关注,毕竟传销、诈骗人员的口语表达能力也不是很差,因此需要以人文学者特有的关怀和责任感观照通俗口语,触摸我们真实生活的世界。对于通俗口语的研究选题,诸如"我该如何去夸赞你",让你受用,我不违心,他不恶心;"我该如何去辱骂你",让我不生气,你很生气,但我又能控制好程度,不让你觉得是侮辱、诽谤,也不动手打人;"我该如何去撩拨"等,都是比较有趣且有现实价值的应用研究。

　　既往学术界对于口语传播的研究大多承袭美国传播学版图中区别于施拉姆大众传播体系之外的另一重要支流"口语传播学"相关传统,对口语传播的研究也大多追溯至古希腊时期柏拉图的《语艺学》研究,一脉承袭至口语系的口语传播与新闻学院的大众传播汇流成 19 世纪 40 年代的传播学。以世新大学为代表的台湾学界沿袭了美国这一口语传播研究脉络,而这个研究体系也最早影响了海峡对岸厦门大学传播学的相关研究,使其成为大陆最早开办秉承"口语传播"基因的传播学系。但也因为大陆在 20 世纪 90 年代随着电视行业发展掀起的播音主持专业创办热潮,大陆高校的口语传播研究大多集中于广播电视网络播音主持相关领域,暨南大学、辽宁大学的口语传播系,云南师范大学的语言传播系便是由之前的播音与主持艺术系转变而来,华东师范大

<hr>

① 苏林森.前沿|规范网络用语,需多方持续发力[EB/OL].中国记协.[2022-09-26].https://mp.weixin.qq.com/s/Ern_G2zSKfBVADsbY_QhJQ.

② 雷吉斯·德布雷.普通媒介学教程[M].北京:清华大学出版社,2014:173.

③ 曾志华.自由与多元、无序与规则——新媒介时代下的有声语言艺术[J].中国主持传播研究,2019,(1):30-32.

学、陕西科技大学、中国传媒大学等高校的播音主持相关研究也着力于口语传播学术建构。可喜的是,以巩晓亮、李亚铭等为代表的学者开始转向华夏口语传播脉络的梳理,这对于构建中国学派、打造具有中国特色的华夏传播学有一定的建设性影响。

三、新新不息:兼论高校播音主持教育

新闻行业是一个"速朽"的行业,新媒体专业更是一个瞬息更新迭代的专业。如果站在媒介高速变革的风口,一味求新求变,则会显得局促难安、迷茫无助。回望报刊、广电、网络媒介发展历程,在原有媒介中孕育新机遇,在新媒介上继承传播优势,以人文视角观照正在经历的媒介发展史,求真求新、唯善唯美服务经济社会发展。

老生常谈,"新媒介"中的"新"是一个相对的概念,相对于前一种媒介形态、时间维度上后出现的媒介就可以称之为新媒介;"新媒介"中的"新"似乎也是一个终止的概念,将媒介史的研究终结于"新"。当然,新媒介的宿命也在于被替代。

似乎一切新媒介的问世,随之而来的既有受众的满怀热情,又有怀疑的态度。留声机如此,互联网如此,元宇宙、ChatGPT 似乎也如此。而怀疑、挑剔甚至是失望,更多的是来源于既有媒介将期待提高到了完全不现实或者根本不可能实现的层面,这一点是媒介发展史上不变的。还有不变的一点,是新媒介之于公众的互动连接。留声机展演为每个在场的人提供了参与技术进步的机会,同样也提供了一个诙谐有趣的集体参与形式。公众通过向重复言说的机器重复那些已经被不断重复的片段,通过对比自身而认可留声机的"记忆力",并且在此之前他们知道机器会录制他们的模仿行为。

媒介本身就是传播内容。对于媒介史的观照和回望,让我们不至于淹没在新媒介的发展洪流之中。站在未来回看旧有媒介曾经作为新媒介出现时的境遇,以及站在当下重新审视我们现在愿意称之为新媒介的技术产品,当然更为有趣的是人们对于新新媒介的"想象力"。曾经红极一时的博客、MSN 已然不是目前媒介语境下的新媒介,但似乎也没有如报刊、广播、电视一般归入传统媒介的行列,那么以"博客"为代表的这一形态究竟可以为我们媒介史的书写带来什么启示?私家车和耳朵经济的复苏带来了听觉文化的回归,短视频

时代的强势来袭也不禁让我们思考不同平台的短视频传播效力为何不同，抖音、快手、视频号、学习强国、微视、拼多多……难道只是算法的差别？

我们渴求媒介平台上优质内容的持续输出，河南卫视的"破圈"让我们慨叹做传统文化还得看打通任督二脉的河南卫视，但作为受众的我们会因为河南卫视破圈而重新打开电视机去看河南卫视吗？或者说我们明知传统节日晚会河南卫视会有破圈的节目，就在当晚锁定河南卫视吗？再或者说我们会在视频平台找出河南卫视破圈的完整版节目看完吗？如果多半不会，那破的是什么圈？除了广电人内部的"狂欢"，还亟待一些冷思考。媒体难道不会宣传吗？媒体要是会宣传，肯定先把自己传播出去，让自己破圈。但我们发现，做传统文化的电视台不少，但被认为破圈的只有一家，可能是机缘巧合。另外，有些媒体自身发展存在很大问题，自己找不到解决方案，也不要苛责学界没提供发展路径，毕竟有没有学界建议，这些发展问题都很难解决。

"我想离开浪浪山"让用户惊呼《中国奇谭》为国漫之光，但欢呼也就止步于第二集玉面狐狸的仿妆，此后这部给成人看的动画片又重新淹没在海量的内容之中。传媒是内容，但好像个体传媒人也很难持续输出优质内容。当然，什么又算优质内容呢？广播剧算是高度的有声语言艺术作品，但可能播音专业的学生上课都能听睡着；学术研讨会上的"内容"不得不说优质，但受众也会犯困，所以，到底是提供的内容出了问题，还是用户出了问题？

除此之外，传媒还有可能是什么？传媒是技术、是大数据、是算法、是元宇宙、是 AIGC……但这些很多传媒人好像做不出来，与之相关的高等数学、编程课程传媒生好像也学不太明白，而且也不单单是找学计算机的合作就能做好传媒。传媒是文化，如果学舞蹈的只能在商场里表演，或者说学美术的在景区画葫芦，可能与艺术理想有些不太相符。当然，如果说抖音上大部分"舞蹈"算舞蹈，那可能也是对这个专业的下沉解读。抖音用户整体文化水平可能不会很高，所以某位主播近乎大家五六年级看的《读者》《意林》水平的言语，会让观众觉得"哇！好有文化！"传媒是学术，学术是一种生活方式，也是一种生活态度。传媒是业务，是一项力气活儿，是一份熟能生巧的技能。传媒里有市侩，传媒里也有信仰。

重回新媒介史，适当剥离因为惯常使用而习以为然的网络媒介，以其介入日常生活的媒介化构想，加之华夏传播学术传统，西方以表达为表征的言说媒介遇到以"不言""慎言""莫言"为核心内涵的华夏口语传播，在媒介史阅读过程中，肆意发挥联结中外、现当代媒介的想象力，为新新媒介的发展注入新的活力。

颜值即话语权。没有受众的传播是徒劳的，新媒体时代的播音人必须学会"引流"。"看脸"的时代，"颜值即正义"，颜值如果不能代表更大的话语权，那么至少可以代表话语优先权。"爱美之心，人皆有之，看脸时代也并非横空出世，对'脸文化'的关注和细读古已有之。邹忌见过徐公之美自愧不如，白居易《长恨歌》中对杨贵妃美貌的描写，《红楼梦》中林黛玉初进贾府对迎春、探春的描写……对面孔的偏好能够反映出审美领域的自主性潜能。"①播音主持专业要求使然，使得播音员、主持人有相对俊美的外形条件、悦耳的嗓音条件和饰颜技术。加之受众对播音主持工作的好奇和热爱，都为我们在新媒体平台积聚粉丝提供了有利条件。播音员、主持人本身就是公众人物，不仅代表着自身，而且是栏目和频道甚至媒体的一张张名片，同时也在为我们这个专业正言发声。因此，流利标准的普通话语音、圆润饱满的气息发声、健康悦目的外形条件、舒服感染力强的播音创作能力、巧妙精彩的即兴口语表达能力以及识稿能力等播音主持专业的基本功必须扎实。在新媒体平台，火并不是目的，只是方法和手段，真正的目的是把受众从对主播的关注吸引到对内容的关注。可能因为偶然间听到主持人说"撒（sǎ）贝宁"而去关注这个读音，无形之中又坚守住了普通话的推广阵地；可能因为主持人在短视频平台的练声片段（四川电视台徐英伦），逐渐改掉错误的发声习惯；可能因为对播音员、主持人的喜爱，更多地能静下心来欣赏朗诵作品，毕竟现在大部分受众还做不到静下心来完整观看朗诵作品；甚至可能像10多年前的孩子因为电视上的方琼姐姐，从此在心里埋下一颗做主持人的种子一样，音视频平台的主持人同样也可以如此。当然，社交媒体平台让受众有机会直接与播音员、主持人互动，更为专家型主持人（张丹丹）、情感类主持人（叶文）开拓了新的空间。

好演员同样可以演好一个"主持人"的角色，况且跨界主持人由来已久，从1983年第一届央视春晚姜昆做主持人，到金星、撒贝宁等非科班生的融入，嘉宾泛主持化表明主持工作的重要性。基于此，高校主持教育更应不忘初心，立足学科优势，在实践中开拓创新，让高校播音教育不但有学，而且有用，不负时代，不辱使命，更好地服务社会主义现代化精神文明建设。

---

① 战迪.论"看脸时代"的青年审美迷失[J].现代传播（中国传媒大学学报），2020，（10）：101-106.

四、结　语

　　"在表达方面,口头语言优于书面语言","在语言中包含着创新,又必须肩负起文化传承的重任"①。口语作为最古老的媒介语言,存在于一切新的媒介之中。口语,作为一股涌动的无穷力量,照耀着经久不衰的人类部落,激活了所有动态的文化活动。② 正如虽然人人都会做饭,但厨师依然是一个行业,虽然人人都有麦克风,以播音主持为重要研究内容的口语传播依旧是一个专业。

---

① 周妍.身体,审美的存在——梅洛-庞蒂身体美学研究[D].西安:西北大学,2010:47,54.
② 翟羽佳.新媒介话语的口语化研究[D].济南:山东大学,2018:58.

智媒时代播音主持人格化传播的发展与研究

林　阳

（中国传媒大学电视学院，北京 100024＊）

摘　要：智媒时代的播音主持人格及其传播理论与实践有所转变，通过对相关理念的提出，对媒体人格化传播的发展与研究、人格媒体化的发展与研究、媒体人格的赋能和延伸的梳理，认为媒体与人格呈深度一体化发展趋势，促进了播音主持人格化传播的拓展，并基于此思考当前的播音主持艺术研究主要问题与学术增长点。

关键词：人格化传播；播音主持；人工智能

一、问题的提出

2022 年至今，智媒时代的相关产品 GPT 模型、Midjourney 模型等一众生成式 AI 快速迭代，AIGC（Artificial Intelligence Generated Content，生成式人工智能）几乎触及人类实践活动的边界，具备了完成绝大多数办公室工作的能力。面对层出不穷的技术革新，传媒业的发展定位有必要回到价值逻辑的原点，审视传播学众多基础概念所受到的巨大冲击，而"内容"就是其中之一。①

在智媒时代的媒体景观中，播音主持人格化传播作为"内容"生产的关键因素，成为备受关注的现象。但是，在深入探讨该现象之前，我们需要明确什

＊　本文系 2023 年度中国传媒大学校级科研项目"国际传播视域下中文主播的文化叙事研究"（课题编号：CUC230D010）研究成果之一。

作者简介：林阳，男，博士研究生。

①　喻国明，耿晓梦. 未来传播视野下内容范式的三个价值维度——对于传播学一个元概念的探析［J］. 新闻大学，2020，（3）：61-70＋119.

么是播音主持人格化传播。这一概念涉及播音主持人的个人形象、言行和与受众的互动，以及这些元素如何与媒体传播相互作用。

播音主持人格化传播可以被理解为以下几个方面的内容。第一，个人品牌建设。播音主持人通过塑造自己的个人品牌，以区别于其他同行，强调其独特性和特点。这包括他们的声音、风格、形象和价值观等。第二，社交媒体互动。智媒时代的播音主持人与受众之间的互动比以往更加密切。他们通过社交媒体平台与听众建立联系，回应评论，分享个人生活以及在线直播等。这种互动有助于建立忠诚的粉丝群体。第三，信息传播和评论。播音主持人在他们的节目中传播信息，但他们也常常表达自己的观点和评论。这些评论可以涉及政治、文化、社会等各个领域，对受众产生较大的影响。第四，社会文化象征。一些播音主持人已经成为社会文化的象征，代表特定价值观、态度或群体。他们的影响力超出了媒体界，涵盖了社会各个领域。第五，挑战与争议。播音主持人格化传播也带来了一系列挑战和争议，包括道德责任、隐私权问题、虚假信息传播等，这些问题需要仔细思考和解决。

因此，在本研究中，我们将探讨智媒时代播音主持人格化传播的不同维度，以及它如何影响媒体、社会和受众。我们将通过深入分析揭示这一现象的关键特征和发展趋势，以更好地理解播音主持人格化传播在当代媒体环境中的角色和意义。

二、媒体人格化传播的发展与研究

媒体人格化传播，顾名思义，在媒体的作用下，人格融于媒体，将媒体进行人格化传播活动。在媒体运营中，以非"人"为传播主体，如媒体机构、新闻产品、视听节目等，将物化的传播主体以拟人化特征，呈现"品牌化—公众化—公共化—职业化—专业化—符号性—标识化—大众化—显性"的媒体人格特点，借助人格化的传播符号构建个性鲜明、具象可感的媒体形象，增强媒体与受众的贴近性。[①]

（一）媒体人格化的双重意义

党的二十大报告指出："增强中华文明传播力影响力。坚守中华文化立

---

① 蔡雯，周思宇.主流媒体新闻传播的情感转向与风险防范[J].中国编辑，2022，(10)：4-8.

场,提炼展示中华文明的精神标识和文化精髓,加快构建中国话语和中国叙事体系,讲好中国故事、传播好中国声音,展现可信、可爱、可敬的中国形象。"①

从国家战略层面看,中国话语和中国叙事体系的建设,重在媒体责任与担当,媒体人格化传播正是以话语强化情感勾连,以叙事弱化说教论理,以人格化方式增强传播效能的亲和力与时效性。努力打造具有国际影响力的人格化符号,发掘能够更好地承载国家元素、观念和文化,并具有国际影响力的公众人物,实现国家形象的人格化表达。打造更多与普通民众息息相关的故事载体,善于运用经济、文化、科学等话题,既有着眼于精英群体的宏大叙事,也有着眼于草根民众的润物无声,提升"以小见大"的呈现能力。②

从媒介管理的层面看,媒体人格化传播是新形势下广播电视构建对外话语体系的战略路径。中央电视台前台长孙玉胜所著《十年——从改变电视的语态开始》,关注语态,探索对电视观众新的"说话方式",即新的电视语言叙述方式,是人格化传播的重要体现。媒体人格化传播就是思考媒体的理念与激情如何具体化为崭新的传播理念,即重新检讨媒体与受众的关系,重新认识大众媒体的"个人媒体"属性,重新定位媒体的叙述态度和叙述技巧,乃至改变媒体的语态,由此改变对历史的记录方式。于传统主流媒体而言,与传统意义上严肃权威的媒体形象相比,拟人化的主流媒体情感更为饱满,有助于提升主流媒体的亲和力,强化受众对主流媒体的价值认同,消弭官方与民间话语体系之间的心理距离。于新媒体而言,新媒介技术使人的赛博身体得以突破时空限制获得"在场感",而情感正是在人与人的社会互动中激发和升华,这凸显了人格化传播在数字媒介时代的重要性。长远来看,人格化传播策略对主流媒体的形象转型有所裨益,亲民形象更易于实现充沛的情感表达,提升新闻宣传和舆论引导的效果。

(二)媒体人格化的传播特性

媒体人格化传播强调物质的拟人化,将媒体机构沿着"品牌化—公众化—公共化—职业化—专业化—符号性—标识化—大众化—显性"等人格化方向发展,提升媒体传播的穿透力与感染力,改变"以我为主"的单向传播思路,因地制宜、因时制宜,充分了解传播对象的信息需求和表达习惯,根据自身传播

---

① 新华社. 习近平:高举中国特色社会主义伟大旗帜为全面建设社会主义现代化国家而团结奋斗——在中国共产党第二十次全国代表大会上的报告[EB/OL]. (2022-10-25) [2023-04-30]. http://www.gov.cn/xinwen/2022-10/25/content_5721685.htm

② 姜丽. 以人民为中心创新对外传播实践[J]. 人民论坛,2021,(35):117-119.

需求和目的,努力缩短对方"想听"和我方"想说"之间的距离,通过有温度、有情绪的人格化传播贴近受众、打动人心,进而实现价值观的传播。

第一,从传播主体来看,传播主体的人格特征与媒介形象进一步结合,运用人格化传播形成的"深后台"实现媒介隐形主动性和控制力的进一步强化。① 第二,从传播内容来看,要从以关注事件、问题为中心转向以关注人为中心,从人的角度出发,以人的故事为起点,把人的故事、理念升华到现象级,从新闻话题变成社会话题,形成全新的传媒构建、传播和收尾的全新模式。② 第三,从传播渠道来看,大众文化传播有多种形式,在某种意义上,人格化与市场化的推广可能是文化传播最好的途径。所谓"人格化",是指在文化传播的实际过程中,具象的名字要比抽象的概念更有渗透力。③ 例如主流媒体在短视频情境中具有"人格化效应",作为关系表达的内容能够引发受众情感共振与关系认同。④ 政务短视频场景、情绪以及语用表达都体现出明显的人格化传播特征。在具体人格化实践中,政务短视频通过观念创新、主题平衡以及主体视角的转化,体现了政治传播情感化、对话感的转型。政务短视频实践增强了政务人员的成就荣誉感、归属感、责任感,使其产生主动参与政治传播的自我驱动,进一步加深身份认同。⑤ 第四,从传播受众来看,表面上,媒体人格化传播的行为在传统新闻传播话语体系中或许被认为是不职业的表现,而在新的媒体环境下人格化传播凸显了媒体不仅是传媒组织工业化内容生产端,还是与受众相似的现实个体,这种感知的相似和切近帮助受众与媒体建立起情感联结,放大了传播内容中情感的张力及感染力。第五,从传播效果来看,媒体人格化传播立足全媒体传播格局,合理运用人格化传播表达策略,提高新闻舆论传播力、引导力、影响力、公信力。

① 郝君怡,高贵武.融媒时代新闻报道的情感融入——以央视新闻"时政 Vlog"为例[J].电视研究,2022,(2):55-58.

② 姜丽.以人民为中心创新对外传播实践[J].人民论坛,2021,(35):117-119.

③ 傅谨.中国文化应注重"人格化"传播[N].人民日报海外版,2016-01-01(10).

④ 吴晔,樊嘉,张伦.主流媒体短视频人格化的传播效果考察——基于《主播说联播》栏目的视觉内容分析[J].西安交通大学学报(社会科学版),2021,41(2):131-139.

⑤ 郎劲松,沈青苗.政务短视频的人格化传播:呈现与驱动——基于政务抖音号的实证分析[J].新闻与写作,2020,(10):39-46.

三、人格媒体化的发展与研究

人格媒体化传播突出人的主体性功能,强调媒体的技术加持作用,指的是基于大众传播媒介为传播渠道,以真实的人为传播主体,在传播过程中突出"人"的因素,将媒体机构的生产工具、生产能力、生产资源、生产界线、生产底线等充分利用,进行人格的媒介化,以传播主体的人格力量赋予传播内容人格化,从而影响传播效果,在单向传播的过程中实现与受众的双向互动,建立更广泛的连接。

（一）人格媒体化的三重表现

智媒时代,随着传播技术的升级、传播场景的拓展、传播手段的创新,人与物的链接更全面,同时,更显现人的主观能动性,播音与主持艺术的应用者不仅局限于传统的广播电视播音员、主持人,还包括了新闻发言人、代言人,以及以真实人物身份出现的网络名人（网红）、短视频博主、网络主播等。受传媒大环境影响,伴随播音与主持艺术行业的发展和概念的拓展,人格媒体化传播呈现多层次样态,从人文心理学的角度看,基于传播效果的强弱,具有弱人格、泛人格、强人格媒体化传播的特征。[①]

第一,弱人格媒体化传播,即人格的弱化,缺乏人格的传播。常见于传统的简单"播报"、串联等播音主持基础流程性工作,力图凸显播音主持群体化特征,但忽略个体化特征,人格媒体化特征不凸显,缺乏独特性与社会性。因为被动性与机械性,缺乏生动性与形象性,"人"性传播弱化,无法树立鲜明的形象特征。这种形式化与模式化的弱人格媒体化传播,目前已体现出被人工智能主播的机器功能所逐渐替代的可能。

第二,泛人格媒体化传播,即人格的泛化与淡化,缺乏稳定的突出的人格的传播。目前的播音主持创作活动中,泛人格媒体化传播常见于综艺节目主持人角色的被取代或是以另一种方式出现,如《典籍里的中国》的"读书人"撒贝宁、《我是歌手》由竞演歌手承担"串讲人"跨界主持等。出于节目的需要、市场的需要、受众的需要,泛人格媒体化传播在人格主体性的功能和身份上并不十分突出,有一定的人格特质显现,但必须依附于整体的传播内容。

---

① 邱蔚."温度"与"距离":播音主持人格化传播探究[J].未来传播,2020,27(4):106-112.

第三,强人格媒体化传播,即媒体人格的强化,具备稳定的突出的人格的传播。毫无疑问,强人格媒体化传播强调传播主体的人格特质与个人化色彩,具备较好的媒体人格化传播效果。随着新媒体的强势发展与主流媒体的权威地位加固,强人格媒体化传播的角色定位准确清晰,反映出一定的完整性、稳定性、独特性和社会性。如主流媒体上,《新闻联播》推出《主播说联播》,传统的播音员主持人以新闻短评的方式,从正襟危坐的"播"新闻到妙语连珠的"说"新闻,新华社"网红"工作室推出的网红记者张扬等,突出主播的个人特点从而深化主流价值观的传播。政务传播上,外交部新闻发言人、全国两会"通道"发言人等其他政务新闻发言人以突出个人气质的新闻发布活动,助推国家政策落实和国家形象塑造。新媒体平台上,仅靠画面语言呈现的李子柒田园生活短视频风靡海内外,"带货主播"李佳琦以节奏清晰、语言活泼的直播风格创造了不菲的销售业绩等。强人格媒体化传播在熟悉与掌握社会审美心理的基础之上,能够积极发挥主观能动性,主动设置传播议程,通过良好的平衡力与控制力,能够有效表达思想力,体现出具有道德领导力素质、具有表现力与感召力的人格特征。

(二)人格媒体化的适用群体

人格媒体化传播强调传播主体"人"的因素,人格化传播主要主体为主持人、短视频博主、人工智能主播等。如主持人的人格媒体化传播,节目主持人用自身的人格力量所赋予的文化品位、思想情感、语言修养和独特的个性魅力,去塑造形象、传达信息、沟通情感,使节目更具亲切感和人情味,其特征有拟态的人际传播、信息载体、情感传导等。①

著名主持人董卿从自身实践出发,认为人格媒体化传播修正了大众传播"重同质化、少亲和力"的不足。如果说国家电视台的媒介定位赋予主持人强大的大众传播威力,作为大众媒介与受众的中介,主持人的创新空间正体现在如何实现人格特征最大化。也就是站在国家电视台的舞台上,以"我"的语态与观众沟通与对话,这个转变语态的过程既是实现人格媒体化的过程,也是考量主持人的"政治思想道德素养和文化素养"的过程。② 如短视频博主的人格媒体化传播个案,"李子柒 Liziqi"账号在海外广受欢迎,这显示出多元传播主

---

① 陈虹.论电视节目主持人的人格化传播[J].视听界,2006,(1):46-47.
② 董卿.主流价值观的创新传播——CCTV 大型综艺晚会的主持传播策略之探讨[J].电视研究,2010,(6):47-49.

体在国际传播中大有可为,为开展跨文化传播提供了新思路。[①] 短视频博主基于生活场景搭建的拟态环境进行"在线表演",提供了真实、平等、相似性感知,增强了受众的认同感与信任感;通过人格化表达和情感互动创建"信息茧房",博主的真实性自我呈现激发了用户对其同款生活的向往,并可能导致基于嫉妒心理的盲目模仿。[②]

四、媒体人格的赋能和延伸

随着我国媒体融合进程的衍进、元宇宙等现代信息技术的发展,虚拟数字人的应用将媒体人格的概念进一步延伸,人工智能主播的持续升级将媒体人格的特质进一步赋能,即虚拟人格。虚拟人格的赋能与延伸,综合了播音主持基础理论提出的社会功能信息共享、认知共识、愉悦共鸣,配合真实主持人成为主持传播的理论重点与实践拓展。需要注意的是,人格权是人格存在和发展的基本和依据,这里媒体人格的起点也是"一般人格",其一般人格权受法律保护,意义在于区分人格与虚拟人格的时候,有价值度的差别,虚拟人格是带有自然人人格标示的印象人格。

(一)虚拟人格的积极与不足

虚拟人格给本质是机器属性的人工智能主播嵌入了"拟人化"特征,从人类社会互动的角度看,人工智能主播这类技术人工物不论是形态还是行为方面都具备了拟人化或类人性特质,才能与人类社会互动产生意义。从"拟人化"背景出发,目前的人工智能主播按照技术参数的升级可以分为拟物、拟人、拟真三类。[③] 拟物型人工智能主播以动物或卡通形象为主,常见于主流媒体的品牌宣传、文化推广等领域。拟人型人工智能主播的二次元风格的动漫感较强,常源自动漫或游戏中的卡通人物形象。受时代技术水平制约,世界上首位此类人工智能主播安娜诺娃,以及中国首位此类人工智能主播言东方都是

① 隋璐怡. YouTube 社交平台网红传播力分析——兼论李子柒海外走红的案例启示[J]. 国际传播,2020,(1):78-87.

② 汪雅倩."新拟态环境":短视频博主的人格化表达及其对用户的影响研究[J]. 中国青年研究,2020,(1):68-75.

③ 赵瑜,李孟倩. 拟人化趋势下的虚拟主播实践与人机情感交互[J]. 现代传播(中国传媒大学学报),2023,45(1):110-116.

以拟人的形象出现。拟真型人工智能主播目前应用场景较为广泛,有 2D 呈现为主的逼近真人视觉效果的人工智能主播,可以以真人主播为原型。还有高度仿真的 3D 数字人,从细微的外部形象到语言表达和肢体微动作更能与真人主播"媲美"。AI 技术使主持传播的虚拟人格得以实现,成了与真正的主持传播主体越来越接近的虚拟人格传播主体。

对虚拟人格的评价,从积极的一面来看,第一,人工智能主播的虚拟人格符合受众接受心理,如聊天功能在某种程度上满足了人们对现实交往人际关系缺憾的补偿。第二,虚拟人格是对主持传播人格的超越与补偿,这种虚拟人格整合了真人主播人格特质的优点并将其放大,更符合受众对主持人的"理想化"人格期待。第三,技术推动主持传播中的人格进化,从拟物、拟人、拟真的人工智能主播进化路径可以看到技术加持推动虚拟人格的完备创造和完善发展。[①] 从不足的一面看,第一,人工智能主播不仅仅是一项"新技术",更是一个嵌入社会互动中的"社会行动者",故而需要形象上的拟人化、更强的心智能力和能动性以凸显其"社会行动者"的特质。[②] 第二,"人格化"过程中可能出现的误区,即标签化、伪个性[③],更需要从人工智能主播"物"的属性出发,通过法规、技术、制度等方法促进技术人格的养成。第三,虚拟人格的言说困境,技术演进却在实践中逐渐凸显出人际交往的"不可交流性",产生了虚假交往、情感空洞等一系列负面影响,带来了人的主体性危机,存在着"异化"的可能性。[④]

（二）虚拟人格的应用期待

人格化层次是人工智能技术在主持传播领域应用层次的最高级,虚拟人格使得人工智能主播作为主持传播主体具备了"人"的因素,对于虚拟人格作为媒体人格的赋能和延伸,我们充满期待。

第一,人格化的人物特征,建构形象。人格是使人具有与众不同的思想、情感和行为的典型模式,虚拟人格能够使人工智能虚拟主播风格鲜明,具有标识度和记忆点。第二,人性化的设置理念,赋予人格。机器人朝着个性化和具

① 高贵武,杨航.AI 主播与主持传播中的人格进化[J].青年记者,2019,(22):51-52.

② 王忆希,吴福仲,王峥.人工智能新闻主播何以被接受:新技术与社会行动者的双重视角[J].全球传媒学刊,2021,8(4):86-102.

③ 崔洁,童清艳.解构与重构:"人格化"虚拟 AI 新闻主播再思考[J].电视研究,2022,(2):62-64.

④ 高贵武,赵行知.进化中的异化:人工智能主播的言说之窘[J].传媒,2023,(4):12-14.

有独特情感的趋势发展,基于各类科学发展的人工情感建模和人工情感交互技术将会促进人工智能主播的个性化发展,增加受众参与感和用户黏度。第三,人际化的传播方式,圈层联结。媒体融合的进程使得主持传播从大众传播模式逐渐向人际传播过渡,利用人工智能技术,挖掘用户需求,进行实时反馈,使用对话、聊天等方式达到传播效果,更加贴合受众的需要。基于此,心理学家塔佩斯提出的"大五人格"理论对于人工智能主播虚拟人格的发展具有重要意义。该人格心理学理论概括了人格的五个基本维度:开放性(openness to experience)、尽责性(conscientiousness)、外倾性(extraversion)、亲和性(agreeableness)、神经质(neuroticism),也被称为"人格的海洋"(OCEAN)。①"大五人格"特征被认为是具有心理学量表基本结构的人格特质,这对于人工智能主播"如何赋能和延伸媒体人格"有着重要的技术研发启示作用。

五、余论:当前的主要问题与学术增长点

通过对智媒时代播音主持人格化传播进行深入研究,探讨了这一领域的发展趋势、关键特征和影响因素。通过对历史演进、技术进步以及社会文化变革的综合分析,我们揭示了智媒时代播音主持人格化传播的多面性和复杂性。在这一过程中,我们从以下几个方面得出了一些关键观点。

第一,智媒时代的到来对播音主持人格化传播产生了深远影响。数字化技术和社交媒体平台的普及使播音主持人能够与受众更密切互动,建立黏性更强的粉丝群体,并且拓展其在媒体生态系统中的影响力。播音主持人不再仅仅是信息的传递者,他们也是社交连接的构建者和文化象征的代表。

第二,播音主持人的人格化传播不仅仅是媒体现象,还与社会文化因素密切相关。他们的形象、言行和价值观受到广泛的关注和争议,因为他们在公共领域扮演了重要的角色。然而,这种人格化传播也带来了一系列挑战,包括道德责任、隐私权和信息可信度等方面的问题。

第三,智媒时代播音主持人格化传播的成功取决于多种因素的综合作用。这包括播音主持人的个人品质、表现能力、社交媒体战略以及他们所在的媒体

---

① 张庆园,张凌媛.人格失焦:数字原住民人格特质与微信个人资料图像的自我呈现[J].国际新闻界,2021,43(1):138-157.

环境和文化背景。成功的播音主持人必须能够适应快速变化的媒体景观,同时保持专业性和真实性。

第四,本研究呼吁媒体从业者、学者和决策者认真思考智媒时代播音主持人格化传播的伦理和社会影响。在媒体责任和信息可信度方面,有必要建立更严格的准则和标准。此外,应该鼓励对播音主持人格化传播进行更多的跨学科研究,以深入理解这一现象对社会、文化和媒体的影响。

综上所述,智媒时代播音主持人格化传播是一个充满机遇和挑战的领域,它将继续在未来塑造媒体和社会的面貌,期待对这一话题有更深入的探讨和理解。

参考文献

[1] 张国光.人类媒介的再媒介化:播音主持职业的媒介属性与时代演化[J].中国电视,2022,(11):42-49.

[2] 范文川,韩敏.智媒时代新型主流媒体的圈层拓展策略[J].新闻与写作,2022,(10):91-95.

[3] 虞鑫,王金鹏.重新认识"信息茧房"——智媒时代工具理性与价值理性的共生机制研究[J].新闻与写作,2022,(3):65-78.

[4] 顾理平,俞立根.具体困境与整体困境:智媒时代的传播伦理变革与研究转向[J].传媒观察,2022,(2):40-47.

[5] 汤璇,陈中瑞.智媒时代美国新闻传播人才培养研究综述:范式、特征及趋势[J].中国新闻传播研究,2021,(3):37-48.

[6] 王秋硕,鲁昱晖.智媒时代播音主持艺术的创作嬗变与价值考究——以"AI合成主播"为例[J].中国电视,2021,(4):86-91.

[7] 张梦,陈昌凤.智媒研究综述:人工智能在新闻业中的应用及其伦理反思[J].全球传媒学刊,2021,8(1):63-92.

[8] 李洪岩.多维传播语境中播音主持的功能与拓展[J].现代传播(中国传媒大学学报),2013,35(8):87-90.

"劝服"艺术：口语传播视域下国际主播的显隐性特征分析

李俊铭

（中央民族大学新闻与传播学院，北京 100081＊）

摘　要：口语传播探讨的是一种人与人的话语方式，如何以人为主体，实现国与国之间话语模式的转换，是当下除了学界热门研究之外需要思考的问题。本文将研究视野重新拉回至 2019 年跨洋直播事件，从有声语言的显性特征和副语言的隐性特征出发，分析国际主播是如何通过口语传播，利用艺术化的二度创作技巧进行"劝服"，由此从大国气度、建构态度、发声效度和媒介角度四方面为当下以口语为主的国际传播提供启示，将口语传播与国际传播有机地结合在一起。

关键词：口语传播；有声语言；副语言；国际传播

从 SCA 易名为 NCA 之际，口语传播（speech communication）就逐渐失去 speech 色彩进而转入传播学（communication）成为子系统，随着大众传播（mass communication）站上传播研究高地，昔日的口语传播光辉已不再闪耀，面对全媒体时代的焕然一新，这个曾经风靡一时的传播学研究路径，是否真的不复往日荣光？口语传播也许没有现如今的大众传播或数字传播火热，但是它所承载的文化内涵和研究取向远比大众传播更加深厚。口语传播探讨的是一种话语方式，研究在一定的语境中如何最恰当地利用言语符号和非言语符号来影响受众，以求对人们的思想、观念和行为产生改变。① 而播音是指"播音员和主持人运用有声语言和副语言通过广播、电视等传播媒介所进行的传

＊　作者简介：李俊铭，男，硕士。

①　李亚铭.口语传播视域下的播音主持专业教育模式改革[J].现代传播（中国传媒大学学报），2013,35(10):154-155.

播信息的创造性活动"①。因此,无论是从学科范围还是理论延伸上,播音主持都从属于口语传播的研究范畴。

一、口语传播:"劝服"的概念化体现

亚里士多德认为,传播是有目的的(purposive),亦即人们总是抱着能够影响他人的意图进行传播的。他认为劝服活动是一种逻辑和情感上的双重过程,即"劝服"要服之以德(ethos)、说之以理(logos)以及动之以情(pathos)。2019年的中美主播跨洋辩论(debate),在很多人看来,失去了原有辩论印象中的火药味,转而成为一次对话(talk),但细细品来,双方都在此过程中弱化了"辩论"意味,而呈现更多的"劝服"艺术。刘欣作为CGTN的播音员主持人,承担着"党和政府的喉舌"的职业责任,这也就意味着她无论是对内报道还是对外传播都是有目的的——从中国立场出发,展示中国态度。而翠西(Trish)所在的福克斯广播公司,在政治新闻上,同样走的是爱国主义的新闻路线,把政治新闻娱乐化;在社会新闻上,走的是花边主义的新闻路线,极尽煽情、夸张之能事。② 双方都站在特定的立场上进行"劝服",如果用不同的视角看待此次跨洋直播,它可以是一场辩论(debate)、一轮商讨(discussion),也可以是一出对话(talk)、一次"劝服"(persuasion),甚至是一回聊天(chat)。刘欣通过有声语言显性特征的"语流修辞"和副语言符号的隐性意味,对翠西为代表的典型西方思维和刻板印象进行"劝服"。基于此,本文将研究视野重新转回至此次辩论事件,从有声语言的显性特征和隐性特征出发,分析刘欣是如何通过利用艺术化的二度创作技巧对其进行"劝服"的。

二、显性特征:"语流修辞"的艺术化呈现

"劝服"意味着以语言作为媒介载体,作为语言的物质外壳,有声语言的音

---

① 张颂.中国播音学[M].北京:北京广播学院出版社,2003:2.
② 穆国华,魏春洋.福克斯新闻频道与新闻娱乐化[J].中国电视,2006,(6):78-80.

质、音色、音准、语调的艺术化呈现是口语传播能力的显性特征。[①] 所谓"艺术化"就是要在原有基础上进行二度创作。显性特征的二度创作能力大体上可以概括为四个:重音、停连、语气和节奏。可以说,这些艺术化呈现就是有声语言在口语传播过程中的"语流修辞"。

（一）重音

重音是有声语言当中最能够体现语句目的、最能够表达出核心观点或者思想感情的词或短语。张颂教授在《中国播音学》当中将重音划分为并列性、对比性、递进性、转折性、强调性、比喻性、拟声性、肯定性、呼应性、反义性等10种不同的重音类型。由于在"劝服"过程中,直播的形式无法面面俱到地将文字稿悉数准备妥当,那就需要刘欣斟酌考虑双方的交流目的,对语流当中的字词进行"少而精"的提炼。当谈及关税协议方面的问题时,刘欣将"can't discriminate between countries"和"complicated"作强调性重音处理,表现关税协议并非中国针对美国,抑或是美方针对中方,而是权衡全球各个国家利益之后才得以进行的,将这背后复杂的政治关系凸显出来。接着将"difficult negotiations"作呼应性重音,与之前的"complicated"进行呼应,表现出中方在降低关税方面的艰难,并非一意孤行,而是深思熟虑之后的结果。

（二）停连

停连是指有声语言在流动表达过程中,声音的中断或者连续。由于人的生理结构的有气息,不能够一口气把所有的话全部说出,根据正常的生理需要,可以在语流当中作短暂的停顿;另外,主持人还需要根据传达的信息内涵进行停顿或者连读,不该停顿的地方则需要连接起来,这种停顿和连接在有声语言表达当中统称为停连。翠西在节目开场白中,将刘欣视为 CPC 的一员,并表示想要了解 CPC 对美国及贸易问题的看法,这显然是错误的。刘欣在回答当中,将"not a member of the Communist Party of China"节奏稍缓,语气略微加重,与之前的语流形成区分性的停连,进一步纠正了翠西主观上对自己身份的错误认识,并且将自己此次的跨洋直播对话立场确立为个人而非其他,确定了此次对话交流的立场和态度,并明确了自己的政治身份。

（三）语气

语气是有声语言通过一定的语言形式表达说话时人们的行为态度。张颂

①　李亚铭.口语传播视域下的播音主持专业教育模式改革[J].现代传播（中国传媒大学学报）,2013,35(10):154-155.

教授将语气的概念范围划定为语义语气和人物语气两种。基于本文的分析，主要围绕语义语气进行阐述。语义语气主要包括四个部分，即客观事实、说话目的、说话者的态度和说话者的感情评价。翠西问及刘欣关于中国已经成为世界上第二大经济体，什么时候中国会停止称自己为发展中国家，会不再向世界银行借钱？面对如此尖锐的国际问题，刘欣在回答之前首先设定了讨论语境，即对于发展中国家的既定印象是弱小、贫穷和欠发达的。接着刘欣在回答中将"define"作为递进性重音处理，一方面呼应上文涉及的原有的发展中国家的定义，另一方面又抛出下文新的观点表达，即中国是人口众多的发展中国家。并且在回答中"But don't forget"语气稍微上扬，表示强调提醒，接着回答"1.4 billion"作强调性重音处理，用客观数据说明中国的人口数量众多，并且下文当中"very small""very big"作对比性重音，语气稍快、节奏平缓，一方面说明我们虽然是世界第二大经济体，但是由于我国人口数量庞大，人均GDP大概是美国的六分之一，不能够单纯地通过发展中国家的总体定义来定义中国。

（四）节奏

节奏是有声语言以思想感情运动为依据的声音运动形式，外部表现形式为声语言流的抑扬顿挫、轻重缓急。在新闻类节目的对外传播过程当中，节奏的变化相对来说比较单一，较为平缓稳定，没有过多的升降起伏。在被问及关于知识产权的问题时，刘欣将"You have to ask American businesses … and they will tell you their answers"处理为稍快节奏的连读，没有进行过多停顿，几乎是一句话说出来，语气略带反问和些许幽默调侃的暧昧意味，紧接着将语流节奏稍微放慢，开始说明中国市场的客观情况，将"very profitable"作强调性重音加重处理，说明中国市场的利润丰厚，紧接着又将"continue"作递进性重音处理，说明大部分在中国投资的美国企业决定继续留在中国市场，不仅回答了翠西以偏概全的提问，同时又有力地用事实来证明并从侧面彰显中国市场对国外企业的包容。此外，刘欣在回答关于中国特色社会主义市场经济方面的问题时，节奏上欲扬先抑，表明中国市场并不是全部由国家控制，这是事实。接着将"80%"作为强调性重音进行处理，强调市场经济的很大一部分都是由民营企业支撑。最后将"quite mixed, very dynamic and actually very very open as well"进行连读处理，说明中国市场是一个非常混合、非常活跃、非常开放的经济体。

三、隐性构成:副语言的辅助性表达

如果说有声语言表达是主持人在口语传播二度创作中的显性特征,那么语言思维、听知能力、语用能力以及副语言的应用所组成的隐性构成就属于其专业技能的"隐性特征"①,起到补充有声语言的功能,影响着新闻主播的形象②。前三者以逻辑思维形式内化于主体意识当中,而后者副语言的应用表达则相对明显,副语言符号大体包括动态(面部表情、身体动作、幅度大小等)和非动态(画面声音、环境色彩、空间布置、灯光镜头等)两部分。观众通过有声语言来进行信息内容接收的同时,通过主持人的副语言对其内心活动进行感知并对其态度所指、情感色彩和语气分量进行识别。

(一)面部表情

传播学之父威尔伯·施拉姆说:"无意中露出的非语言比有意发出的信号更有意思,而且,面部肌肉的运动和表情是人类传播最无与伦比的特征之一。"③观众能够通过主持人的面部表情来获得新闻文本之外的信息。主持人略微皱眉或微笑点头,传递给观众的印象是极其不同的。刘欣在翠西节目中首次出镜时面带微笑,显得十分亲和,第一时间为海外受众呈现了良好的中国主播的个人形象。在回答严肃性问题时,刘欣的眼睛直视镜头,略皱起眉头,以示回答问题的严肃性和严谨性;在思考时,她的眼神偶尔会不自觉向左移,向观众展示出对问题回答的严谨态度,是通过思考之后得出的,而非稿件的套词;在翠西讲话时,刘欣也会微笑着轻微点头,略微闭眼以示对其观点的肯定,通过面部表情表现出认真聆听、给予肯定的态度。当听到某些并不准确的信息时,刘欣也会抿嘴以示内容上的拒绝和否定。在结束发言后,刘欣表达感谢并示以微笑,表示如果翠西愿意到中国来看一看,她也十分欢迎,彰显出中国人友好的儒学品性。

① 李亚铭.口语传播视域下的播音主持专业教育模式改革[J].现代传播(中国传媒大学学报),2013,35(10):154-155.

② 唐远清,张月月.对外新闻主播国际传播力的培育及提升——从中美主播对话谈起[J].全球传媒学刊,2019,6(3):170-178.

③ 威尔伯·施拉姆,威廉·波特.传播学概论[M].2版.何道宽,译.北京:中国人民大学出版社,2010:70-71.

（二）身体动作

在直播过程中，刘欣无论是在发言抑或是聆听对方讲话时，时不时地轻度点头，以示对方观点的接纳或者肯定；即使在被翠西连续打断几次发言之际，刘欣也并没有表现出烦躁和生气，而是暂停下来等对方说完之后再阐述自己的内容；在表达自己观点或说到某个词语时，点头的力度略微加重，以提示观众此处强调重点；比如在纠正自己参与此次直播的态度立场、强调自己的政治身份时，用"下点式"手部动作进行强调；在进行某些语义转换或者举例子时，头部会略微倾斜，表示传达内容的切换或者结束；在回答某些严肃性问题时，头部会略微侧耳呈"倾听"状态；回答结束后，身体会略微向后靠，并面带微笑。整体上刘欣的身体动作比较稳定，动作幅度都不大，也没有咧嘴发声大笑、东倒西歪的行为出现，形象上给人以沉稳庄重感，呈现出懂得倾听、尊重对方、平等交流的中国形象。

（三）着装造型

直播当中，刘欣选择了一件不带有任何政治意味、百看不厌、清冷优雅的蒂芙尼蓝西装外套。刘欣在妆容上抛弃浓厚的上镜妆，略施淡妆以衬托出自己最自然、真实的风格。这与翠西红色娇艳的套装形成了强烈的对比，一蓝一红，一冷一热。在配饰的选取上，刘欣选择了低调的碧玉耳环和玉质项链，一方面可以凸显中国式的品位，另一方面也能够在一定程度上改变海外民众对中国党政机关、国家公职人员的刻板印象。刘欣在直播后接受采访时表示，她在选择玉质配饰时，是因为中国有"宁为玉碎不为瓦全"的说法，在中美"贸易战"中比较形象地概括了中方立场，这也是很多中国民众的期待。"多年对外传播的经历告诉我，海外受众对中国历史文化有一种崇敬心理，如果能恰当地引入这样的细节总能引起更多的兴趣和较好的效果。这个中国传统文化符号的应用取得了较好的跨文化传播效果。"①

（四）空间环境

在《论艺术的精神》中，康定斯基认为蓝色将人的视觉往深处引导，给人以沉静的感觉。直播当天，刘欣身处中国国际电视台的演播厅，纯净的蓝色背景显得整体的直播画面色调干净整洁，给人以安宁平静之感，让海外受众可以静下心来听取中方的观点，更加聚焦于积极的对话状态。同时蓝色在视觉和心

---

① 刘欣.我与美国主播翠西·里根"辩论"前后[J].全球传媒学刊,2019,6(3):113-119.

理上能够使人联想到广袤无垠的天空和宽阔深邃的海洋,产生舒适清净之感。刘欣在自述的文章当中也说明了当时自己的总体定位是充分展现诚意和沟通意愿,用最简单的语言、最容易理解的方式表达观点,还原中国"国家电视台"主持人的普通人形象。刘欣将电视观众和新媒体用户视为媒体人的"客户",这种思路是行之有效的。当受众通过"极致体验"不自觉地得到信息时,就会感受到品牌的价值,从而产生好感和忠诚度。

四、从显隐形特征中把握"四度"

(一)大国气度:跳脱滤镜,真诚平等对话

在当下全球媒体的国际传播格局中,"中国声音"的音量虽然逐渐扩大,但是总体上"西强东弱"的国际舆论格局还未打破。在西方话语霸权影响下,全球化传播中的中国形象是极权、专制、没有言论自由、缺乏人权。[①] 随着中国实力的不断增强,这种霸权印象逐渐由"极权专政"转向"霸权侵略""征服世界",无形中为中国形象徒增一层"沙文主义"滤镜,这对于当下中国与国际接轨的对话与交流产生传播阻力,不利于中国对外传播声音的落地。面对这种极端话语标签的荼毒,我们既不能坐以待毙,也不能急于扭转,而是要循序渐进,逐个击破。刘欣在直播的"劝服"中,不管是在播讲状态、语言表达还是案例选择上,始终保持谦逊的态度,没有沙文主义的极端,而是以国际人道主义的原则进行对话,不但提中国,而且说世界。"不咄咄逼人;不喊口号、不讲大道理,而用事实来说话。"观众会用眼和心来"评判",刘欣所呈现出的中国友善、自信和真诚,就是中国形象最好的代名词。

(二)建构态度:削弱茧房,避免操之过急

刘欣与翠西的此次对话,让刘欣获得了一次在以福克斯为代表的美国保守的主流新闻媒体平台传播中国对中美贸易摩擦态度的难得机会。但从实际的受众反馈来看,意识形态上的疏离实乃冰冻三尺,也是翠西等西方媒体人占据话语主导权的惯用伎俩。因此,我们是不是应该转换一下"急于传播"的迫切心情,更多聚焦在如何"削"而非"消"? 这在过去40年来的中美关系上较为

---

① 赵琳.论全球化背景下汉英双语播音的价值[J].江西社会科学,2009,(7):242-246.

少见,无疑是中国对外传播进行的有益尝试。但是仅仅 16 分钟的对话,实在是不足以撼动以美国为代表的西方话语强权之下对中国的刻板印象,跨文化、跨语言和跨国界的对外传播任重道远,刘欣式"劝服"的意义在于借此在美国观众有关中国的"信息茧房"上破开一条缝,打入一个楔子,让双方重新认识到"沟通对话"之有益。

(三)发声效度:跨越语碍,积极把握机遇

不可否认的是,当今世界的主流语言依旧是英语,我们在其所构建的国际语言环境中,如果想要与国际听众对话交流,就必须"入乡随俗"地去学习他们的语言和文化,从而了解他们的意识偏见和刻板印象,进而更好地进行"劝服"。或者换句话说,学习语言才能更好地回答"怎样与世界沟通"这个问题。对于每个从事口语传播相关工作的人来说,等待别人都学会中文来理解我们是不太现实的,必须主动出击,打破语言壁垒,跨越障碍。这不只在谋求国际主流文化的接纳,也是在争取本民族文化的全球发言权利。只有争取到了这样的发言权,才可能扩大我们自己的影响范围和影响力度,在世界范围内塑造中华民族的形象。[①]

(四)媒介角度:立体传播,勇于突破创新

本次直播事件是一次大小屏联动、形成立体传播效应的典型案例。[②] 双方从节目"互评"到推特"约辩"再到跨洋"直播",大、小屏之间的良性互动,使得双方的媒体品牌均收获曝光率。国内有学者统计,此次中美直播对话相关报道累积阅读量超过 30.69 亿次,这个数据创造了 CGTN 和中国议题过去 10 年在全球传播效果中从未有过的历史峰值。可以说,刘欣通过此次跨语"劝服",不仅建立了一种国际合作上利用口语传播的典型案例,还开创了一种新的对外传播和交流对话形式。

五、结　语

尽管当下我国对外传播的效能和方式相对过去有了很大的提升和进步,但是想要冲破根深蒂固的意识形态的束缚,还需要不懈努力,包括主持人在内

---

① 赵琳.论全球化背景下汉英双语播音的价值[J].江西社会科学,2009,(7):242-246.

② 刘欣.与美国主播"辩论"带来的思考[J].新闻战线,2019,(16):101-103.

的对外传播从业者可以适当利用自身的专业优势,创造多元发声源,形成传播点;媒体矩阵的构建不应局限于对内的传播,更要聚焦国际视野的新关注,形成传播线,以点带线,以线成面,以面成体,以体塑己,铸造我们自己的发声筒。当然,本文研究分析仍存在一定的不足,在传统播音理论当中,有声语言的创作表达技巧通常概括为"内三"(内在语、对象感、情景再现)与"外四"(重音、停连、语气、节奏)。本文之所以将"外四"技巧归入显性特征进行分析,是因为"内三"存在于创作者主观的思想感情的运动状态之中,外显度不高,它贯穿于显性特征和隐性特征之中,相辅相成。从某种意义上说,播音主持的创造性表达是亚里士多德语艺思想在中国本土化、理论化、系统化和学科化后的外显形式。囿于客观因素,文本选取的案例比较单一,无法更加系统全面地展现跨语"劝服"视域下主持人的显性与隐性特征艺术创作分析和"劝服"效果呈现。总之,口语传播是以人为媒介的传播活动,是一种人的符号化活动,而播音作为融合了多学科内容的艺术表达成分,正契合了当下"多元一体"的文化理念。作为播音专业的学子,理应"用心吐字,用爱归音",在努力构建国际传播话语体系的当下,更应该"以例发声,以理塑形,以诚动人"。也许国际话语的天平目前始终处于失衡状态,失衡本就是一种"非良态",但我们的目的绝不是将这种失衡状态颠倒过来,而是促成"平衡"并长久保持下去。

参考文献

[1] 徐生权.传播学:追溯柏拉图还是抗击柏拉图?——从一本书的大陆、台湾两个译本的差异说起[J].国际新闻界,2019,41(5):166-176.

[2] 张颂.中国播音学[M].北京:北京广播学院出版社,1994.

[3] 康定斯基.论艺术的精神[M].查立,译.北京:中国社会科学出版社,1987.

[4] 史安斌,戴润韬.话语社区的分化与媒体品牌的重塑:从中美主播约辩看我国对外传播的创新[J].全球传媒学刊,2019,6(3):148-161.

[5] 邓建国,崔嘉雯.善意沟通与"生异之异":从"欣西之辩"看中国的对外传播创新[J].对外传播,2019,(8):10-12.

[6] 刘欣.与美国主播"辩论"带来的思考[J].新闻战线,2019,(16):101-103.

[7] 罗青,方帆,毕建录,马文龙.中美主播跨洋对话的全球传播效果——一次中国全球媒介事件的案例分析[J].全球传媒学刊,2019,6(3):132-147.

[8] 威尔伯·施拉姆,威廉·波特.传播学概论[M].2 版.何道宽,译.北京:中国人民大学出版社,2010.

精度与温度的异化：
AI合成主播人格化界限的模糊

宋来慧

（浙江传媒学院新闻与传播学院，浙江杭州 310018*）

摘　要：人工智能是当下最热门的话题，依托语音合成和建模技术的支撑，人工智能和播音主持在传媒领域碰撞出新的火花，AI合成主播由此诞生，其应用范围从最开始的新闻播报延伸到直播领域，技术克隆复现真人的声线、表情、肢体动作，以更完美的形象和高度拟人化展示与真人无异的播出效果，让人们看到了技术的无限可能。但技术对人的异化和人的主体性的消解也随之显现，在高效、高质、低成本等优势下，AI合成主播逐步实现了对人的部分替代，但仍无法实现"具身"实践，观众对其看似实时在线互动和时刻保持饱满情绪的评价下，是对AI合成主播拟人化的过分夸大，高精度背后，技术异化带来了人格化界限的模糊，产生了精度与温度异化问题，必须对此加以重视并提高警惕。

关键词：人工智能；AI合成主播；技术异化；人格化

随着AI技术的迅猛发展，其被广泛应用于生产和生活当中，我们身边随处可见许多"AI＋"的应用场景，如医疗、工业、交通、建筑等。而在直播行业中，AI合成主播也正被广泛应用于各大媒体平台的新闻播报和电商平台的内容直播当中。AI合成主播在给人们带来技术便利的同时，也存在不少问题和隐患。

对传统媒体而言，主播的价值在于以一种人格化和类人际传播的方式实现媒体对受众的信息传递和交流，AI技术最初作为一项完善提高这一过程体验的工具而被使用，但AI合成主播蓬勃发展的同时，也出现诸多争议，其焦点之一在于AI合成主播的高精度技术是否能够代替真人主播的人格化温度。

---

* 作者简介：宋来慧，女，硕士。

一、AI合成主播：独特优势和劣势反思

从历史发展来看，主播概念并非瞬间形成，先后经历了播音员、节目主持人、专业主播、虚拟主播、大众主播以及如今的AI合成主播等几个阶段。[①] AI合成主播的发展大致经历了三个阶段：第一阶段以语音助手的形式存在，进行简单的辅助，而没有视觉性功能；第二阶段以更具象化、可视化的虚拟分身而存在，摆脱了机械的声音，加入了更像真人的语言和动作；发展到如今第三阶段的高水平AI合成主播，则与真人几乎无异，更加真实。

AI合成主播最早应用于新闻领域，简单而言是通过提取真人主播新闻播报视频中的声音、唇形、表情动作等特征，运用语音、唇形、表情合成以及深度学习等技术联合建模训练而成，可以根据主播的说话速度、停顿时间、动作习惯等信息来进行实时调整，以拟人化的方式实现对真人主播的模拟，达到与真人主播几乎等同的效果。早在2018年第五届互联网大会上，新华社联合搜狗发布全球首个合成新闻直播——"AI合成主播新小浩"，在新闻领域开创了实时音视频与AI真人形象合成的先河。此后，越来越多的人开始尝试使用AI合成主播来替代真人主播。伴随着直播行业的蓬勃发展，AI合成主播在直播平台中随处可见，其拟人化的形象打造，使得受众越来越难以分辨虚实。

（一）AI合成主播的独特优势

AI合成主播作为一种新的直播形态，具有其独特的技术优势，为人们带来了不一样的视听体验，彰显出一种智能化和人性化的特点。与传统的真人主播相比，技术导向下的AI合成主播具有全智能、全天候、全场景的独特优势。

AI合成主播本身是智媒时代下技术发展的产物，其首要特点便是智能化，通过足够的技术支撑搜集并打造与原型主播或设计主播无限接近的虚拟形象，展示更加完美、准确的信息，满足信息播报的准确性，提高精度，通过技术员毫无错误地播报出内容，而不会像真人主播一样犯低级错误。与此同时，AI合成主播能够精准捕捉受众的反馈进行回应，通过技术能够快速生产制作内容，在提高效率的同时，不需要承担高昂的人工成本，不需要进行人工培训，

---

① 胡丁珲.国内AI主播的演变历程、发展困境与未来出路[J].中国传媒科技,2021,(6):26-28.

程序性输出，无须人的发挥，为受众带来便捷、准确、多语种的咨询内容。真人主播最大的问题便是经过长时间工作后其精力和反应速度将大大降低，而 AI 合成主播可以 24 小时全天候、不知疲倦地工作，实时传递信息，保持快速的信息导入和输出能力，在夜间等真人直播精力消退的情况下，可以分担真人主播的劳动，极大地减轻工作压力，某种程度上帮助人们从繁重的劳动中解脱。AI 合成主播无须打造真实的直播间环境，可以随时随地全场景地开展工作，极大降低了主播运营的整体成本。尤其是对于一些灾难性场景，AI 合成主播能够有效地弥补人类记者的不足，更加灵活，受限制少，可以去一些有危险性的外景地进行现场报道，比如恐怖袭击、自然灾害现场等。总之，AI 合成主播在不同场景的运用中拥有着不可限量的可能性。

（二）AI 合成主播的劣势反思

相比较 AI 合成主播而言，真人主播具有无法取代的特性，如思想情感、自我意识、政治觉悟等，还具备人工智能没有的能力：如应变、创新、审美能力、逻辑推理能力等。这些特性也决定了 AI 合成主播只能作为工具使用，而并不能完全取代真人主播。技术本身作为一项工具是中性的，好与坏的关键在于人们对于技术的理解与运用。AI 合成主播作为一种新的技术形式被运用时，能够有效地将新闻、娱乐和营销等领域进行深度融合，使视频生产和内容创作产生超出想象的效果。目前 AI 合成主播仍然处于发展阶段，在给人们带来便利的同时，也存在不容忽视的潜在风险。

AI 合成主播是一个机械化的技术产物，因此虽不会犯低级错误，但避免不了机械化的读稿行为，在播报时会略显僵硬。中文讲求抑扬顿挫、停顿得当，而 AI 技术无法触及语言的深度，无法高度理解语言的魅力，只是程序化地输入输出。在报道过程中存在套路化和模式化，通过统一系统程序制造的诸多的 AI 合成主播往往是千篇一律的风格。虽然 AI 合成主播可以在一定程度上模拟真人主播的整体姿态，实时回应受众的问题，但其根本上仍是技术，只能拟人式模仿人的外在表现，无法理解人类的情感，主播需要通过自己的共情能力将新闻中蕴含的情绪传递出去。在这一方面，AI 是无法达到与人类一样的共情能力的，AI 合成主播没有自主的思维方式，仅能对既定内容进行程序性回答，无法引起共鸣，无法深度思考。此外，AI 合成主播的使用存在一定的法律风险，通过 AI 技术提取真人的声音、面部、动作等基本信息，在未经允许或滥用的情况下，观众无法分辨真人与 AI 合成人，容易引发人格权、肖像权的侵犯以及伦理等后面的问题。

二、AI合成主播与人：情感、效率和理性的矛盾

传统媒体时代以信息内容为王，而在人工智能时代下，媒体的核心竞争力已经不再仅仅是最初的信息生产数量和质量，而是对信息的解读、整合和传播能力的评定。AI合成主播从本质上是对新闻生产进行了深度介入，在对新闻进行解读的过程中，AI合成主播利用技术将新闻价值从大量的内容资料中提炼出来，并通过语音转换技术和3D动画技术进行输出，将其转化成一种新的表达方式。这种表达方式模拟了真人的语音声线、面部表情、肢体动作，符合受众平常观看真人主播时的习惯和认知水平，同时又满足了新闻生产高效、高质、低成本的需求。在这一过程中，AI合成主播通过技术员将人的情感和认知融入机器系统，在利用技术的同时，实现了技术与人的有机融合。但与此同时，也导致AI合成主播对人的情感、效率和理性的影响。

AI合成主播将人从单调枯燥、机械重复的劳动中解放出来，其全天候不知疲倦的特点，让主播可以通过人工智能技术打造专属的合成主播，代替自己完成工作。然而，这种解放也带来了问题，情感问题是其中最突出的一点。人们在接收信息时，往往会带有自己的情感倾向和心理预期，这些情感倾向和心理预期通常是由个人经验、社会身份以及文化背景所决定的。AI合成主播一定程度上可以通过不断训练来模拟一个人在特定情境下产生的心理感受和情绪体验，但在特定情境下人类情感也会有其自身特有的属性，如此AI合成主播需要针对不同类型的信息进行智能匹配，这就意味着它在情感表达上需要进行相应调整，但这一调整往往需要耗费大量的时间和精力。虽然AI技术帮助合成主播快速地生产内容，但仅在模拟情感上便会耗费大量的成本，而且往往是最简单化的模拟，达不到预期效果，从而导致新闻生产效率大大降低。技术本身是理性的一种体现，而人与机器等非人事物的最大区别在于人是感性的，在理性之外，人更多时候体现出来的是感性部分，真人主播强调以感性的共情能力传达信息，与受众产生互动的情感沟通，而AI合成主播则是以高理性的技术手段实现信息的准确传达。因此AI合成主播与真人主播之间存在无法避免的矛盾。

三、精度与温度的异化：拟人化与人格化界限的模糊

人类历史上曾出现过多种异化形式，往往表现为新鲜事物对于旧事物的巨大冲击，而异化不单单存在于单一范围内，而是出现在各个领域中，如经济、政治、文化等方面的异化，在这些异化形式中以"技术异化"最为典型。"技术异化"是指技术作为一种工具手段，最终导致人的本质被改变和异化，具体表现为人的主体性的消解和人的本质被改变的现象。随着经济的发展和社会的进步，新的技术层出不穷，带来了多种技术异化现象。

保罗·莱文森（Paul Levinson）认为，技术的应用一般会经历"玩具—镜子—艺术"[①]三个阶段。有从业者认为当前 AI 合成主播处于"玩具"阶段，也有学者认为 AI 合成主播有效率优势却存在情感劣势，从现实来看的确如此。真人主播以感性的情感代表了其本身温度的存在，AI 合成主播则以技术的高准确性作为精度的代表，两者之间的界限从一开始是非常明确的。可随着主播在播报中由于个人原因的出错，如读错、嘴瓢等，或是在播报中因个人精力在长时间工作下消耗所产生的疲惫感，让受众有了 AI 合成主播比真人主播更有人情、更会互动的错误认知。从受众对 AI 合成主播的看法中能够发现，他们往往将 AI 合成主播的拟人化误认为人格化的表征，这便带来了由技术导致的精度与温度的异化问题。

AI 合成主播所呈现的主播形象是一个"人"，但这个"人"与真实的人之间是有一定界限的。人工智能的情感表达能力目前还处于弱人工智能阶段，不可能通过简单的人工智能技术使得技术模拟与真人达成完全一致的效果，AI 合成主播的拟人化是对真人主播的人格化形象的外在精度模拟，而非情感温度上完全的拟人。AI 合成主播的拟人化是人类社会发展到一定阶段的产物，是人类对其生产的技术工具、生产流程和传播渠道的运用，从这个意义上说，AI 合成主播所带来的拟人化是一个"新媒介化"过程，其本质上是人类对媒介技术的一种运用，而不是赋予技术以人格化的定义。"人"作为拟人化过程中重要的媒介概念，有其自身的特点，在 AI 合成主播拟人化过程中，我们需要正视其具有"人"的属性，对 AI 合成主播拟人化过程中出现的问题进行分析

---

① 保罗·莱文森.莱文森精粹［M］.何道宽，译.北京：中国人民大学出版社,2007:1.

和反思,一方面需要考虑人作为主体与客体,为人与社会、人与自然之间关系所带来的精度问题;另一方面则需要考虑人作为主体在拟人化过程中所具有的温度问题。不能将拟人化与人格化的概念混淆,随着 AI 技术与现实社会的不断融合,这种拟人化内容生产机制也将不断演化,走向一种更加具有媒体属性和社会价值的形态,而非人格化状态。

四、对 AI 合成主播的未来展望

AI 合成主播的出现和广泛应用,是一种技术所带来的无法抗拒的趋势。在乐观主义者看来,它的运用是一种技术革新,能够实现传统媒体在融媒体转型、播报全天候、跨语种传播、全场景传播能力等多方面的转型升级;而对于悲观主义者而言,这一技术的出现将会以低成本、高质量、好控制等优势淘汰众多真人主播,是一场主播行业内的人工智能取代人类的技术威胁。对 AI 合成主播的温度的讨论,本质上仍是探讨技术工具所带来的对人类本身人格化的判定,这种想法和讨论是非常正常的,技术的每次发展都会带来工具理性和价值理性矛盾的思考。技术是人类社会发展过程中重要的一环,从这个角度来看,我们在使用技术时需要谨慎地处理与人之间的关系。无论是在新闻领域还是在直播领域,都需要关注 AI 合成主播带来的"人"与"技术"之间界限模糊所带来的隐患,无论是人还是技术,都应该被赋予人性和温度,我们需要关注人工智能在传播过程中出现的异化隐患,这是需要我们认真思考并加以解决的问题。

在迈入智媒时代之后,播音主持行业也将处于工具理性与价值理性共存的境况。① 尽管目前 AI 合成主播仍然存在一些技术上的问题,但随着技术的不断迭代,AI 合成主播也将迎来更多发展和应用空间。

随着人工智能技术的不断发展,AI 合成主播也将会逐渐从娱乐、生活类的直播活动中走出来,以更加多样和全面的方式来服务人们的日常生活。AI 合成主播将成为直播平台的标配。现在大多数直播平台都会有自己的 AI 合成主播,不仅能够为用户提供更好的观看体验,还能够为直播平台带来更多流

---

① 危欢,卢海婷. AI 合成主播冲击下主持传播行业的价值理性回归[J]. 中国主持传播研究,2021,(1):105-116.

量，增强直播平台在市场上的竞争力。从长远来看，人工智能技术将会在很大程度上改变人们的生活方式，但同时也可能会导致人与人之间的距离越来越远，引发各种社会问题。因此，AI 合成主播在发展过程中必须要注意保护人与人之间的关系和隐私。同时，AI 合成主播也要注意避免将自己变成"机器人"，从而迷失自我。

　　AI 合成主播的发展面临着多元化的困境，除最基础的技术方面的困境之外，更多的是在于 AI 合成主播自身定位的困境上，即 AI 合成主播与人的关系上。在人工智能视域下，传统的播音主持与智能科技相融合是不可逆的发展趋势，AI 合成主播的出现已经证明它存在的合理性，对其发展不能采取毁灭性的措施。我们不能简单地将 AI 合成主播视为真人主播的替代品和竞争对手，两者之间不是相互对立的关系，AI 合成主播这项技术的出现是真人主播新的发展机遇，而非一场导致消亡的危机。要正确看待 AI 合成主播和真人主播之间相互补充和促进的关系，仍以真人主播为主导，与受众进行良好互动和情感沟通。真人主播是无法被机器技术所取代的，而对于一些需要长时间工作的情况，可以用 AI 合成主播辅助真人主播进行夜间报道或灾难性报道等，打造"真人主播＋智能辅播"的双赢发展模式。

　　AI 合成主播这一形式目前已经开始在多个平台出现，并且得到了不少用户的喜爱。从目前的发展趋势来看，它的未来也值得期待，AI 合成主播能够为我们带来新的内容生产模式和消费方式。虚拟主播可以以更低的成本和更高的效率进行内容创作，也能对直播平台造成冲击，从而使用户产生新的消费行为。从长远来看，AI 合成主播的出现无疑会为传统媒体行业带来更多变革，但它也并非完美无瑕，如何更好地发挥其价值，保持好正确的界限，实现与传统媒体内容生产的深度融合，是我们要面对的课题。

二、数媒口传人才培养:反思与选择

全媒体视域下口语传播学科建设的思考

——以浙传播音主持专业实践探索为例

朱永祥 吴景美

（浙江传媒学院播音主持艺术学院,浙江杭州 310018＊）

摘 要:直播、短视频等新业态的兴起为口语传播人才培养提供了广阔市场,而智能技术的发展唤起学界对以人为核心的口语传播学的关注。全媒体视域下迎来口语传播学科建设的新契机。本文以浙江传媒学院(简称浙传)播音主持专业实践探索为例,基于播音主持专业创新口语传播学科,从学科定位、师资建设、课程设置、能力培养、平台建设、产学研融合等方面入手,探索基于播音主持专业和全媒体发展的口语传播学科建设问题。

关键词:口语传播;全媒体;播音主持艺术;人格化;产学研

口语传播是一种将人类话语作为核心,并能在不同生活情境中通过语言或非语言符号进行交流、沟通、互动、传递信息的社会行为,旨在研究人如何用符号进行沟通交流。[①] 学界往往将大众传播与口语传播并入组成传播研究。口语传播发源于古希腊时期的公众演讲、辩论活动,并与逻辑学、哲学、心理学等学科息息相关,从而奠定其跨学科、多领域的研究特性。[②] 口语传播作为一种传播形态,是流传最常用、最基本、最实用的一种状态。随着媒介技术的更新迭代,口语交流从面对面的同情境传播、异时空的电子媒介传播再到由数字媒介引导的线上交流,人类口语传播交流摆脱同时空领域的局限性,通过跨时

＊ 作者简介:朱永祥系浙江传媒学院播音主持艺术学院口语传播与数字媒体教学部主任、高级编辑;吴景美系浙江传媒学院播音主持艺术学院讲师、传播学博士生。

① 强海峰,张超.回溯、镜像与本真:数字化时代口语传播的时空择取研究[J].现代传播(中国传媒大学学报),2023,45(7):102-109.DOI:10.19997/j.cnki.xdcb.2023.07.014.

② 张萌,于德山,徐生权.好物的连接:网红公益直播的动力机制与意义建构——基于口语传播的研究视角[J].传媒观察,2022,(8):63-71.DOI:10.19480/j.cnki.cmgc.2022.08.013.

空实现信息互动传递。

近些年,5G时代的到来加速了人工智能、VR、AR等技术的普遍使用,人人皆是自媒体,唤起人们对于以人为本核心精神的口语传播学前所未有的关注。媒介无处不在的智媒时代应运而生,并加速信息互动迭代,颠覆和重构新一轮的口语传播场景:沉浸技术与多维环境产生交互作用产生不同空间再现,传播情境虚实结合;大数据推荐和用户画像的技术革新使得内容推荐精准有效,传播内容个性易用;智能设备成为信息接受端和内容产出端,多端口内容高速传递成为常态,传播方式移动便捷。[①] 直播、短视频等新业态的兴起,为口语传播人才培养提供了广阔市场。

然而,国内对于口语传播研究起步较晚,依旧存在学科归属不清、师资匮乏、体系不完善等问题。2011年,厦门大学首次成立以口语传播为方向的传播学系,并参照美国口语传播、台湾省口语传播的教学模式进行开拓创新,积极举办短期培训、名师讲座等推动中国与国际口语传播教学接轨。之后,中国传媒大学、暨南大学分别成立口语传播系,致力于推动口语传播的学科建设以及培养新媒体时代的口语传播人才。[②] 浙江传媒学院作为国内培养语言传播人才的两大基地之一,立足于浙江新媒体融合和互联网发展高地,积极推动理论与实践教学交叉融合,并于2021年成立口语传播与数字媒体教学部。一直以来,"口语传播"与"播音主持"属于近亲学科,而如何在彼此之间剥茧抽丝,理清发展脉络,打通两者联系,成为播音院校亟待解决的重要议题。浙江传媒学院播音主持艺术学院积极探索新媒体语言传播和非语言传播,并立足于不同场景(语境)下口语传播的表达方式、语言表达艺术及审美的研究,从而构建口语传播的知识体系,开创具有中国特色的口语传播学科。

一、全媒体视域下播音主持专业拓展的使命

(一)口语传播学科建设的需求

全媒体时代进一步促进播音主持专业的理论拓展和实践创新。全媒体时

---

① 陈虹,杨启飞.基于场景匹配的口语传播:智媒时代之播音主持教育[J].现代传播(中国传媒大学学报),2020,42(6):164-168.

② 刘丹.新文科背景下中国口语传播学的发展路径[J].华侨大学学报(哲学社会科学版),2022,(4):120-129.DOI:10.16067/j.cnki.35-1049/c.2022.04.006.

代的到来促使播音主持业态发生巨大变化。首先,全媒体平台的数字化传播及数字化信息技术处理,致使海量信息大量传播,信息内容传播呈现数字化特征;其次,全媒体时代下的信息传播具备高度互动性,传播主体与受众可以在不同网络平台进行有效互动,因而信息的传受双方关系出现较大改变,"关系成为新媒体的本质"①。媒体平台更注重用户的体验感和使用感,而用户更注重个性化需求是否得以实现。全媒体时代传播体系的变化促使播音主持理论进行创新。②

2023 年是媒体融合的逢十之年,浙江组建了"潮新闻""Z 视介"两大传播平台,前者积极打造新型主流媒体融媒达人,后者则在中国蓝新媒体名嘴孵化上初见成效。同时,随着中国头部主播、MCN 机构、商业媒体等纷纷聚集浙江,新媒体市场迫切需要大量的口语传播人才。传统意义的播音主持人才培养方案已难以适应新型主流媒体打造和新媒体平台用人的需要。如何将传统意义的电视台主持"孵化"为新媒体主持,确保信息内容"编码"与"解码"的价值传递,不仅需要媒体融合转型提升传播力,更需要播音主持专业融合全媒体时代的信息传播特征,提高媒介社会化时代人才培养能力,与传媒发展相接轨。

当下,国内高校发展口语传播依旧存在以下问题:学科定位不清,播音主持与口语传播隶属不同学科,但在实际运用中却紧密结合,如何使两者兼具,相辅相成,则成为难题;相关师资力量不足,播音专业隶属于戏剧影视学,大部分播音教师专业基础较为单一,且缺少留学背景,而口语传播的发展必须兼具社会学、传播学、心理学等跨学科背景的融合,因此提升师资水平,接纳不同学科背景教师成为趋势;媒介社会化时代下的播音专业教学内容与社会需求脱节、传统教学理念落后老旧,如何将理论创新与社会实践有机结合,培养社会需求人才,则成为一大现实难题。

(二)口语传播学科建设的目标

1. 创新播音主持学科,构建口语传播知识体系

播音主持学科近些年发展迅猛,不少高校开设播音专业学科,因此中国发展口语传播学具有一定的先天基础和条件。播音主持学科的发展不仅具有浓

① 朱永祥,王梦菲.主流媒体网红主持人的关系逻辑及现实困境[J].传媒评论,2022,(9):09.
② 张为昱.聚焦融媒时代 探索声音艺术——评《融媒时代的播音主持艺术研究现状与趋势》[J].传媒,2021,(16):100.

厚的中国特色,更是因应国家政策施行和战略发展的需求。台湾世新大学教授游梓翔提出,口语传播的教学重点应以"口语符号互动"为主,既要研究人是"怎么说""说什么""为什么这么说",同时也要研究口语传播对于传受双方以及第三方所造成的影响。[①] 人类通过传播交流信息,通过语言和非语言的交流方式进行分享信息、抒发情感、传播文化,这一交流过程中所产生的话语修饰、说服艺术、情感协商、矛盾冲突等课题往往是学者研究的重点。因此,对于口语传播的研究不应该局限于大众传播等传播理论。大众传播的侧重点在于大众传播的媒介内容以及效果,在此范式下的个体之间、个体与群体之间的互动鲜少谈及,而口语传播的侧重点在于如何通过语言和非语言符号进行社会互动。口语传播的研究也不应局限于人际传播,人际传播是口语传播的情境之一。口语传播具备宽泛的社会视野,公共传播、大众传播、文化传播都是其研究范畴。目前,国内播音主持学科中所提到的口语传播指的是面向公众的"传播",与口语传播研究范畴相比较为狭窄,因此不能将播音主持与口语传播教育等同,应该在借鉴口语传播理论基础上发展播音主持学科的理论,探寻更为广阔的理论空间。所以,口语传播知识体系的建立应该基于传播学理论基础,融合艺术、戏剧影视等语言表达技巧,借助播音主持应用语言和认知语言的实操"实践",秉持播音主持"精粹口语"传统特色,才能使中国口语传播学科具备中国特色。

2. 输送应用型口语人才,续写播音主持新辉煌

随着互联网技术的不断普及发展,新型主流媒体和新媒体平台涌现"新媒体主播"。市场对于播音主持人才提出新的需求,"简单的播音主持"缺乏传播力而逐渐遭遇淘汰,因此我们要培养新型主流媒体的口语传播人才。新型主流媒体口语传播人才培养包含以下内容。首先,依托传媒发展服务传统主流媒体转型。传统主流媒体全面转向移动端,新的传播方式如直播、访谈、短视频等形态对主持人提出极高的即兴口语表达能力要求,因而要解决如何摆脱传统媒体依赖"有稿播音"、语料匮乏、内容输出受限等问题。其次,积极培育企事业单位和其他内容创作机构的口语传播人才。媒介社会化促使传播不再只依赖专业媒体,各大企业、机构皆可发布信息、传播内容,成为新型媒体,因此对于口语传播人才的需求迫在眉睫。最后,杭州汇聚各大电商、直播头部机

---

① 徐生权.谁是第一位传播学博士?——被中国学术界所忽略的"口语传播系"及其变迁[J].新闻界,2019,(8):35-44+87.DOI:10.15897/j.cnki.cn51-1046/g2.2019.08.006.

构,是电商之都,而大量直播人才的岗位需求同样为播音主持学科的发展提出新的挑战。传统的播音主持培养往往以广播电视为应用场景,而如何在数字媒体场景下进行口语传播、为各大机构输送应用型口语人才,成为需要思考的问题。

二、全媒体视域下口语传播学科建设

（一）学科定位

口语传播学科的研究范畴广泛,既包括语言和非语言传播,也覆盖公共传播、人际传播、跨文化传播等内容,相对于"以播报、主持各类广播电视节目为主"的播音主持学科而言,范围更广。然而,由于国内对于口语传播研究起步较晚,大部分院校将口语传播设于播音主持专业之下,例如中国传媒大学2014年成立口语传播系,隶属于播音主持艺术学院,浙江传媒学院则因应全媒体时代,于2021年成立口语传播与数字媒体系,隶属于播音主持艺术学院等。全媒体时代,口语传播学科被赋予新的内容,不能简单地将口语传播与播音主持专业画等号,因此,应将全媒体视域下口语传播学科建设立足于传播学理论基础,加以播音主持艺术表达的精粹口语形成"差异化"优势,融合播音主持专业特色传统和表达实务优势,开创中国特色口语传播学。

（二）学科建设目标:明确培养方向,输送行业人才

"人人皆可媒"的传播趋势,不仅使得专业媒体行业边界模糊,也逐渐消减媒体与主持人的权威性。短视频等新媒体平台的崛起使广播电视平台不再是唯一权威信息发布平台,传统广电行业的职业属性光环逐渐消散。互联网促使新兴产业和新型岗位诞生,不同传播平台也急需传播情境中的"发言人",主持行业人才的职业内容及受众定位正在被重写。

传统广电媒体主持人的培养方向着重于实务能力以及内容传播能力,播音主持专业培养的职业人称为"播音员""主持人"。而新媒体平台的类似主持人角色更需要培养社群关系构建能力,也称"主理人""up主""达人"。液态传媒时代,主持人的概念有所变化,播音主持专业的培养方向要从播音员、主持人等"职业人"的职业培养,转向为全媒体时代口语传播人才"能力人"的能力培养。在此过程中,首先应强化互联网传播底层逻辑和平台逻辑的新媒体思维能力,同时继续结合播音主持专业的语言表达能力、演讲口才能力、即兴表

达能力、沟通交互能力等训练,针对不同行业平台、口语传播情境建立新媒体口语传播人才培养体系,为新型主流媒体、企事业单位和内容机构以及电商平台机构输送口语传播人才和口语营销人才。

(三)师资建设:"高校＋基地"联动发展

"教育大计,教师为本",目前国内具有相关教育背景的教师较少,既要全面系统接受过播音主持的正统训练,具备应用型能力,又能系统了解传播学等学术领域知识。因此,有高校提出"走出去＋引进来"的师资建设方略。"走出去"指的是播音主持专业教师应该多与国际传播学对接,多进行国际会议研讨、出国访学等,拓宽知识面;"引进来"指的是多引进具备海外留学背景的教师,最好能兼具"播音主持"与"传播学"等跨学科教育背景,从而补充传统专业院校的知识理论短板。浙传在进行师资建设时,已经逐步开展"走出去""引进来",例如口语传播与数字媒体系的大部分教师,不仅在本科期间接受过系统的播音主持专业业务训练,同时也具备海外传播学、语言学等留学背景,为口语传播的教学规划提供许多借鉴。

同时,浙传积极实施"高校＋基地"联动发展战略,采取"学生端＋教师端"双轨运行机制,既注重育人实效,也注重培养优质的教学团队。具体做法是让校、企的"双导师"全面介入口语传播人才培养过程,培育一支结构合理、水平较高、教学效果优良的教学团队,并建立互联互动机制,各自履行职责,确保学生专业素质、实践能力和职业能力得到全面提升。例如浙江传媒学院播音主持艺术学院新媒体主播方向课程,邀请传统媒体的新媒体平台负责人以及国内头部 MCN、电商机构等一线专家作为业界导师参与新媒体主播方向的人才培养,并在后期开展主播职业体验、孵化账号、移动直播等项目合作。同时,依托杭州互联网产业,建立稳定和类型多样的直播实践基地,加强与实践基地的深度合作,不仅共同培养学生,而且共同研究问题,在更高层次上建设互动共赢机制。

(四)口语传播课程设置:多重学科交叉融合,创新口语传播课程体系

1. 专业集群融合,创新课程体系

《新文科建设宣言》提出面对新时代发展,要求新文科建设融合创新,鼓励跨学科交叉发展、相近专业集群相融,通过技术赋能革故鼎新。因此,传播学的"学术"核心地位不能变,加以语言学、广播电视、戏剧影视等课程内容发展延伸;同时,融合播音主持专业的"实务"内容,以"语言艺术"和"艺术语言"为标杆,探寻新媒体言语传播与非言语传播的不同语境表达方式。围绕传统播

音课程(如即兴口语表达、语音发声训练等)进行"采编播策制"五位一体能力培养,以及新媒体语言艺术研究和审美研究。在人才培养过程中,取长补短,取精去糟,打破"实务"与"学术"之间的壁垒,既要因应全媒体平台特征进行口语表达,也要学会互动沟通(如人际沟通、组织沟通、跨文化沟通等),同时具备运营能力(内容价值的运营、全息资源的运营、人格要素的运营等)。研究范畴从广电播音主持的精粹口语表达到融合传播学和新技术的新媒体口语传播表达,从立足于广播电视的播音主持艺术扩展到立足全媒体的数字口语传播,人文素养与媒介素养双管齐下,从而创新全媒体口语传播培养课程。

同时,要积极创新课程教学方式,除了加强案例分析和策划讨论等,小课训练也可以创设不同情境,进行即兴语境的不同场景训练以及实验室直播训练。同时,积极带领学生进行账号创设训练,与一线业界导师共同运营作品账号。例如浙传播音主持艺术学院"新媒体主播实务"课程,联合"潮新闻"打造一档大学生职场体验类短视频栏目《后浪青年》,通过大学生视角体验人生百态,传递真诚、年轻态度。

2. 口语传播能力培养

(1)辨识度:人格化传播能力

互联网的信息传播以人为节点进行关系传播,互联网中的主播进行内容传播时主要内容是维系、构建用户关系,因此口语传播人才的能力培养重点须从"内容传播"能力转向以"人格化传播能力"为核心,通过人格化特质和人格化叙事"建立媒体与公众、产品与用户之间的'强关系',形成以传播主体为中心的'圈子'和'社群'"①。也就是说,人格化传播能力以用户关键构建为核心,只有"以人为本""言为心声",口语传播者才能明确传输内容、传播方式以及受众群体,通过有效互动增强用户黏性。因此,我们可以认为,全媒体视域下各个平台主持人粉丝数目有效反映了其影响力。互联网作为线上交流平台,仅仅提供了基础设施的连接作用,主持人如果不能与用户构建关系,就难以产生传播力。

基于以上观点,我们需要转变以下方面内容。首先,原先主持人的工作内容是进行信息内容的人格化传播,如今主持人需要转变身份,成为内容的人格体,成为内容传播的本体。主持人通过人格化的特质以及叙事创作内容分享

① 朱永祥,王琦然.融媒体传播视域下新媒体主持人才培养困境及对策研究——基于对四所播音主持院校学生的问卷调查[J].电视研究,2022,(8):66.

信息,通过互动与用户构建社群,彰显全媒体时代人格化主体的传播能力。浙传播音主持艺术学院以此开创一门课程为"新媒体主播人格化设计和传播",以培养学生的人格化传播能力。

(2)运营力:社群连接创设和运营能力

全媒体平台口语传播者需要具备社群连接创设能力。通过语言与粉丝人际交互、创造内容,从而增强粉丝黏性。口语传播者需要思考如何做到"受众认可、受众喜爱、受众信任"①。传统广电主持人在荧屏中呈现的是"前台"内容,而全媒体平台主持人不仅要传递"前台"内容,也要分享"后台"内容,才能做到被受众感知、被受众认知、被受众熟悉。因此,课程建设不仅需要包含主持人的日常言语表达训练,还要增强主持人的创作和输出能力。

全媒体平台口语传播者需要具备运营能力,即变现能力。新媒体的一个重要属性是产业属性,口语传播者既能输出关系产品,也能进行账号运营。账号的运营可以形成商业闭环并具备变现能力。例如知识付费、广告品牌植入、产品带货等等。区别于平台中"晒颜值""生活 Vlog""生活情景剧"等,口语传播者需要做好垂直赛道,并能有效输出观点,从而实现账号变现。②

(3)表现力:应变能力与多场景下表达能力

口语传播者需具备人际交互与应变思维能力。传统广电主持人往往"假想"受众进行表达交流,传播基于现成的文本内容;而全媒体时代需要传播者具备直播、在线互动交流能力,传播基于共创性内容。在真实的社交语境中,如何调动用户互动,如何面对突发情况,如何引导不同认知的声音?这些需要口语传播者传递具有话题性和场景感内容,激发用户情感共鸣、有话可说,也能与用户形成良好关系。

同时,口语传播者需要具备不同应用场景下的口语表达能力。语言符号的内涵和意义不是单一的,需要放到具体语境中才能理解其真正含义。口语传播也是如此,无论是言语表达还是非言语表达,都需要结合具体场景存在。在全媒体时代,沉浸式、虚拟化、移动化的传播科技,令场景成为新的核心要素。因此,口语传播者要根据特定场景需要进行精准化、个性化传播。

(4)调动力:数字媒体全息化资源的调度和运用能力

全媒体时代,口语传播者的数字媒体全息化资源调度能力和运用能力尤

---

① 彭雨晴,刘玉萍.媒介融合时代播音主持人才培养变革路径[J].传媒,2017,(22):87-89.
② 李亚铭.口语传播视域下的播音主持专业教育模式改革[J].现代传播(中国传媒大学学报),2013,35(10):154-155.

为重要,包括资源选择和安排、跨平台运用、故事叙述、数据展示、互动参与等方面。

资源调度:口语传播者需要具备调度各类数字媒体资源的能力,包括视频、音频、图像等。口语传播者需要了解不同资源的特点和用途,并根据不同平台作出合理选择和利用,通过不同媒体资源增加传播内容的吸引力和互动性。[①]

跨平台运用:口语传播者需要具备跨平台运用数字媒体资源的能力,能够在不同平台进行多形式、多样化发布,如直播平台、社交媒体、视频网站等。口语传播者根据不同平台的特点和用户群体画像,灵活运用数字媒体资源。

故事叙述:口语传播者可以利用数字媒体资源加强故事叙述的效果。例如,使用视频剪辑、后期配音、图文并用等方式,将信息内容表达得更丰富有趣。口语传播者需要通过选择和剪辑适合信息内容情节的数字媒体素材,从而增强内容可看性。

浙传播音主持艺术学院开设了"新媒体主持文案策划与写作"以及"短视频创作与运营"课程。"新媒体主持文案策划与写作"包括撰写新媒体平台主持人文案、策划节目内容等,帮助学生掌握在不同媒体环境下进行口语传播工作所需要的专业知识和技能,提升口语表达能力。其次,"短视频创作与运营"旨在培养学生在新媒体平台上创作和运营短视频的能力,如短视频创作技巧、剪辑、配音以及短视频的传播和推广策略等,既培养学生的视觉创意,也培养学生的思维表达能力。

(五)积极开展学科平台建设

积极开展学科平台建设对于推动学科发展和提升学术实力至关重要。

1. 开展"多学科创新平台"建设,促进本学科特色方向的形成和发展

口语传播学涉及心理学、传播学、语言学等多个学科,通过联合多个学科的专业和科研人员,促进不同学科思维碰撞与知识融会贯通。建立相关科研团队和研究中心,共同凝力合作,推动口语传播学科特色化发展。[②]

2. 开展校际"学术合作创新平台"建设,形成特色方向建设的合力

与省内甚至全国相关院校、研究机构开展合作,建立校级学术合作平台。

---

① 钟妍.从"播音主持"到"口语传播":台湾口语传播教育经验的反思[J].新闻知识,2014,(11):3-5.

② 李亚铭,彭紫纯.新媒体主播的核心能力及其建构[J].青年记者,2020,(18):55-56.DOI:10.15997/j.cnki.qnjz.2020.18.025.

通过校校合作,加强学术资源整合与共享,扩大口语传播学科影响力;通过学术交流会议、合作研究项目、师生互访等,形成具有特色方向建设的合力。

3. 开展"产学研""智库"平台建设,加快科研成果转化和人才孵化

建立学术界与产业界的智库平台,加快学术科研成果的转化和口语传播人才的孵化。通过与企业、机构等产业界合作,共同进行人才培养,推动学术研究成果应用与产业升级。智库平台的应用为学生提供实践机会与业内导师指导,从而提高就业竞争力。

在口语传播学科平台建设过程中,还需要重视技术支持和人才培养。利用自然语言处理等人工智能工具,可以增强大数据的分析和处理,深化语言和传播现象的理解。[①] 同时,培养具有跨学科综合能力的高层次人才,培养口语传播学科的未来研究课题与教学后备力量,能为学科的可持续发展提供有力支持。

四、全媒体视域下口语传播"产学研"结合

全媒体视域下口语传播产学研结合至关重要,既是实践导向,也是行业需求,能让课程团队教师、学生接触到最新的技术和行业趋势,及早掌握,并适应行业发展。

(一)实务课程网络化

以实际操作为基础,以项目运营为载体,将课堂教学和新媒体实践结合起来,帮助学生在校"孵化"。这一教学方法以实际操作为基础,将项目运营作为课程核心内容,把课堂教学与新媒体实践紧密结合,从而帮助学生在未来就业中更好地适应与应对挑战。

(二)建设、运用行业实践基地

引入一线强势新媒体机构成为行业实践基地,为学生提供接触行业前沿技术和实践经验的机会,在将学生"送出"校园培养的同时,将有经验的行业导师"请进"课堂。通过与行业基地合作,学生可以参与真实的案例解决,并接触实际工作场景,从而更好地了解行业运作和需求。同时,邀请具有丰富经验的

---

① 王雪玉洁.新文科背景下的口语传播教育提升研究——评《课程论视域下播音主持专业教育研究》[J].教育发展研究,2020,40(24):86.DOI:10.14121/j.cnki.1008-3855.2020.24.015.

业内导师进入校园,为学生课程内容提供指点和帮助,使教学更具备实践性、应用性和针对性。

（三）大兴调查研究之风

鼓励教师参与新媒体行业实践,组织教师常态化一线调研,定期出版调查报告,做好学生的指向标。教师的参与可以增加实践经验、丰富教学内容,并可以从一线调研中获取最新的教学案例和资源,使教学与实际接轨。同时,定期出版调研报告,可以为学生提供权威的行业分析和趋势预测,从而帮助他们更好把握行业发展动向。

五、结　语

口语传播学科的发展需要追溯前沿,厘清基础概念,遵循基本研究范式,同时基于"播音主持艺术学",融合新媒体发展,结合传播学、语言学、艺术学、营销学等多学科知识进行守正创新。口语传播学科教育也需要理念、课程、教学法同步创新,并与"产学研"结合贯通培养。在全媒体科技赋能驱动下,口语传播教育从打好语言基础、提升沟通能力到适应场景应用全过程培养,从人际沟通到人机沟通,在新媒体驱动下探索人机智能对话,从而发展壮大具有中国本土化特色的口语传播学科。

中传口语传播教育为何要从语言认知起步

丁龙江

（中国传媒大学副教授，北京 100024＊）

摘　要:本文深入探讨中国传媒大学（简称中传）口语传播教育的理论基础和实践方法,认为,口语传播教育应以语言认知为核心,结合即兴表达和即兴交流的教学,以培养播音生在无稿播音方面的能力。作者强调,口语传播教育不仅仅是传播学的应用,而且需要融合语言学、传播学和艺术学等多个学科的知识和方法。

文章提出了口语传播教育的三个阶段。首先是口语表达基础,包括词汇认知和语句控制;其次是口语传播基础,涉及会话规则和语用策略;最后是口语传播实务,关注不同传播场景下的应用能力。每个阶段都旨在提升学生的口语传播技能,以适应多样化的媒介传播需求。作者还讨论了口语词汇的重要性,指出词汇量的大小直接影响人际沟通的效果,并提出了通过多感官训练和跨学科教学来提高学生的口语传播能力。文章最后总结,口语传播教育需要多学科的综合培养,以实现有效的表达和沟通,并能将这些能力应用到不同的交际场景和传播媒介中,从而培养出能够跨越人际鸿沟的高效口语传播人才。

关键词:口语传播教育;语言认知;即兴交流;认知语言学;口语篇章;跨学科培养

18 年前我从中央电视台主编岗回到中国传媒大学任教,13 年前春季学期的期末,我把外面做的媒介工作全都放下,专注于为播音学院做一件事情。

此前我一直是在江苏电视台和中央电视台做内容生产,也做过主持人、制片人,这次我领到的一个任务就是为播音学院下一个学期要开的口语传播课做准备。领导要求我在两个月时间内拟定一个特别明确的口语传播课程方

　　＊　作者简介:中国传媒大学副教授,口语传播系创始人。

案,构建一个完整的口语传播教育体系。在两个多月时间内建构这么一个体系框架,我觉得时间短、很具挑战性。据我了解,学院领导让我做这件事情的理由大概有两个:第一,我是播音学院此前几年培养出来的语言及应用语言学博士;第二,我在国家级省级电视台做了很多年的节目,从内容生产到播音主持都做过,对于话语在各类节目中的不同应用有经验,有条件把这些结合起来用到播音教学创新上去。

口语传播教育在国际上是大学教育里通行的通识教育课程和硕博研究课题,但它是否可以照搬回来解决中国的播音生培养问题,我的答案是否定的。所以今天给大家汇报的主题就是,我们怎么选择将口语传播的底层逻辑建构在人的语言认知上。

汇报主要涉及六个方面:口语传播教育的起点和难点、口语词汇、口语句段、口语篇章以及总结。

口语传播教育的起点

中传口语传播教育的起点来自中国播音学。

播音学注重两种类型的语言表达,一是有稿播音,二是无稿播音。口语传播教育的侧重点是要我们去完成无稿播音的教学任务,突破如何让我们的学生出口成章的教学难题。

我们理解,无稿播音里包含两个方面内容,即兴表达和即兴交流。即兴表达要解决语词、语句、语篇问题,即兴交流要解决语境里会话策略的选择和适配问题。这两者都需要最后赋能给学生应用到各类媒介传播场景里,学以致用,服务社会。

找到起点就找到了站位,明确了方向。下面就要面对教什么和怎么教的难点。

口语传播教育的难点

第一,要界定语言表达最底层的问题是什么。今天各位专家领导给我们分享的内容很多是向上扩展,是语言的场景应用范畴,而我们思考口语传播教育问题则是向下探索，探究人类在口语传播过程中最基础的部分——对语言的认知和习得规律。语词、语句和语篇的认知习得看起来简单，但通常意义上的口语传播研究很难给我们具体的指导，因此我们将口语传播的底层逻辑建构在认知语言学范畴内。

第二，即便将口语传播教育的范畴向上扩展，我们也要在人际交流过程中理解和遵循很多规则，这些规则也是传统的口语传播教育需要梳理清楚的。可是如何将这些规则应用到培养传媒大学的播音生上，其间还有很多难以逾越的障碍。我们探索的结果是，解决传媒大学播音生教育难题，更适合于应用我们的语用学知识去加以引导和训练，语用学里也有很多成体系的策略可以借鉴。

我们的难点在哪里，我们究竟在教什么，是在教通行概念上的口语传播，还是在教语用学、认知语言学，抑或是传统的艺术学？在这么多学术视野里，我个人是比较偏向于用认知语言学来解释口语传播现象的底层逻辑，用认知语言学建构口语传播教育的基础，然后才是结合口语传播教育的若干个模型和语用策略，对学生的交流沟通能力加以训练提高，最后在传播场景里的灵活应用。我们设计的思路是先用一年时间打好播音生的语言基础，然后用一学期对口语传播在不同场景里的应用能力加以阐释和训练，最后进入口语传播实务阶段，用一年时间为未来的职业需要做好对接准备。

解决了教什么的问题，下一个就是怎么教的问题。

教什么的问题很像搞科研，作为学者，研究清楚一件事情并不太难，可是作为高校教师，需要在教学中把你明白的事情教会给学生、提升他们的能力，怎么教的问题比教什么更加重要但难度更大，这就是科研和教学如何统一的问题。

播音教育需要解决由知易行难到知行合一的难题。上大课时我们可以把道理、把理论阐述清楚，可是仅有大课不足以提升学生的能力，所以，口语传播教育需要弥合由理解一个知识体系到提高学生能力之间的距离。这个难度要比前面说的教什么的难度大得多。停留在理念层面的口语传播教育对播音生培养意义不大。

第三个问题更难。当我接到这个任务时，我们播音学院已经开始每届招收 100 多个学生。我希望让这 100 多个学生都能够在口语传播能力上做到逐步提高和普遍提高。此前我们接触到台湾世新大学的口语传播教育、美国马里兰大学的口语传播课程，对于达到我们刚才提到的教学目标都未能提供具体的解决方案。我们的口语传播教育,必须要让播音班的这100多个人,全都按照统一的教学进度和梯度,把口语传播能力逐步提升起来,最终完成我们培养中国最高规格口语传播人才的教学任务。因此,我提出了以下框架。

第一,口语表达基础。培养周期为一年两个学期。

它由词、句、章三个部分构成,按照语域从小到大逐渐培养口语表达能力,需要用两个学期来完成这个任务。要让学生掌握和扩大词汇认知能力,善于结合视听信息控制口语表达片段,并依据任何场景信息有逻辑地进行主题建构。这需要一年的时间来完成。

第二,口语传播基础。培养周期为一学期。

这一阶段主要关注口语传播的会话规则和人际传播的语用策略,在理论上有着广泛的学术来源,口语传播和语用学都有着一系列的研究成果可以借鉴。

第三,口语传播实务。培养周期为一年两个学期。

在这个阶段,我们根据广播电视和新媒体以及最近兴起的智能媒体的传播特点,寻找对应的口语传播能力在不同场景中运用的教学方法。这是在大三阶段用一年时间完成的口语传播应用能力培养,以此为学生在大四时走向实习岗位搭桥铺路,储备职业素养。

上述框架里贯穿着一条逻辑线:口语传播教育的基础来自语言认知的基础,只有掌握了基本的表达能力,才能进行有效的沟通和交流、联通人与人之间的桥梁,最后将前述能力具体应用到各类职业传播场景里、服务于社会应用。

这就是我所提出的口语传播教育三个阶段之间的关系。整个课程的时间安排是经过精心设计的,每个学期都有固定的教学内容和课时安排。我们设计的口语传播教学体系和课程体系时间长达五个学期,在中国传媒大学播音主持专业教育里,一开始就进入本科阶段的主干课程,与播音教育原有的有稿播音课程体系并行推进。

这里具体介绍一下我们每个阶段的教学内容和教学方法。

在口语传播基础阶段,即词、句、章的层面,我们先采用图片认读、图片解读等方式,通过视觉认知来帮助学生获取词汇,强化对概念的理解。这是语词的获得和输出。

在话语片段的控制和习得阶段,我们则通过感知视频和音频的视听结合方式,将学生带入一个灵活多样的变动场景中,让他们获得信息、加工信息、输出语言,此时判断力至关重要,如何放弃旧的信息,纳入新的信息,其实是一个瞬息万变的思维和表达控制过程。这是语句的获得和输出。

第三个阶段是口语作文。口语作文在我们主持人的工作中非常常见,因为我们经常面对各种信息,需要提炼和构建一个主题,将无序的信息转化为有价值的传播内容。为了给口语作文中驾驭好主题打下扎实的基础,学生此前已经用了将近两个学期的时间来对词句等微观、中观的话语篇幅进行训练储备,基本上具备了良好的语句输出能力,所以口语作文的主题驾驭能力是前两个学习阶段的有序延伸和有效提高。这是语篇的建构和输出。

在口语传播基础阶段,我们的课程设计是让学生学习并练习三个内容。

第一是自我传播,类似于演讲或宣讲、即兴主持等。

第二是对话技巧,学会如何有效地规划传播和与他人进行策略性沟通。

第三是团队互动,这部分不完全按照传播学群体传播的思路构建,而是结合语言学和传播学中比较见效的方法加以借用。

最后的口语传播实务阶段,我们已经有条件用两个学期的时间让学生在各种传媒场合中训练传播能力,比如数据新闻、图片新闻、实物讲解、新闻评论、连线报道、现场报道、解说、访问、调查、脱口秀、主持人大赛应对策略、带货直播、连麦直播、报道类短视频、生活类短视频等。

从口语表达这个基础阶段到口语传播基础这个中级阶段,再到口语传播实务这个高级应用阶段,这是一个纵向逐步提高迭代的过程。

同时,我们还为学生搭建了一个实践平台,用来实施和检验口语传播教育的实际效果。我们为云南电视台制作了一个日播节目,学生融入其中,全程承担策划采编制作和主持任务。实践平台既能培养学生的实战能力,其间积累的教学经验又能回馈课堂教学,让我们的教学体系更加细致有效。那些年培养出来的播音生到了大学毕业时,手中都会持有几十到上百期的省台播出节目。后来到央视工作的王音棋,她参加得比较多,毕业时手上有200多期直播节目,相当于一个专职的周播栏目主持人两年多的工作量,所以他们毕业后更容易被用人单位认可。

中国传媒大学实施的口语传播教育路径和方法有明显的特点,即对语言学、传播学和艺术学相互交织和借鉴应用。不论教师是研究语言学的还是传播学的或者艺术学的,为了服务于口语传播教育,我们都会在口语传播的学术视域内进行跨专业思考,学养不够时就需要自我深造持续学习。至今我们仍然保持着从头开始学习新学科知识的习惯,重新学习和思考认知语言学的知识。从人类语言生成、人对周围世界的反应以及我们感知世界的主客观关系等方面，近年来的神经科学跟人工智能结合后又有了非常多的新发现，这些都给我们指导学生学习跨学科知识进而习得口语传播技能提供了很大的帮助。

　　身处媒体融合传播时代的播音生，面对人机交互、面对客观世界进行主观梳理和传播时，必须采取人性化的传播方式。因此，首先我们需要回归到更像人的方式，这一点前面的专家们一直在强调，我的观点也是一样的，从语言认知起步，培养播音生的口语传播能力。在这个部分我将重点汇报四个方面的内容。

口语词汇

　　我们的思考。

　　第一，人际传播存在鸿沟。简单来说，每个词的含义因人而异，当我们谈论口语传播时，我相信每个人都在脑海中赋予口语传播各种属性，但这些属性在多大比例上是彼此重合的呢？2023 年 5 月，麻省理工学院发表了一篇文章，他们对 1800 多人进行长期追踪和数据分析，发现大约 66% 的人认为我们自己对事物概念的理解跟别人都是一致的。然而，他们的研究结果表明，即使是对于同一个词，比如企鹅，任意两个人在对企鹅这个概念上的属性重叠度，也就是真正对一个词有共识的程度有多高呢？只有 12%。可见每个人都是一座孤岛。这种情况在我们的人际交流和社会传播中普遍存在，人际沟通传播存在鸿沟并不是一个偶发现象，也就是说，人与人之间在基本词汇概念上其实是有很大差异的。

　　第二，人际传播鸿沟的成因。认知语言学认为，即使在《新华字典》里标注的概念，我们也通常需要通过法定的形式来限定，并不断修正其内涵和外延。这是通过法定形式来约定，试图让人与人之间在某个词的理解上必须达成共识。然而，事实如前所述，人与人之间对一个概念的理解差异很大，因此原形度不高。自从有了文字以来，人类传播基本上是被文字传播约束和影响着的。文字这种传播方式效率很高，符合人际传播的需求，因此，我们经常使用文字那样的抽象概念进行传播，而不是事物的具体细节和抽象概念结合起来进行综合传播。这导致人际传播中抽象概念占主导地位，很多词语你可能听懂了，但不知道它具体是什么意思。这种情况可能导致传播效果上的似是而非，使人的沟通交流留下很多盲区和障碍。

第三,家庭词汇"喂养"不同导致孩子语言认知能力拉开差距。前些年美国有机构对家庭在孩子语言养成中的作用进行研究。他们将孩子 3 岁前的家庭分为三类:知识分子家庭、工人家庭和救济家庭(即穷人家庭)。经过三年跟踪,他们发现这些家庭的孩子在词汇接触方面存在很大差异。到 4 岁时,知识分子家庭的孩子平均多接触到 3200 个词汇,而穷人家庭的孩子少接触了 3200 个词汇,结果让这两类家庭的孩子在智商上产生了 78 分的差距。研究者们得出结论,认为穷人家孩子智商差距来自对词汇概念的认知不足。因此,我们可以看出词汇的重要性,它直接影响着人际沟通,而我们在底层的语言认知方面还存在许多问题尚未解决。说出一个词语并不意味着它就像发出的箭一样飞向目标,实际上我们并不知道它会产生怎样的结果和影响,因为语言的接收者不一样,理解上就千差万别,我们需要让自己使用的词汇概念对真实世界的还原度、原形度尽可能提高,才能在语言接受者那里获得比较准确的认同。

第四,我们口语词汇的缺乏和口述传统的式微。中国人口语中使用的词汇量非常有限,通常,农民中没文化的那一代大约只用 100 多个词汇就可以满足日常栖居生产需要,文化程度低的人大约有 800 到 1000 个口语词汇,而有一定知识的人大约有 2000 多个词汇的交流能力。实际上,我们在小学毕业时就已经具备了大约 6800 个词汇的认知能力,只是在口头上表达出来的口语词汇数量非常有限。其中有两个原因。第一个原因,复旦大学一个团队在 2019 年发现,汉语作为一种语言,它产生的时间非常短,只有 5900 年的历史。因此,相对于其他语言,我们汉语在口语表达方面的能力相对不足。第二个原因,华夏文明很快发明出了文字。一旦有了文字,我们就沉浸在文字中,忽视了口语的传承、口头文化和口述文化的重要性。这导致使用不同语言的人群在语言认知能力上存在明显的差异,尤其是白种人和黄种人之间的大脑的语言认知差异明显。其中一个原因是我们的大脑中含有一种蛋白质,称为脑源性神经营养因子。在东方人中,有一半以上是 M 型,而白人中有 80% 以上是 V 型。这种 V 型蛋白质作用于海马体,就让他们对于场景信息细节的记忆能力很强,这就让白种人存有较多的具体的细节性词汇。

我们的目标。

这种人群之间的差异来自遗传和环境的影响,所以,我们需要采取措施来解决这个问题。第一步是扩充词汇量,特别是高频词汇,这些词汇是我们常用于表达自己和与他人交流的。但是这个词汇量还不够，我们需要从能够识读出来的大量的低频词汇里获取更多词汇，使其从被动识读的词汇转化为主动使用的口语词汇，以提高口语表达的质量。高频词体现了一个人的世界观，而低频词则涉及一个人的知识面。通过扩大知识面让学生获取更多的词汇，结合口语的常态训练和对低频词的频繁调用，让低频词尽可能多地转化到高频使用的口语词中，丰富表达手段、展现多元世界。因此，我们的小目标是掌握6000个词汇，这相当于英语六级水平。这样就足以与他人进行高质量的交流，从而提升自己的传播能力。

我们的做法。

如何获得这些词汇呢？我们借鉴了米歇尔的图像理论，将事物从物质性、社会性、主题性三个层面加以认知。就像在物质世界中，我们观察到的是物质的存在一样，我们可以通过观察细节来弥补我们对世界语言认知的不足。例如，在社会性上为了沟通的高效，我们把这个东西称为企鹅，但是有人认为企鹅很蠢笨，有人认为企鹅灵活残暴，这种差异来自各人（通过不同角度）观察到或者知晓到的物质性的细节不一样。

前面提到的那个发表在麻省理工学院的研究课题，它认为在对企鹅这个词的认知上，人与人之间实际上只有12%的重叠。然而，令人惊讶的是，有66%的人认为我们与别人都受到了对企鹅的共同约定的影响。实际上，这种认知差异是天生的。

那么我们如何引导学生对具象的物质细节和抽象的社会现象进行价值层面的思考呢？我们可以通过主题性的价值引导，使用大量的细节性词汇来传递世界的质感和区分度，以服务于尽可能统一的社会认知。同样，对于抽象词汇，我们可以将其与具体细节结合，形成一种传播中的有效信息捆绑，这就是还原世界物质性特征的结构性认知。

口语句段

我们的思考。

在实施口语传播教育的这13年里，词汇是我们最重要的收获之一，因为它能够让学生在口语表达沟通交流中更加自如地理解词汇、运用词汇。在句段阶段，我们采用听觉传播、视觉传播、体感传播等多种方式进行训练，以帮助学生建立话语在词句这样中观层面的生成和控制力。

规范之难。

我们注意到传统的语法、句法教育在即兴语言的应用过程中会出现很大的不适应性，因此我们提出口语传播教育要更注重语境，更注重原生口语的特点，多借鉴次生口语介于书面语与原生口语之间的融合特点，探索属于口语的句段篇章内在规则，以培养有利于表达侧传播方便的语言技巧，满足当前的沟通需求。这种语言的养成和应用更像是传播者主观行为的投射，将个人对世界的认知与语言的实际应用同步推进，达成人际的人性化传播交流。因此，我们注重传播主体面对事物时的顺序、距离、数量和大小等，这是认知语言学中所谓的像似性传播，满足传播主体对于客观世界的主观投射，在语言上对语境和意义多变具有灵活适应能力。这意味着我们的语言识别和表达传播不必拘泥于、受限于我们以前学过的语法和句法规则，尤其是来自书面语言的句法规则。

口语句段具体的教学方法有两个选择，一个是书面语，一个是口语。书面语的弊端在于丢失了语境，让表述陷入笼统抽象，而口语尤其是原生口语在具备具象表述的同时又会琐碎零散，所以我们选择培养精粹口语的表达能力。书面语具有一定的正式性，它是固定的、不可更改。然而，在口语交流中，我们使用的是原生口语或者次生口语，而且非常灵活，不拘泥于细节。在人际交流中，我们更加注重让学生掌握凝练而灵活的句式，简单来说就是不断追加补充短句子，这种方式适应了我们人类根据不断变化的场景进行交流的需求。

训练材料的选择也是直接指向口语传播的实际效用。我们不仅使用视听手段训练学生，也会进入体感训练进而获得这几个领域的语言认知能力和传播表达能力。触觉、嗅觉和味觉这三个更加具身的体感感官，要比视听这两个感知能力更加令人印象深刻，因为人们在感知中更加重视这三类信息。触觉、嗅觉和味觉在未来的智能传播中也会扮演更加重要的角色，就像我们过去强调视觉和听觉一样。视觉关注的是对象物的特征，听觉则是将传受者都包容在内共享声波的传播行为，但是我们所说的触觉、嗅觉和味觉则是身体的直接感知，用语言有效地传播出去，则会对接收者产生感同身受的传播效果，引发共识共鸣。

无论是视听传播还是体感传播，在这五感材料的使用中，我们统一遵循由感知层面的认读到认知层面的解读再到主题层面的评析路径，由表及里地认识客观世界、表达和传播主观感知。

口语篇章

关于口语篇章建构能力的培养,我们提出了三个指标:即兴文本、结构可变、主题明确。

近年来我们的学生在央视主持人大赛中大体量地取得很好的成绩,与他们同时具备了有稿播音锦上添花、无稿播音出口成章这两种能力是分不开的。每一届主持人大赛的赛点主要集中在两个方面:第一,主题的构建,你能随机提炼出有意义的话来;第二,良好的互动能力。这两个方面恰好是我们在口语传播教育中积极探索并有效落实的教学重点。

在口语交流中,建构一种即兴、结构可变并且主题明确的口语能力是非常重要的。我们希望达到的目标是"精粹口语",并进行了一种名为"精粹口语篇章"的训练。

在很多追求话语质量的即兴口语里,很容易陷入一个接近于有稿播音的所谓"腹稿"准备的陷阱,也就是预先制定提纲,表达时背着自己的大纲说话。这样的语言很显然有腹稿的文本依赖,思路固定就很难契合语境里真实的表达需要,在实际传播中游移于预定的框架和现实的变化之间左右为难,往往表达交流的意图不清,实际效果很难保证。另一个极端则是完全追求现挂的流水账,毫无准备甚至缺乏逻辑地说水话,因为意核在后而只抓一点不及其余,导致话语芜杂随意。

为了规避上述两个陷阱,我们追求有备但其实无准备的即兴话语。训练中我们随机给予信息刺激,让学生通过不同的方式加工和处理这些信息,最终必须输出一个有价值的主题,形成一个有结果的认知:对个人来说,为面对的事物找到意义;对他人来说,能由己达人,启发他人引发共鸣。

大致的做法分为三类语篇训练形式,首先是信息结构方式,其次是主述结构方式,最后是话题结构方式。

信息结构方式就是利用已知的知识,在新知、旧知、已知、未知之间建立张力构建悬念。比如像央视《走近科学》栏目这样的方式,利用已知的信息引导对未知的原因的探究,从而讲好故事、传播知识。

主述结构方式,当我们改变角度来看问题时,我们的讲述方式也就不同了。这是新叙事学理论的文本建构方式,即在主观视角、客观视角、传者视角、受者视角、内含视角、旁观视角之间自由腾挪,利用视角转换为叙事添加动力。在之前做中央电视台《经济与法》节目时我们大量使用这种手法,通过构建用户对所传递文本的新鲜感认知,通过选择一个特定的角度遮蔽其余角度引发接收者兴趣,有控制地展开文本讲好故事。

第三种方式是让学生对话题作有备的口语作文和无充分准备的口语作文两种形式加以训练,培养组织和驾驭能力。前者使用的手法有命题演讲、观后感、关联主题评述等,后者有叠加式多重命题、叠加式异质命题、中途变更命题等。

在主持人大赛中常会见到这样的赛点:同时给你两个词,或者先给你一辆自行车让你表述,然后再给你一段音乐,让你结合起来进行主题表达演讲。这就需要及时准确而有逻辑地发现和提炼不同事物之间的意义,需要建立起万事万物之间的密切关联,探寻和发现其中的意义加以传播。在媒体实践中,这是主持人作为内容输出的灵魂人物应该适时完成的基本任务。

因此,我们有两种训练方式:一种是有准备的检索,事先准备好并进行输出;另一种是根据场景不断变化,甚至在话语行进过程中让话题方向出现逆反,让学生能够从容地应对,在其中构建一个合理的逻辑,给予观众统一的感受。我们培养学生达到这个阶段和水平,就可奠定他们未来胜任沟通交流的第一块基石,因为这个部分已经是完整的文本输出,所以传播效果特别明显。

搭建口语逻辑、建构口语篇章的教学方法,不仅在培养传媒大学的播音生上大见成效,而且在我个人的社会服务项目——培养小学生和幼儿园学生的口语传播能力的教育项目上,也是普遍适用,效果显著。我从事这个社会服务项目已经有 8 年多时间,每年都可以培养 10 多万全国各地的少年儿童。

总　结

口语传播教育并非只有传播学这一条路可走,它需要多学科融合起来对播音生进行分阶段的综合培养。

打好语言认知基础,才能有效地表达沟通,也才能将这些能力应用于不同的交际场景和传播媒介。

只有通过这些应用场景,我的语言才能够与周围的世界产生联系,进行人性化的感知,形成具体化的分析和判断,从而进行个性化的传播。

　　马尔克斯说,在人际网格里,只有高效的口语传播,才能将你的生命体验送达人际鸿沟的彼岸。

　　与各位口语传播教育者共勉!

主体性的回归：数媒智媒时代网络主播人才培养的探索与思考

苏凡博

（广州大学新闻与传播学院，广东广州 510006*）

摘　要：近年来，网络直播行业呈现爆发性增长，网络主播人才需求强劲。智能媒介时代，网络主播与新媒体平台内容呈现出同构化特征，业界急需具备创新性和独特性的深度复合型人才，传统人才培养体系面临来自现实的严峻挑战，需要从教师角色转换、课程体系再造、实践平台探索和主播价值重估四个方面进行高校人才培养体系改革，构建智能媒介时代网络主播人才培养的路径。

关键词：智能媒介；网络主播；人才培养；主体性

一、智媒数融时代的危机

2023 年 3 月 15 日，ChatGPT4.0 正式发布。随后我们看到了铺天盖地的消息，宣称它会改变我们的生活。但实际上，在日常生活中我们并没有感受到这种影响，也不知道我们的工作和生活会受到什么影响。我个人认为，至少需要三年后甚至五年后才会有明显感受。

然而，近期我与一个做防晒喷雾产品的企业家进行交流时，他向我展示了一张图片。他说："苏老师，你看看我们的淘宝详情页上的美女，这个是由人工智能生成的。以前，我们需要找摄影师和模特摄影，约时间，然后拍摄完成后还需要进行合成处理。现在，我只需要告诉 ChatGPT，给我生成一个亚洲的

---

* 作者简介：广州大学副教授，硕士生导师。

高科技美女,它就能生成出来了。而且这个人物是不存在的,也就是现在显示的美女是不存在的,不存在版权纠纷。我还可以再给它调整,比如说我需要这个人更瘦、皮肤更白一点,它会根据我的要求进行调整。这个已经不是在未来会发生的事情,而是正在发生的事情。"

听完之后,我真的很震惊。我们现在看到的直播间里(泳装直播间),有一位美女展示着不同的服装,每秒钟就能换一套新的服装,而且不停地换装。一开始,我不知道她是如何如此快速地完成换装的。后来得知她是一个虚拟主播。现在的 AI 主播能够惟妙惟肖地完成人类的 47 个动作,未来可能会有更多。

那位企业家还告诉我,他下一步要做的是对法务和财务部门的人进行调整,AI 进行合同审核,找出可能存在的问题,然后只需要一个人去核实就可以了。

大量传统岗位会被替代,也意味着我们现在大学里所传授的大部分知识和技能可能在未来的社会会被淘汰。

二、流量易逝,内容永生

另外,我们现在处于一个平台时代,以抖音为代表的内容电商平台具有强大的流量易逝和内容永生特性。这个平台上具有两个特征,一是人格化特征,二是游戏化特征。我们也可以理解为综艺节目化的特征,可以把主播在直播时介绍产品的角色视为一种综艺节目主持人的角色。以前的综艺节目观众停留时长一般在 3 分钟至 5 分钟左右,然而在电商直播中,观众的停留时长通常只有 3 到 5 秒钟,如果超过 1 分钟,那就是非常好的表现。所以我们可以将电商直播团队看作在进行一场节奏更加紧凑的"综艺表演"。在流量池推荐算法的作用下,创作者之间的竞争不断加剧。创作者不仅需要具备持续创作的能力,还必须具备持续创新的能力,只有内容与众不同才能不断吸引流量。

三、主播即内容

在培养主播和播音主持专业学生时,传统上认为人是创造者,内容是被创造的。但是我提出了一个观点,即在电商直播中,主播本身就是内容,而不仅仅是内容的传播者。

1. 观点即内容

东方甄选　董宇辉

董宇辉获得了很多人的喜爱,他不仅仅会带货,还会表达他对商品的独特的认知,也就是说他有观点输出。但是他的语言、价值观和表达方式只属于他个人,永远无法培养出下一个他,他是独一无二的。

2. 专业即内容

抖音 徐博士　粉丝数:265 万

她是我们播音与主持艺术专业的毕业生,但我提到的专业度不是她在播音主持专业上的专业度,而是她在喝酒这个领域里表现出的专业度。本科时我并没有教她如何喝酒,也没有和她一起喝过酒,不知道她是如何学会的。

3. 审美即内容

买手 Linda　粉丝数 164.7 万

这是我们去年毕业的学生运营的一个账号,这个账号目前可以说是不露脸直播带货领域的顶流。他们直播的语速极快,节奏掌握得非常好。这是一个典型的人货场一体的直播间,直播间里的服装平均每三天更换一件爆品。

4. 颜值即内容

美少女嗨购　粉丝数 151.2 万

这个直播间可能很多同学都关注了,就是几个美女在直播间的音乐伴随下打着节拍与受众互动。这个直播间的销售额非常高,而且还有很多打赏。所以他们开创了一种新的直播类型,称之为融合直播。

播音主持专业在当今这个人人都需要"抛头露面"的时代非常幸运,我们很可能不会被淘汰,因为我们本身就符合这种时代需求。在我们学校,播音主持专业的就业率是全校最高的之一,基本上每年都是 100%,而且人才供不应求。但是我也问过一些 MCN 机构的老总,我说你的要求好像与我们培养的人有些不符,我想知道你们到底需要什么样的人才……似言犹未尽?

四、数媒智媒时代网络主播人才培养路径

多年前,我问一个 MCN 机构的老总,他们需要什么样的学生,他告诉我,

他们需要家境贫困的孩子,因为家境贫困的孩子更能吃苦。如果放在那个时间节点,特别勤奋的主播肯定能够崭露头角,因为那个时候平台相对来说没有那么内卷,只要你勤奋就大概率能够成功。近期我又去那家 MCN 进行调研,问他们需要什么样的人才,这次的回答不尽相同。他们老总说:"苏老师,如果你们的学生当中有那种特立独行、与众不同的孩子,不要成绩好,也不要专业好,我想请他喝个茶。"在人工智能具有很强替代性的当下,业界需要什么样的人才,这是我一直在思考的问题,特别是那次交流之后,我又思考了很多。

1. 广州大学已有的探索

我们学校对播音主持人才培养进行了很多探索,主要经历了以下三个阶段。第一阶段:广东省高等学校应用型人才培养示范专业建设(2014—2017);第二阶段:"泛媒体时代"背景下口语传播系列课程的无边界化教学模式探索(2018—2019);第三阶段:移动优先为核心的网络主播人才培养模式(2020 年至今)。这三个阶段的核心逻辑是随着媒介技术的发展,对学生的跨专业复合能力要求越来越高。我们曾经要求"一专多能",要培养"复合型人才"。再后来说"泛媒介化"了,也就是各行各业都需要具备口语表达能力的人才,要进行以口语传播为核心的无边界人才培养。再往后我们尝试培养具备深度复合能力的网络主播人才。为此,我们开拓了各种各样的课程。但是现在我也反思,当我们开设了那么多课程,不断拓展学习边界,老师和学生都会疲于应付。那么在这种情况下,我们应该怎么办呢?

2. 对当前教育的反思

我们的教育体系是工业时代的产物,它强调规范化、标准化、弱化主体性和去个性化。然而,在现实中,我们是否仍然需要这样的人才? 当人工智能可以替代大部分岗位时,这种培养方式是否仍然有效?

前两天,我接了上四年级的儿子回家,他路上一直跟我说一个"太酷了"的梗里面的台词,然后回家非要让我看这段视频,我也分享给大家(播放"太酷了"短视频)。

在完整观看视频之后,我突然意识到儿子和他们这一代年轻人在呼唤什么,他们在呼唤"主体性的回归"。我们不断向他们灌输各种知识,让他们多学点东西,以应对当前社会的变化,但是他们自己想学什么呢?

所以我认为解决这个问题的终极方式一定是回归主体性。培养优秀的网络主播应该找到这样一条路径:首先这些孩子要热爱生活,找到自己的兴趣爱好,然后在学校教育系统支持下主动建构自己独一无二的知识体系,成为一个个"不一样的烟火"。

这就涉及当前人才培养体系中的四个维度的改革。

第一是教师角色再定位。我们的一些学生账号在抖音上有很高的关注度,但这些学生的成长并不是因为我们的培养,而是他们所具备的能力恰好赶上了这个风口,他们抓住了这个风口。作为高校教师,我们也不知道未来的世界会是怎样的,未来应该在学生们自己手中。如果当前的高校教师更多是作为一个传授者的角色,那么未来我们需要更多地扮演一个扶持者的角色。

第二是知识体系再设置。我们开设了许多新课,但很多前沿领域仍然需要老师们与时俱进去探索。比如前年我们出版了两本新书:《电商直播实务》和《电商直播营销原理与方法》,去年我们又写了一本《实战抖音电商——30天打造爆款直播间》,这本书在京东平台持续登顶畅销书榜首。我们与实践紧密结合,希望通过实践探索引导学生开拓新的领域。另外一个是大部分学校选课机制仍然没给学生太大自由度,大部分高校跨专业选课是一件很困难的事情,比如非音乐专业的学生热爱音乐,能否选择音乐专业的课程?这可能需要在大学的顶层设计上进行更多探索。

第三是实践平台再探索。2020年,我们举办电商直播试点班,每年会派学生到不同的企业进行为期一年的学习实践。但因为企业实习很分散,我们很难一对一照顾到每一个学生。去年我在广州广播电视台挂职一年,与广州广播电视台的新媒体团队合作探索了一种校企协同育人新模式。我们将实习实践基地划分为教学中心、实践中心和创新创业中心。现在新媒体团队大约分为13个小组,每个小组可以容纳5至6名学生,总共能容纳50至60名学生同时进行实习实践、创新创业。通过这样的深度合作,我们希望为学生提供一个适应数融智媒时代人才培养需求的实践平台。

第四是主播价值再评估。很多人都觉得网络主播这个岗位比较低端,传统媒体的播音员主持人岗位更为高大上,但目前对社会产生重大影响的恰恰是网络主播,像董宇辉这样的主播的出现,实际上改变了整个社会对网络主播的刻板印象。对于个体来说,主播的收入也是可观的。上个月学生给我发信息,他们做的书画类直播间,要招人,起薪是1万元,大概干两个月或三个月可以有3万元一个月的收入。然后我将这条信息发送给我们的毕业生,结果却没有人提交简历。就经济价值来说,电商直播行业的规模已经接近10万亿元,市场非常庞大,主播的经济价值非常高。所以,主播价值将面临重新评估的过程,既有经济价值也有社会价值的双重评估。

最后我想说的是,通过以上四个维度的变革,培养适应数融智媒时代的人才,这不仅是播音主持专业人才培养改革的方向,也是面临相似困境的其他专业共同的改革方向。改革既是技术的颠覆,更是传统的传承。未来已来,我们就是未来!

建构主义视域下新媒体主播人才培养的教学法探析

李　斌　颜　涵

(浙江传媒学院,浙江杭州 310018*)

摘　要:媒介生态变化引发连锁反应,播音主持教学改革势在必行。本文以建构主义理论为依据,对新媒体主播人才培养的宏观理念、中观设计及微观方法进行探析。宏观理念上,提出新媒体主播人才培养多维创新理念,并以专业播客、优质短视频创作者、多元直播主播为方向进行阐述。中观上,利用建构主义学习理论对新媒体主播人才培养的课程设置、课程实施、课程评价进行探究。微观上,以翻转课程法、情境构建法、社会实践法为具体手段进行简述。

关键词:建构主义;新媒体主播;教学法

一、研究的缘起

(一)媒介生态变化引发连锁反应

当前媒介生态发生了巨大的变革,呈现出数字化、网络化、移动化、社交化和智能化的全新特征,传统媒体与新媒体双向互动,推动了媒介生态的跨界融合。这些变化不仅改变了人们获取信息和娱乐的方式,也对媒体从业者提出了新的挑战和机遇。与之相对应的,传媒人才的培养也应从宏观理念、中观设计及微观教学上进行改革和创新。

(二)播音主持教学改革势在必行

当前播音主持教学的生态环境及现有的运行方式和研究发展存在突出问

---

*　作者简介:李斌,男,副教授,博士;颜涵,女,硕士研究生在读。

题,如培养体系不完善、师资结构不合理、硬件设施不齐全、课程设置不科学、教学方法不恰当等。以就业出口为例,过去播音主持专业人才培养主要是为电台、电视台输送播音员和主持人。然而当前主持人岗位已属于稀缺资源,播音主持人才培养的内涵应从播音主持语境转为语言传播语境,播音主持人才培养的出口应多维拓宽,新媒体主播、活动主持、场馆解说、电竞解说、宣传企划、主持教师等都可以成为人才培养的全新方向。浙江传媒学院播音主持艺术学院在新版人才培养方案里开设"新媒体主播"方向,正是契合时代背景及社会需求进行改革创新的探索。

(三)建构主义理论的引入与应用

建构主义作为一种学习理论,强调学习者在某社会环境及文化空间下,通过接受外部刺激与互动,主动构建自己的知识经验体系。建构主义观点认为,学习应主动建构,强调学生的主体作用,教师应起到引导、督导及指导的作用。播音主持教学活动有其特有的属性,如"学生学习主动性强""教与学体现互动""教师注重引导"等,这与建构主义理论存在多维契合与深度共鸣,因此将建构主义理论应用于播音主持教学法研究,是具有可行性及现实意义的。新媒体主播人才培养不仅要强调语言表达能力,更要关注其策划能力、运营能力及全媒体传播能力等,复合型能力的培养急需通过学生自我建构并辅以科学教学法得以实现。

二、新媒体主播人才培养的教学理念

(一)新媒体主播人才界定

新媒体主播是指在新媒体领域中,具备专业知识和技能,能够通过直播、短视频、音频等多种形式进行内容创作和传播的从业人员。然而,当前新媒体主播类型繁多且鱼龙混杂,有垂直深耕者、文化传播者、直播带货者,也有娱乐恶搞者、三俗传播者等。新媒体主播除了要具备较强的语言表达能力,更应该形成较高的审美品位并提升文化传播的专业素养,才能起到引领受众弘扬主流价值之功能。因此,本文对新媒体主播人才的定义如下:新媒体主播人才是指具有专业素养并能通过新媒体平台及相关技术手段进行音视频、直播等创作的新型传媒人才。

(二)新媒体主播人才培养理念

新媒体主播人才培养应注重专业素养、创新思维、社会责任、跨界融合、用户导向、数据驱动、技术运用和团队合作等方面，全面提升主播的专业素养和综合能力。同时，培养过程应该注重实践和应用，鼓励主播在实践中不断探索和创新。

1. 培养实践能力

建构主义强调学习者的主动性，认为学习者是在一定情境下与外界互动中建构知识的。因此，新媒体主播人才培养应注重实践能力的培养，通过丰富的实践经验和实践机会，提高主播的实际操作能力和应对突发情况的能力。例如，"东方甄选主播天权摔手机"近日登上了热搜，天权的不当言行凸显出东方甄选主播专业素养不足，在控场及控制情绪等方面存在较大缺陷。新媒体主播人才培养要在培养其实践能力的同时，注重细节，体现专业素养。

2. 培养创新能力

在信息爆炸的时代，创新能力是新媒体主播必备的素质之一。培养新媒体主播的创新能力，需要引导他们善于发现问题、思考问题，并尝试用新的方式来解决问题。新媒体时代，算法、玩法、创意等更新迅速，令人应接不暇。新媒体主播需要培养创新的能力，以适应新媒体时代的发展和市场的需求。同时，这也是提升个人品牌价值和推动行业发展的重要途径。

3. 培养跨学科能力

新媒体主播的工作涉及多个领域，需要具备跨学科的知识和能力。例如，主播需要了解传播学、心理学、社会学等相关领域的知识，以便更好地把握受众心理，传递信息。另外，新媒体主播不仅要具备语言表达、信息传播等相关技能，更要懂运营、会策划，具有产品研发意识、营销意识等。

（三）新媒体主播人才培养方向

新媒体主播人才培养应区分传统语境对于播音员主持人的培养。结合社会需求及播音主持专业属性来看，新媒体主播人才培养可重点培养新媒体音频创作、新媒体视频创作及直播创作者。

1. 专业播客创作者

专业播客创作者是指在音频播客领域具有较高创作水平和影响力的个人或团队，应具有以下特点：一是内容优质，专业播客创作者通常具有较高的专业素养和创作能力，能够创作出高质量、有趣、有深度的播客内容，满足听众的需求和口味；二是受众明确，优质播客创作者通常能够明确自己的受众群体，了解他们的需求和喜好，并创作出符合这些需求的播客内容；三是体现影响力,优质播客创作者在音频播客领域具有较大的影响力,其作品不仅具有流量,更能引发社会关注、体现社会价值。

2. 优质短视频创作者

优质短视频创作者是指能够创作出高质量、有趣、有吸引力的短视频内容的个人或团队,他们通常具有以下特点:一是创意独特,优质短视频创作者通常具有独特的创意和视角,能够创作出与众不同的视频内容,吸引观众的眼球;二是内容有料,优质短视频创作者注重视频内容的品质和深度,能够提供有价值、有趣、有启发性的信息;三是制作精良,优质短视频创作者在视频制作方面具有较高的专业素养和技术水平,既能够保证视频的画质、音效、剪辑等方面的高质量,又能体现较为高超的审美素养,体现人文关怀。

3. 多元直播主播

直播主播是指借助直播平台传递信息或进行有效互动的新媒体从业人员,应具备以下特点:一是独特的内容创意,优质直播主播应提供独特、有趣、富有创意的直播内容,满足用户需求;二是良好的沟通能力,优质主播应善于与用户进行多维的互动交流,不仅能够及时回应其问题和反馈,更能建立起良好的信任关系。值得一提的是,新媒体主播人才培养不应仅培养带货主播,更应该培养具有新闻敏感度、具有文化传播力、具有服务意识的多元直播主播。

三、新媒体主播人才培养的课程设计

(一)课程设置

新媒体主播人才培养的课程设置应该注重理论与实践相结合,培养学生的综合素质和专业技能,以满足市场需求和行业发展需要。新媒体主播人才培养的课程设置应包括以下几个部分。一是基础课程:主要帮助学生了解新媒体主播的基本概念、职责、技能和职业道德,具体包括媒介融合、新媒体平台操作、内容策划、主持技巧、沟通与互动等。二是专业知识课程:针对新媒体主播所需的专业知识进行深入讲解,包括新闻传播理论、媒体法规、舆论引导等。三是实践课程:这是新媒体主播人才培养的重要组成部分,主要包括模拟主持、现场报道、新媒体直播等。通过实践,学生可以更好地掌握所学知识和技能,提高实际操作能力。四是选修课程:主要满足学生的个性化需求,涉及的领域较广,如新媒体营销、社交媒体运营、短视频创作等,学生可以根据自己的兴趣和职业发展方向选择相应的课程。五是职业素养课程:主要培养学生的职业素养,包括团队合作、沟通协调、创新思维等。通过这些课程的学习,学生可以更好地适应未来的工作环境,提升职业竞争力。新媒体主播人才培养的课程设置应该注重理论与实践相结合,培养学生的综合素质和专业技能,以满足市场需求和行业发展需要。

(二)课程实施

新媒体主播人才培养的课程实施应该充分利用各种教学资源和平台,提高学生的学习效果和实际操作能力,因此在课程实施的教学空间及课程实施的形式内容上要有改革创新。

1. 教学空间突破传统模式,因地制宜

首先,对于理论课程和基础课程可以在传统教室进行教学。这种教学空间有利于教师对学生进行面对面讲解和指导,方便师生之间的有效交流。其次,要利用好实验室、设备、技术等进行实践教学。建构主义注重对于学生学习情境的创建。因此,要借助多维手段为学生搭建教学情境,如利用虚拟技术营造个性场景,满足学生的创作需求。再次,要利用社会场景创新教学空间。新媒体主播的内容创作往往涉及多维时空,如文旅类主播需要深入自然环境及人文环境,访谈主播要结合受访对象选取拍摄场景,直播更是依托直播内容进行主题式创作。将社会场景作为新媒体主播人才培养的教学空间,不仅可以为学生提供"情景再现",助推其实现沉浸式创作,更能使教学空间匹配社会需求,服务社会大众。

2. 课程组织形式灵活多变,以求实效

新媒体主播人才培养的课程实施形式灵活多变,可采用以下几种形式。一是业界学界大咖专家讲座,定期邀请行业专家、学界专家以及优质主播等进行分享,为学生提供前沿动态及实用价值。二是通过组织策划举办各种形式的新主播比赛,让学生在竞赛中锻炼能力,发现不足,查漏补缺。三是通过小组实战的方式将学生分成小组,每组进行实战项目。这种形式可以培养学生的团队协作能力,提高实战经验。除此之外,还可以采用考试、分享、体验等形式激发学生的学习兴趣,提高其实践能力,从而提升新媒体主播人才培养的实效性。

(三)课程评价

新媒体主播人才培养的课程评价可以从多个维度进行,以确保全面、客观地评估学生的学习成果。以下是一些建议的评价方式。一是理论知识评估。通过传统的笔试或在线测试,评估学生对新媒体主播所需的理论知识的掌握程度。二是实操技能评估。观察学生在实际操作中的表现,例如直播技巧、视频剪辑、内容创作等方面的技能。三是项目或作品评估。要求学生完成一个或多个与新媒体主播相关的项目或作品,根据其质量、创意和受众反馈进行评价。四是口头或书面表达能力评估。通过小组讨论、课堂发言、报告等形式,评估学生的口头表达和书面表达能力,这对于主播来说至关重要。五是自我评价与反思。要求学生定期对自己的学习过程和成果进行反思和评价,培养他们的自我觉察和自我管理能力。六是同行评价。鼓励同学之间相互评价和提供反馈,这有助于学生从不同的角度认识自己的表现。七是行业专家评价。邀请行业内的专家对学生的作品或表现进行评价,为学生提供更专业、更具实践性的反馈。八是受众反馈。通过数据互动等获取学生在新媒体平台上的受众反馈,了解他们的实际表现和影响力。

四、新媒体主播人才培养的教学方法

新媒体主播人才培养的教学方法作为微观手段,是新媒体主播人才培养宏观层面培养理念及中观层面课程设计之后的具体方法和策略。本文以建构主义理论为依据,以翻转课程法、情境建构法、社会实践法为例进行探析。

(一)翻转课程法

翻转课程法是一种将传统的教学过程进行线上线下多维翻转的教学方法。学生在课前通过在线视频、资料等自主学习课程内容,而课堂时间则主要用于讨论、互动和实践。通过翻转课程法,学生可以在课前预习和了解新媒体主播的相关知识和技能,然后在课堂上进行实操、讨论和反馈,教师可以针对学生的问题进行有针对性的指导。该方法能够提高学生的自主学习能力,增强学生的学习主动性和参与度。

(二)情境构建法

情境构建法是通过模拟实际情境,让学生在模拟的环境中进行学习和实践的教学方法。运用情境构建法可以模拟新媒体平台的直播环境,让学生在模拟的环境中实践如何进行直播、如何与观众互动等。该方法能够帮助学生更好地理解和应用所学知识,提高实际操作能力。

（三）社会实践法

社会实践法是让学生参与到实际的社会实践并通过具体实践提升教学效果的教学方法。新媒体主播人才培养注重应用场景，通过社会实践法可以促进"政产学研协同育人"，让学生更深入地了解行业、深入社会，不仅能提高实际工作能力，更能促进其责任意识、服务意识的升级转化。

五、结　语

基于媒介生态的不断变化及技术平台的迅速迭代，新媒体主播人才培养的未来可能呈现出全新特征并聚焦多元主体，如实时互动与社交属性、内容创新与多元化、数据驱动与用户画像、跨领域合作与产业链整合、法律法规与道德规范等。随着行业的不断发展和变化，新媒体主播人才的培养也需要不断调整和完善，以适应市场的需求与变化。

新文科背景下工科院校播音与主持艺术专业课程案例开发研究

于 红 胡兴波

（河海大学公共管理学院新闻传播学系，江苏南京 211106＊）

摘 要：在新文科建设背景下，深化艺术与工科专业之间的深度融合，满足跨学科交叉应用需求和人才培养目标，已成为工科院校艺术专业改革发展方向。河海大学播音与主持艺术专业通过构建"1＋2＋3＋N"的课程案例开发模式，探索艺术和工科专业学科交融的实践路径。该模式以跨学科案例主题模块设计为抓手，在不同学科和课程之间建立关联，通过创建跨学科实践场景，综合运用多种教学手段，开发跨学科主题教学案例，从而实现学科交融。

关键词：新文科；案例开发；播音与主持艺术；学科融合

在 2018 年 8 月全国教育大会召开前两周，中共中央提出了包括发展"新工科、新医科、新农科、新文科"的"四新"概念。随后，教育部与科技部等 13 个部门联合启动了"六卓越一拔尖"计划 2.0，"新文科"作为"四新"建设之一，进入正式实施阶段。2020 年，教育部发布《新文科建设宣言》，标志中国文科专业改革进入一个全面深化的重要时期。在新文科建设背景下，高校逐步深化文科艺术专业与理工农医科专业之间的深度交叉融合，以满足跨学科交叉应用的需求和人才培养目标。这一趋势也成为艺术类专业改革发展的目标和方向。[①] 本文以河海大学播音与主持艺术专业为例，探索工科院校艺术专业跨学科发展路径。河海大学是一所以水利为特色、工科为优势、多学科协调发展

＊ 本文系河海大学 2023 年新工科、新农科、新文科教改项目"艺术与水利的交融——新文科背景下凸显水利特色的播音专业实践课程案例库开发"研究成果之一。

作者简介：于红，女，副教授，博士；胡兴波，女，讲师，硕士。

① 包德述，王雪玉洁．"新文科"背景下播音与主持艺术教育探究[J].新闻传播，2021,（5）:68-71.

的高等院校。在这样一所工科优势明显的水利院校,播音与主持艺术专业通过跨学科主题案例开发,突出专业特点和发展趋势,同时兼顾工科院校的教育特色和学科背景,从而实现艺术专业与工科强势专业的交融。

一、工科院校播音与主持艺术专业发展瓶颈

由于工科院校的办学定位和教育理念与文科院校存在明显差异,工科院校内的播音与主持艺术专业在发展过程中一直面临着难以融入的困境。在新文科建设背景下,这种不协调局面更加凸显,成为该专业发展的瓶颈。

(一)播音专业和工科专业间存在学科壁垒

新文科强调人文素养、创新思维和跨学科合作等方面的重要性,旨在提高学生的综合素质。它要求学生不仅要掌握专业知识,还要具备人文素养和创新思维,能够灵活运用所学知识解决现实问题。随着新文科建设的逐步深入,跨学科交流与合作已经成为专业发展的趋势,一些高校已经开始探索跨学科教学和研究的模式,如设立跨学科学院或课程,组建跨学科研究团队等。这些尝试有助于打破学科壁垒,促进不同学科之间的交流与合作。

然而,在实际操作中,播音与主持艺术专业和工科专业之间的学科壁垒仍然很难打破。播音与主持艺术专业因为独特的学科性质,强调创造性、感性、情感等方面的表达,注重个人的艺术和人文素养的培养;工科专业则强调理性和思辨,更注重理论和实践的结合,着重于解决实际问题和应用技术的发展。两个专业的教学方法、培养目标和知识体系存在巨大差异,导致跨学科资源共享和合作变得非常困难。

(二)专业课程内容和案例设计缺乏整体性

新文科改革的主要目标是推进高等教育教学的综合改革,促进人才培养质量的提高和学科建设的优化。要实现这个目标,专业课程教学设置的整体设计和实施至关重要。这种整体性设计和实施需要跨学科的协调和沟通,确保各个专业课程之间的衔接和互补,形成系统性的知识结构。

而目前播音与主持艺术的课程体系建设与新文科对学科建设的理想和要

求具有不协调性。① 学科之间和专业课程间因缺乏必要的沟通和协调,导致课程设计缺乏整体性,课程教学过程中知识点零散、交叉、重叠的情况比较普遍。这种情况很大程度上影响了学生对教学内容核心和重点的把握,难以形成跨学科的系统性知识结构,进而影响学生综合素质和创新能力的培养。

(三)学生跨学科跨行业自适应力薄弱

按照新文科人才培养目标,播音与主持艺术专业学生需要具备跨领域、跨文化的知识视野,熟悉和应用跨领域的知识和技能。但对目前工科院校播音与主持艺术专业的学生而言,虽然他们在校期间会接受相关的技能培训和实践训练,但因为艺术专业课程设置相对传统,缺少跨行业和新兴行业的课程,可能导致学生在就业时会发现自己的知识技能与岗位不匹配,从而影响学生的适应性和就业竞争力。②

以现代水利行业为例,这个领域涉及的专业知识和技能较为复杂,需要掌握一定的水利工程原理、工程测量、水利工程设计等多个方面的知识。对于一个播音与主持艺术专业学生来说,他们在学校里所学的主要是与广播电视相关的专业技能,缺少与水利行业相关的知识储备和实践经验。在进入水利单位从事媒体宣传工作时,因为缺乏对行业知识的了解,往往在与水利领域专业人员协作时遇到困难,无法发挥自身的优势。如何在播音与主持艺术专业课程设置中融入跨行业和跨学科的课程安排,帮助学生掌握多领域的知识和技能,以实现新文科人才全面培养的目标,是工科院校播音与主持艺术专业亟待解决的问题。

二、播音与主持艺术专业课程案例开发目标

随着新文科建设的不断深入,跨学科教学和研究已经成为推动教育改革和学科发展的重要手段之一。它可以有效地打破学科壁垒,促进不同学科之间的交流与合作,提高学生的综合素质和创新能力,也有助于推动学科发展的创新与进步。河海大学播音与主持艺术专业以课程案例开发为抓手,探索并实践跨学科案例库开发模式,以实现新文科人才培养目标。教学案例开发是

---

① 叶盛世.新文科建设背景下播音与主持艺术专业人才培养的思考[J].中国主持传播研究,2022,(2):62-71.

② 任秋璇.浅析新文科背景下播音主持专业的行业挑战与机遇[J].大学,2020,(10):70-72.

一个系统工程,其中目标设定是教学案例开发的关键环节,对案例的开发和实施具有重要的指导意义。[①] 基于新文科跨学科建设的理念和思路,河海大学播音与主持艺术专业课程案例开发主要实现以下目标。

(一)设计跨学科案例主题模块,实现学科交融

传统文科重视专业培养,专业划分明显,学科建设任务清晰,但是人才培养难以博通,容易形成专业壁垒,制约人才全面发展。新文科是对传统文科的提升,试图打破专业壁垒和学科障碍,以广博的学术视角、开阔的问题意识和深厚的学术积累为基础,为学生提供更契合现代社会需求的素养训练。[②] 在新文科教学改革中,将跨学科主题模块设计作为教学改革的一个重要策略,把不同学科的知识融合到一个主题中,使学生能够从多个角度来认识一个问题,从而更深入地理解不同学科之间的关系和相互作用,培养跨学科思维能力。

河海大学的水利特色是其办学的鲜明特点之一,在案例开发时,可以抓住这一特色,通过开发多个水利特色主题模块,实现艺术和水利的交融,让学生在案例实践中了解和应用不同学科的知识,从而加深对学科间关系的理解和学科之间的融合。例如,设计一些关于水利工程主题的播报案例,帮助学生了解水利行业的现状和未来发展趋势,同时提升学生的播音专业能力。

(二)依托课程群开发案例素材,实现案例体系化

将跨学科主题作为贯穿不同课程的主线,建立课程之间的联系,帮助学生深入理解不同学科之间的关系,是新文科教学改革中的一个重要策略。例如,在"水利工程历史和发展"案例主题框架下,电视编辑课选择三峡工程纪录片作为案例素材,进行视听语言分析;文体播音课对纪录片的解说词文稿进行解析;节目制作课模拟制作一个水利工程知识竞赛节目。不同课程围绕同一主题设计教学案例,将课程间的教学内容联系起来,从而形成一个完整的案例体系。

案例体系化可以将不同课程之间的教学内容进行有效衔接,促进不同课程之间的协调与沟通,提高专业教学质量。同时,案例体系化可以提供一种整合不同学科知识的方式,帮助学生形成系统性知识结构,提高学生的综合能力和创新能力。

---

① 冯晓敏.我国教育专业学位案例开发的主题选择及其改进——基于教育专业学位入库案例的文本分析[J].教育学报,2023,(1):90-101.

② 樊丽明,杨灿明,马骁.新文科建设的内涵与发展路径[J].中国高教研究,2019,(10):10-13.

（三）注重跨学科思维和能力培养，实现人才素质多元化

新文科要求高等教育注重人才培养的全面发展，不仅要培养学生的专业技能，还要注重培养其综合素质和能力。在这个背景下，播音与艺术专业的人才培养要求不仅仅是单纯注重艺术技能的传授，还要注重学生的人文素养、创新思维和实践能力的训练。

跨学科案例教学将不同学科、不同领域的知识和技能融合到一个案例中，为学生提供多样化的学习体验，让他们更好地掌握不同领域的知识和技能。同时，通过参与案例的开发和应用，学生可以深入思考和探索问题，从而激发其主观能动性和创新能力。此外，在案例选题过程中，鼓励学生从多个角度思考问题，提出不同的解决方案，培养其批判性思维和解决问题的能力。基于此，帮助学生成为拥有跨学科思维和创新意识、具备解决实际问题能力的专业人才，从而实现新文科人才培养目标。

三、播音与主持艺术专业课程案例开发模式和实践

按照新文科教育改革精神，河海大学播音与主持艺术专业课程案例开发围绕"案例主题特色化""案例库体系化""学生素质多元化"等三个核心目标，构建"1＋2＋3＋N"的课程案例开发模式（见图 1）。

（一）紧扣一个"关键"：案例设计融入跨学科元素

跨学科协同育人如何适应和引领知识生产模式转型的新要求和新挑战，是高校需要攻克的突出问题。从内容供给创新的角度看，推动课程设置模块化、为学生提供基于问题导向的多元化课程选择，将会成为跨学科协同育人改革的新方向。①

1. 设置跨专业水利主题模块

结合河海大学学科优势，播音专业教学案例开发中设计了六个水利主题模块（见图 2），以探索水利领域的重要话题。其中，自然灾害与水利工程模块突出自然灾害对水利工程的影响和灾害应对知识；水利工程历史和发展模块，展现代表性水利工程的历史、发展和它们对当地社会和经济的影响；水资源管

---

① 田贤鹏、姜淑杰.新文科背景下的跨学科协同育人：内涵特征、逻辑演变与路径选择[J].教育发展研究，2022，(21)：35-42.

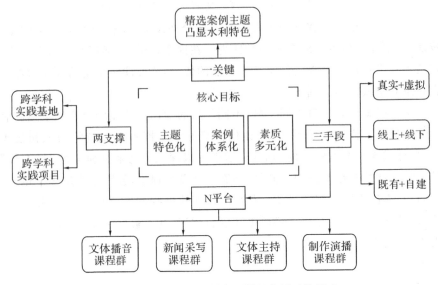

图 1　播音与主持艺术专业课程案例开发模式

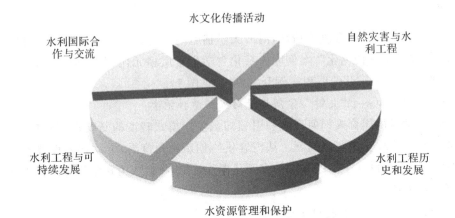

图 2　凸显水利特色的课程案例主题模块

理和保护模块结合水资源分配、水污染治理、节水减排等话题,传播政府应对水资源危机的策略;水利工程与可持续发展模块紧密结合河海大学开展的水利工程项目,传递水资源开发与利用的最新研究成果;水利国际合作与交流模块以河海大学参与的国际合作项目为例,展示国际合作在水利领域的重要性;水文化传播活动模块突出水文化的公众传播,传达水文化的历史、现状和未来发展趋势。

2. 开发跨专业水利主题案例

不同课程结合具体的教学知识点,运用采访、播报、主持、直播等多种专业形式和水利主题自由组合,开发特色主题案例库。以"水资源管理和保护"主题模块为例,2021 年 3 月 1 日,《中华人民共和国长江保护法》正式施行,播音教学以此为新闻素材,开发了人物访谈教学案例。案例以法规出台为新闻点,学生作为主持人邀请校内水资源专家、南京秦淮河区域的河长走进演播室进行对话,对法规出台的意义进行解读,传递政府应对水资源危机的策略。通过这类主题案例的教学,有效实现播音专业技能和水利学科知识的融合。

(二)抓住两个"支撑":创建跨学科案例实践场景

案例要具有独特性,就不能忽略具体的教学情境,因为教学就是在特定情境中将特定的知识教给特定的学生。[①] 为了培养学生的创新能力,案例设计应该具有开放性和实践性,让学生在实践中体验和掌握专业技能和知识,并且在实践中进行创新和改进。河海大学播音与主持艺术专业以水利科研项目和实践基地为支撑,创建和开发课程案例实施场景,让学生在跨学科实践场景中获得跨学科知识和能力。

1. 开发水利学科实践基地为案例实践场景

水利学科实践基地作为一个理想的实践场景,为播音与主持艺术专业学生提供了一个很好的机会去掌握跨行业的知识和技能,促使他们在毕业后能够适应更广泛的工作环境。通过前往水利学科实践基地进行实地采访和主持,学生可以在提升专业技能的同时了解水利工程的相关知识。这种跨学科的实践体验能够激发学生的学习兴趣和学习动力,促进学生形成更全面、更深入的跨学科知识结构。此外,通过与水利专业的学生、教师和专业人员的合作和交流,播音与主持艺术专业学生可以更好地了解到水利工程行业的发展趋势、行业特点和需求,从而为他们未来的就业方向和职业规划提供更多的信息和参考。

2. 开发水利科研项目现场为案例实践场景

播音与主持艺术专业同时将水利科研项目现场作为案例实践场景,为学

---

① 冯茹,于胜刚.面向教育硕士培养的教学案例开发:困境与路径[J].中国高教研究,2019,(6):94-99.

生提供跨学科实践机会。比如在水利项目启动仪式上，播音学生通过现场报道的方式，对水利科研项目进行宣传和介绍，展示项目的研究内容、研究目标以及研究进展等方面的特色和亮点。这样的实践活动，有助于学生在实际操作中掌握播音与主持艺术专业的相关技能，如口头表达、主持能力、采访技巧等，同时也加深了学生对水利科研项目的了解和认识。与此同时，播音专业的学生将水利科研项目的建设和成果通过影像记录和网络直播等形式进行传播，可以为跨学科价值共建作出贡献。

（三）利用三个"手段"：多渠道确保案例实施

1. 构建"真实＋虚拟"的实践场景

以"水资源管理和保护"案例主题为例，首先采用传统教学手段，在实景演播室开展案例教学：要求学生寻找一个水环境污染的最新事件报道，搜集相关背景资料，邀请水资源专家走进演播室完成一期新闻评论节目。除此之外，利用虚拟演播技术模拟现实场景，构建沉浸式教学模式，为学生提供更为丰富的学习体验。通过前期资料素材收集和整理，利用虚拟演播技术制作一个水污染事故现场的虚拟环境，包括现场布置、人物角色等。学生在虚拟环境下实现现场播报，教师进行实时点评。同时，全程录制演播过程作为后续案例素材资源进行共享。

2. 采用"线上＋线下"相结合的方式展示案例成果

线下展示时，一是以案例主题模块为单位，选择不同课程群中的优秀案例成果进行展示；二是以课程为单位，在每门课程汇报环节中增加水利专题案例成果汇报。学生在展示时，采用口头讲解、视频展示等形式介绍案例素材来源、实施过程以及最终学习成果。线上借助互联网平台、社交媒体等对案例成果进行展演。播音专业在其官方微信公众号"河声海韵"中开设案例专题，采用音视频方式对不同主题、不同课程的案例课程成果进行展演，实现案例成果的数字化。与此同时，因为案例主题凸显水利特色，成果展示可以帮助更广泛的人群了解水利学科的动态和发展，从而促进不同学科领域之间的价值共创。

3. 既有新闻报道和自主开发相结合挖掘案例素材

首先，在不同的案例主题模块下，选取与案例主题相关的采访报道、新闻播报或节目主持，将报道作为教学案例素材来源。教师引导学生查找新闻报道的背景资料，通过对既有新闻报道的分析，让学生掌握采编播的具体技巧，同时了解掌握水利学科相关知识。其次，在特定的主题模块下，让学生自主申报实践选题,教师审核通过后加以实施。学生在实践中完成选题,教师进行全过程指导、分析和评价,并将优选的选题编写进案例库。这种方法不仅提高了学生的实践能力和掌握相关学科知识的能力,而且可以增加学生对案例开发的贡献。

(四)打造 N 个平台:依托课程群编写体系化案例库

为建立案例与各课程之间的关联,实现课程案例开发体系化,在开发主题案例时主要依托课程群进行具体实施。课程群在一定的案例主题框架内结合各个课程的特点和需求进行案例开发,以实现课程与案例之间的有效衔接,从而让案例开发和教学活动更加系统和有序。

1. 组建课程群编写案例说明

根据播音与主持艺术专业现有课程设置,按照课程教学内容和目标的相关性,组建新闻采写编、文体播音和主持、节目制作演播等 N 个课程群。其中,新闻采写编课程群包含新闻采写、电视编辑、出镜报道等课程,重在培养学生新闻采写编能力;文体播音和主持课程群集合新闻播音、广播播音等课程,突出不同文体和节目类型播音主持技能培养;节目制作演播课程群包含演播空间处理、电视节目制作等课程,旨在训练学生独立策划节目的能力。每个课程群结合课程的教学目标针对不同主题模块开发具体案例,并编写详细的教学说明和使用指南,以指导教师如何在教学中使用这些案例,以及学生如何通过这些案例学习和思考。

2. 形成课程案例分享机制

根据不同课程群提交的案例,选择优秀的案例,按照主题进行分类,建成播音专业课程案例库。案例库建成之后,通过线上或线下的方式,将案例库分享给不同课程群,鼓励教师和学生积极分享和利用案例资源;采用讨论会、研讨会等形式,组织不同课程群的教师和学生,分享各自的案例应用和体验,促进不同课程之间的交流和互动,同时深入了解案例的应用效果和实际问题。

3. 定期对案例库进行评估和反馈

定期回顾案例库的内容和结构,对已有案例进行评估和更新,根据教学需求和学生反馈,及时更新和优化案例库的内容和结构;通过师生座谈和在线反馈等方式,搜集教师和学生对案例的评价和反馈,了解案例使用情况和教学效果,并根据学生和教师的反馈,及时对案例进行相应的优化和改进。此外,鼓励教师和学生积极贡献案例,以保证课程案例的不断完善和更新。

四、结　语

　　河海大学播音与主持艺术专业采用"1＋2＋3＋N"主题案例开发模式,将跨学科元素融入课程体系,为学生提供更为全面和深入的学习体验。这种跨学科特色主题案例的开发不仅拓宽了学生的知识面,也增强了学生的实践能力和综合素质。同时,该模式也促进了工科院校内不同学科之间的交流与合作,为推动跨学科教育和综合素质教育的发展探索了一条切实可行的路径。这种有益的探索不仅对于播音与主持艺术专业发展具有重要意义,也可为理工科院校其他艺术类专业的建设提供一定的参考。

参考文献

[1] 王建伟,马金福.新文科内涵、建设路径和实施策略[J].北方民族大学学报,2022,(2).

[2] 吴霜.新文科建设背景下地方高校艺术类专业人才创新能力培养研究[J].南宁师范大学学报,2022,(6).

[3] 张俊宗.新文科:四个维度的解读[J].西北师大学报,2019,(5).

[4] 赵奎英.试谈"新文科"的五大理念[J].南京社会科学,2021,(9).

[5] 郑石明.世界一流大学跨学科人才培养模式比较及其启示[J].教育研究,2019,(5).

[6] 孙江.跨学科与去学科:"新文科"的第一步从何处开始[J].探索与争鸣,2021,(10).

[7] 李鹏虎.从分科治学到科际融合:"入世式学术"视野下新文科建设的基本理路[J].黑龙江高教研究,2021,(11).

[8] 修南.面向新文科建设的教学改革研究[J].教育理论与实践,2022,(3).

移动互联时代全景浸入式口语传播人才培养模式探析

张苗苗　穆　洁　王文斌

（河北传媒学院新闻传播学院，河北石家庄 051430；
安阳学院音乐与传媒学院，河南安阳 455000＊）

摘　要：智能媒介技术对主持传播业进行智能化重塑，促进移动互联时代的口语传播人才培养模式的变革，口语传播教育者积极探索并重构多元教学新场景，使受教育者适应多模态场景传播。全景浸入式口语人才培养模式有充足的现实依据与理论依据，通过该人才培养模式的组织实施，实现多元化学习情境，凸显课程思政核心内容，强化受教育者个人价值引领作用，体现受教育者个人魅力，实现受教育者精博并重的口语传播能力。以此使受教育者能够达成自主、合作、探究的浸入式学习，通过多种维度纵深培养学生对所学知识的融会贯通以及建构立体动态的互联互通的人才培养模式，形成课堂、社会、新媒体三足鼎立的"教学—学习"矩阵——全景浸入式口语传播人才培养体系。

关键词：口语传播；人才培养模式；全景浸入；场景传播

一、全景浸入式口语传播人才培养体系的现实依据

AI 技术的发展改变了主持传播业发展格局。AI 技术赋能使受众"沉浸式"感受传播活动，人们所拥有的"在场感"与"沉浸感"由线上媒介建构而来，

＊　本文系河北省人力资源和社会保障研究课题项目"乡村振兴战略下高校应用型艺术人才创新创业服务水平提升策略研究——以播音主持为例"（课题编号：JRS-2023-1243）研究成果之一。

作者简介：张苗苗，女，讲师，硕士；穆洁，女，副教授，硕士；王文斌，男，硕士。

从而实现定制化服务理念。可见,"沉浸式"传播矩阵是智媒的特性。由此,营造"线上+线下""第一课堂+第二课堂"全景浸入式教学矩阵,大力创新人才培养模式对传统课堂的适配性,增强课堂的交互性、即时性。因此,创新口语传播人才培养模式的探索势在必行。

（一）AI技术重塑主持传播业发展格局

北京师范大学博士杨嘉仪说,人工智能正在颠覆人类传播,新闻业需要接受技术的锻造,在维护人类权利的基础上,更好地实现人机耦合,促进信息社会的发展。[①] 移动互联时代,主持传播的空间场景不断拓展与迁移,从而愈加趋向并呈现口语传播的性能,由传统的广播电视台等传播场景演变为具有人际化传播特征的辩论赛、体现团队协作力的问与答、凸显跨文化传播特性的中国式现代化宣介活动（主持）、以组织传播为目的的演讲活动以及传统的公共传播中新闻/人物评述等。同时移动互联时代智媒体发展迅猛,由于智能技术的不断更新,口语传播的空间与时间都发生了质的变化,例如随时随地可进行的基于智能技术而创建的虚拟口语传播场景,基于云计算等智能技术实现具有垂直化特性的个性口语传播场景,以及基于5G、自然语言处理等智能技术形成的移动口语传播场景。教育者为口语传播人才创设多元学习场景,以期使学生全景浸入学习场景提升其感受力,首先就是能够使其投入具身性实践场景,受教育者在人类与智能技术（设备）互动中提升并感受情感驾驭能力,在教育者为其创设的学习场景中,发挥口语传播人才在移动互联时代的综合实力。

（二）移动互联更新口语传播人才培养模式

移动互联时代,传播模式呈现网状和交互特性。网络直播带货主播、网络探店节目主持人、网络测评节目主持人等,这些新媒体节目的主持人在节目中不只是主持人的角色,还会是销售员、测评员、美食家等各种角色,这就要求主持人在具备复合型人才特质的同时实现垂直化与专业性。在口语传播人才培养模式中应增强个性化的训练和培养,生成开放式、交互式的语言场景,基于移动互联时代口语传播人才培养体系的融合发展,提升学生学习动能,使学生做到技术专业能力和基本专业能力两手抓,培养学生策、采、编、播、发五位一体的综合学习能力,形成学生个体的全景式发展。由此,基于学生个体在移动

---

① 杨嘉仪,杨雅.不止是"传声筒":AI合成主播的特征、趋势与进化逻辑[J].教育传媒研究,2019,(6):28-32.

互联时代的全景发展和口语传播人才培养目标的悄然变化,全景浸入式新型教学方式也是时代的必然趋势。

基于此,口语传播人才培养目标在移动互联时代呈现全景式新特性,最终呈现出以下五大培养方向,即"中国故事讲述人""中华文化传承人""中国式现代化宣介人""乡村振兴代言人""大国形象建塑人"。

二、全景浸入式口语传播人才培养体系的理论依据

(一)场景的决定力

在漫长的历史推演进程中,工具始终是人类发展的标志性符号。工具的使用导引着人类从蛮荒时代走向文明时代,工具的优化也成为人类构建更高级别社会制度的决定性力量。打造新型的教学模式,工具发挥着举重若轻的作用,以全景浸入式的新型教学理念注入口语传播人才培养新模式,场景作为一种工具起着决定性作用。故而,本文提出"场景工具论"的观点来探究场景的决定力,为全景浸入式新型人才培养模式赋能理论依据。究场景之文本含义,广泛用于戏剧影视学中,指代客观事件发生、发展和消亡的一切固定环境。罗伯特·斯考伯和谢尔·伊斯雷尔最早将场景用于传播领域,他们认为场景传播的到来依托技术的支撑。[1] 基于两者的理论观点,随着 5G＋4K＋AI 等移动互联技术的快速发展以及新传播模式的诞生,受众的体验感和个性化需求实现高度满足,场景传播得以深入应用并获得了普遍认知。

场景传播的实质也应当是特定情境下的个性化传播和精准服务。"场景工具论"认为,场景作为一种工具,对教学模式的建构有着决定性力量,即场景的决定力。将场景传播置于口语传播人才培养模式探究中,并视场景为一种教学工具,那么在不同的场景下,受教育者就能够体验到不同的教育模式,并在这种具备差异化的场景中,进一步地获得精准化、浸入式的教学服务,从而身临其境地感知教学过程。然而,单一的场景总会导致枯燥乏味的传播效果,打造全景浸入式的新型口语传播人才培养模式势必需要融合多种场景,而利用组合轴与聚合轴的双轴观念则可以很好地增强场景的决定力。

---

① 罗伯特·斯考伯,谢尔·伊斯雷尔. 即将到来的场景时代[M]. 赵乾坤,陈继东,译. 北京:北京联合出版公司,2014:11.

20 世纪 50 年代,雅柯布森提出了其对双轴的理解,并对双轴观念进行了系统阐释,认为:聚合轴可称为"选择轴"(axis of selection),功能是比较与选择;组合轴可称为"结合轴"(axis of combination),功能是邻接粘合。[1] 将场景视为一种教学工具,要发挥场景的决定力,就要将双轴观念应用于口语传播人才培养的过程中。在对受教育者进行提升口语传播能力的训练时,将组合轴观念融入具体教学过程,将教学实践与生产实践邻接粘合,为受教育者营造出像是在真实媒介平台工作的氛围情境,使受教育者主动转换课堂场景为媒介平台直播场景,以输出思维代替输入思维,从而构建起全景浸入式人才培养新模式,最大程度发挥场景的决定力。

(二)建构主义的推动力

教学过程中,教师与教师之间的授课习惯、学生与学生之间的学习倾向各有不同,往往会出现教师过于强势或学生过于被动等问题。依托移动互联技术的口语传播人才培养模式,使受教育者能够自由地操作软件,随时随地进行场景化学习与实践,并在课程结束后继续选择自己感兴趣的学习资源进行深入探究,能最大程度地激发受教育者的求知欲,为高效建构全景浸入式的口语传播人才培养模式提供强大的现实基础,而引入建构主义则可以事半功倍。故而,本文提出"身份重构"的观点来探究建构主义的推动力,为全景浸入式口语传播人才培养新模式赋能理论依据。

建构主义由瑞士心理学家让·皮亚杰(Jean Piaget)提出,其强调学习者在学习过程中的核心地位,并认为新知获取是学生在原有的科学知识、生活经验的基础上建构全新意义的过程。[2] 在学习过程中,受教育者不是知识的被动吸收者,而是意义建构的主导者,他们既主导着新知的吸收,又进行着已有知识的完善。发挥建构主义推动力的着眼点应在于教与学的身份重构,这种重构包含以下两个方面。一是基于场景的决定力,教师的身份应由课堂的主宰者转变为场景的创设者。教师对课堂的引导突出表现为对场景的预设,在不同场景下,学生的学习效果千差万别,教师要引导学生进入教学规定的情境,做学生学习的辅助者、实践探究的解惑者。二是基于建构主义的推动力,学生的身份应由被动的知识接受者上位为主动的知识探究者。在教师的引导下,学生在规定场景中自由组合、自主探索,以合作的形式促进知识的获取,实

---

[1] 赵毅衡.符号学原理与推演[M].南京:南京大学出版社,2011:160.

[2] 陈文秀.基于建构主义学习理论的翻转课堂教学设计与实践反思[J].广西广播电视大学学报,2021,(32):81-84.

现困难的解决。通过建构主义对教与学的身份重构,为建筑全景浸入式的人才培养模式提供强大的推动力,在与场景传播的结合过程中,促成"移动互联+场景+教学""移动互联+互构+教学""移动互联+场景+互构+教学"三种全新的人才培养模式。

三、全景浸入式口语传播人才培养模式的组织实施

在口语传播人才培养过程中,以"言之有物""言之有情""言之有理""言之有思"四步走战略为主要目标,梯度化实现学生口语传播能力的提升,助力实现移动互联时代下口语传播人才培养目标。

(一)言之有物:宽基础、厚素养

统筹移动互联时代媒体资源,传播思政核心内容。智媒时代口语传播人才培养目标已经悄然发生变化,例如当下口语传播人才培养目标之一"中国式现代化宣介人",着力培养学生挖掘中国式现代化特征,拓宽学生基础知识层,结合移动互联时代下特定口语传播场景,提升学生能够代表国家形象的国际化沟通能力、爱国情怀,从而实现中国式现代化宣介人的培养目标。移动互联时代网络媒体资源甚是丰富,口语传播教学过程中课程案例库不断呈现多元化趋势,为学生不断夯实学习基础提供强有力的支撑。但伴随着碎片化和娱乐化的媒体特性,在教学过程中需要不断运用思政元素消解网络媒体的娱乐化,达到思政育人的效果。在增强学生的职业素养层面,要突出媒体人塑造价值的能力,引领传播过程中的社会主流价值观,增强学生的责任感。

陈贝儿在其《无穷之路》中充分运用传媒人的第一视角,用中国式现代化方式讲好中国故事,向全世界讲述了中国在脱贫攻坚过程中的历史性成就,全方位展现了传媒人口语传播的感召力。这是移动互联时代下口语传播人才培养过程中丰富案例库中不可或缺的案例。在此教学案例的分享过程中,通过价值塑造为学生创设浸入式情境,教师需要不断挖掘学生的人格化口语传播特征,以此形成带有强烈个人鲜明特征的"IP",全方位调动学生的"非理性思维",突破单一固定的传播模式,让学生充分发挥自身的创造性和能动性。在网络媒介平台为学生快速搭建"拟职业态"的网络传播矩阵中适用教学的传播场景,扩大学生学习的时间范围和方式,以确保口语传播人才培养体系中阶段性目标"宽基础、厚素养"的顺利实施。使学生成为所从事领域的"反思批判

者"和先进技术的"主动驾驭者",而非媒介宰制下和技术裹挟下的被动改变者;应促使学生成为有灵魂、有情怀、有担当的"伦理把关者"和"价值守护者",用正确的导向、先进的文化来疏解智能传播场景中可能出现的隐私泄漏、信息茧房、算法偏见等一系列问题。①

(二)言之有情:谋多元,求创新

创新移动互联时代拓展形式,强化价值引领作用。随着智媒时代的到来,中国的口语传播人才培养以"中华文化传承人"为目标的重要地位日益凸显。在我校"口语传播实务"课程的教学过程中,教师团队培养学生对于中华文化的传承能力,通过"振兴乡村经济公益直播带货项目"拓展移动互联时代的移动教学场景,由传统的线下课堂转型升级为线上直播带货的真实的移动场景传播,使学生通过对"栾城紫麦""玉露香梨""赣南脐橙"等农产品进行多元且带有鲜明个性的介绍,实现对接振兴乡村经济的价值塑造,这是强化课程思政的有力举措,并由此实现润物细无声般的思政育人。此举旨在激励学生谋求多元、实现创新,并且确保学生在"振兴乡村经济公益直播带货项目"的口语传播过程中,能够与中国式现代化发展进行强链接,在移动互联时代强化学生在网络媒介平台中对中华文化的传承能力。

就口语传播而言,场景传播能力意味着学生能够感知甚至深谙不同场景特点和用户行为特征,并以有声语言的形式迅速传播与用户需求相适配的信息或服务。② 在 5G、人工智能、虚拟现实、云计算等智能技术赋能下,教师可以在教学过程中为学生营造沉浸式场景,高校口语传播教学过程中可以为学生拓展视觉观感,使学生在学习过程中可以更加快速提升学习兴趣,主动成为知识探究者,不断挖掘口语表达新要素,从而实现口语传播过程的创新,在"拟人际化"传播过程中,实现"中华文化传承人"的人才培养目标。

(三)言之有理:强能力,重技能

重视移动互联时代具身实践,凸显个人价值魅力。智媒时代口语传播人才培养目标之一是培养学生讲好中国故事的能力,即"中国故事讲述人"。迈克尔·波兰尼(Michael Polanyi)将人类的知识分为显性知识和隐性知识,显性知识能够通过一定符号系统而表述,隐性知识则是在长期实践中不断积累

---

① 廖祥忠.未来传媒:我们的思考与教育的责任[J].现代传播,2019,(3):6.

② 陈虹,杨启飞.基于场景匹配的口语传播:智媒时代之播音主持教育[J].现代传播,2020,(6):168.

形成的情境化、个性化、难以被编码的知识。① AI 主播已成功掌握显性知识的部分,如果受教育者还在显性知识领域停滞不前,则很容易被 AI 主播取而代之。由此,隐性知识的掌握才是口语传播人才培养体系中最能实现受教育者自身价值的部分,而隐性知识大多是由具身的实践所得。

我校"口语传播实务"课程的理论课程与实践课程的配比为 22:42,除了常规的教学大纲外,本课程还制定了实训大纲,在实训大纲中以"赛事化"形式体现实践内容,例如"金石榴"杯辩论大赛、"金石榴"杯演讲大赛、"金石榴"杯口语传播能力大赛、"振兴乡村经济公益直播带货项目",以及口语传播实务课程公众号的运营等。增设实训大纲,加大实践类课程的比例,目的是将知识的传授与习得场所延展至具体的赛事情境中,实现以赛促学,助力隐性知识的累积。在实践中受教育者摆脱机械化、程式化口语传播样态,培养其凸显自身价值的口语表达,这就要求受教育者在海量信息中选取、甄别、解读有效内容,提升话语的质量,将信息整合后有效传播给用户。而这个过程其实就是"讲好中国故事"的务实。

(四)言之有思:跨学科,阔视野

践行移动互联时代新文科理念,实现口语传播人才的精博并重。口语传播人才培养应促进移动互联时代学科交叉,体现教学新文科理念。智能技术已经成为口语传播不可分割的一部分,寻求人类与技术共生之策略,是口语传播人才培养模式创新发展的必经之路。场景传播实质上就是特定情境下的个性化传播和精准服务。② 我校在口语传播人才培养过程中,致力于冲破藩篱,实现将作业转型升级为移动互联时代的产品,为学生建构真实的传播场景,提升学生"策采编播发"五位一体的综合传播能力。学生身处移动互联的智媒时代,理应对云计算、大数据、区块链、5G 等智能技术的运行机制与方式有更多了解,当代大学生日常生活早已被 AI、VR、AR 等智能技术环绕,传统的口语传播人才培养模式中包含的艺术学、现代汉语、媒介导论、新闻传播学、中国语言文学等基础学科已不能满足移动互联时代口语传播人才培养的需求。要在此基础上冲破固有模式,拓宽教育者和受教育者的学习视野,使其由技术使用者上位为技术追踪者,那么在创新口语传播人才培养模式过程中就要基于各

---

① 迈克尔·波兰尼.个人知识——迈向后批判哲学[M].许泽民,译.贵阳:贵州人民出版社,2000:379.

② 蒋晓丽,梁旭艳.场景:移动互联时代的新生力量——场景传播的符号学解读[J].现代传播,2016,(3):12.

类智能技术,增设人工智能概论、智能数据分析与处理等科学类相关学科,帮助学生尽早实现与用户进行超越空间和时间的多元化互动,从而更好地实现人机协同。而为了更好应对信息窄化、信息茧房等效应,在口语传播人才培养体系中还应吸纳心理学、伦理学以及思维逻辑学方面的相关内容。

　　我校自 2022 年起实行"8＋6"式教学模式,即本科阶段的 8 个学期和本科阶段大学一年级至三年级的 6 个寒暑假,除了正常教学活动的 8 个学期外,加大了寒暑假的实践内容,以"小学期""寒暑假作业"等形式与教学活动形成强链接,实现第一课堂和第二课堂的协同发展,以期通过加大第二课程的实践效应,实现对于口语传播人才"复合型"＋"专家型"并重的人才培养体系。例如在 2022—2023 学年大学二年级的寒假作业中,就基于读书的厚素养基础,提升了口语传播实践类目:读书节目、演讲作品、书目选段的朗诵。受教育者自行选择传播场景进行传播活动:直播(移动场景)、解说(虚拟场景)、短视频(个性场景)等,实现精博并重的口语人才培养的诉求。

四、结　语

　　口语传播人才培养新模式充分运用全景浸入理念,是移动互联时代发展的必然结果,充分运用场景的决定力和建构主义推动力增强教学致效。在新文科理念视域下,此举可以充分实现口语传播人才培养目标。但是,在 AI 技术与网络媒介平台的快速发展中,要秉持科学化和可持续化的教学理念,把人才培养新模式科学、合理、客观地运用于教学过程,谨防线上教学过程的程式化与娱乐化。

参考文献

[1] 彭兰.新媒体用户研究——节点化、媒介化、赛博格化的人[M].北京:中国人民大学出版社,2020.

[2] 高贵武,杨航.AI 主播与主持传播中的人格进化[J].青年记者,2019,(8).

[3] 林阳,徐树华.主播说联播:媒体融合进程中的主持传播研究[J].北方传媒研究,2021,(4).

［4］申林,史文思.融媒体环境下时政新闻主持人的媒介形象塑造——以央视主持人康辉的 Vlog 为例［J］.传媒,2020,(5).

［5］爱德华·E.史密斯,斯蒂芬·M.科斯林.认知心理学:心智与脑［M］.王乃弋,罗跃嘉,等译.北京:教育科学出版社,2017.

［6］张厚粲,许燕.心理学导论［M］.北京:北京师范大学出版社,2019.

双重身份的焦虑：播音专业的科研现状与路径选择

林玉佳　王　鑫

（四川外国语大学新闻传播学院，重庆沙坪坝 400031；
西南石油大学计算机科学学院，四川成都 610000）

摘　要：播音与主持艺术专业经历了半个多世纪的发展，已经形成了独特的学科脉络，成为具有中国特色社会主义高等教育中独树一帜或别具一格的艺术专业，为我国的传播事业与媒体行业培养了大批优秀的人才。不过，反观播音与主持艺术的科研层面，虽在近 20 年中有所突破，但仍然面临诸多困境，高校教育从业人员在"实践"与"科研"的双重压力下，无法为自身进行清晰的定位，产生了事业中的身份焦虑。本文以中国知网为学术论文搜索引擎，统计了 2000 至 2021 年 21 的播音学术论文，对 512 篇北大核心论文进行了深度分析，并利用质化访谈的研究方法，对 10 名高校播音与主持艺术专业的青年教师进行深度访谈调查，从访谈内容和数据统计中总结播音与主持艺术专业科研的发展路径，以此缓解高校教育从业人员的身份焦虑，为专业建设提供策略参考。

关键词：播音主持；科研论文；核心期刊；青年教师

一、问题的提出：播音专业的核心与实质

播音与主持艺术专业是伴随着我国广播电视事业的发展而一步一步完善与调整，逐渐成为国内高校中一个独特的艺术类专业，具有鲜明的中国特色。如果说需要借鉴西方的学术理论资源，来自美国、与之相近的口语传播学（speech communication）就成为我们关照的重点。与播音与主持艺术专业不同，口语传播学起源于公元前 4 世纪左右，古希腊所推崇的"修辞学"

(rhetoric),原意为演讲的技术,而台湾学者林静伶将其阐释为"语言艺术"(台湾部分学者将修辞翻译为"语艺"),它的核心是说服。^① 而进入现代高等教育时期,修辞学逐渐发展为口语传播的实践与理论核心。18 世纪,哈佛大学就已经开设演讲与修辞的相关课程。1948 年,全美有 430 所高校开设了"演讲学系",占当时大学总量的一半以上。而到了 20 世纪 90 年代,全美有超过100 所高校能够授予"口语传播"的硕士或博士学位。^② 由此,我们可以发现,口语传播已经成为美国高等教育中一个建制相对完善的专业,对我国的播音专业建设应该颇具借鉴意义。

相比之下,我国播音专业的创建相对较晚。1963 年,由于中央人民广播电台对于播音员的大量需求,北京广播学院(现中国传媒大学)正式招收播音专业的专科学生,这成为我国第一个中文播音专业(大专),1977 年开始升为本科,1980 年建立播音系和硕士学位授权点,1999 年开始招收语言学及应用语言学"中国播音学"方向博士生。^③ 短短 36 年,播音与主持艺术专业完成了从专科到拥有博士授权点的艺术专业的蜕变,走完了口语传播学几个世纪的发展道路。20 世纪末,我国的广播电视与互联网媒体得到飞速发展,随之而来的是播音专业人才的第二轮短缺,由此,各大院校出现播音与主持艺术专业的办学热潮,保守估计,全国各大开办播音与主持艺术专业的高校已突破 300所,成为近年来最热门的艺术报考专业之一。同时,我们也更应该看到其背后的隐忧,如师资严重短缺、教学脱离实践、媒体需求严重饱和等。

专业发展的问题与困境已经逐步显现,但笔者认为,我们观察的重点并非在学生的培养上,大学专业的发展应该要观照到整个学科的理论建设。播音与主持艺术作为一门本就脱胎于应用实践的学科,理论建设屡弱也就不足为奇。正因如此,我们需要站在理论的高度去看待学科建设与发展,如美国的口语传播学也是借鉴了修辞学的理论基础,从 18 世纪的演讲学开始,逐步发展为传播学中的重要分支。而作为中国特色的播音与主持艺术专业,重视学术理论的建设,则可以为我们重新搭建起学科框架。笔者在论文写作之前,对几个高校播音与主持专业的专业教师进行了访谈,从他们共同的焦虑中,笔者总结出教学与科研的双重压力。作为一门实践学科,播音与主持艺术专业的教

---

① 秦琍琍,李佩雯,蔡鸿滨.口语传播[M].上海:复旦大学出版社,2011:3-5.

② 夏春祥.在建制化与数字化之间:口语传播的人文主义追寻[J].现代传播(中国传媒大学学报),2016,(7):20-24.

③ 吴郁,曾志华.播音主持专业人才培养研究[M].北京:中国传媒大学出版社,2009:6.

师需要大量时间亲力亲为指导学生参加实践,而高校的评价体系又多以科研绩效为准绳,由此,大量专业教师无法晋升,也导致整个专业的后期发展出现乏力的状况。

二、研究方法与基本情况

本文选取 CNKI 数据库中的核心期刊,以"播音主持"为关键词进行检索,共获得 587 篇学术论文,其中有 68 篇为新闻报道,7 篇为 2000 年以前发表,最终获得本世纪发表的 512 篇论文,并以此为研究的样本。

需要说明的是,首先,检索截止日期为 2021 年 11 月 5 日,即论文区间落在 2000 年至 2021 年 11 月 5 日。其次,检索设定为核心期刊,因为中文社会科学引文索引(CSSCI)仅能检索到 200 余篇,样本数量过少;而不设定来源类别,所有期刊总和又达到 7000 余篇,样本数量过大,所以来源类别设定为核心期刊,最终得到的样本数量比较合理。最后,笔者对发表时间、关键词、作者、作者单位、期刊名称、被引用、被下载、课题情况做了统计,将会在文章中予以呈现与说明。

此外,笔者选取了 10 名在职的高校播音与主持艺术专业青年教师作为访谈对象,对他们在从教过程中的科研与教学压力进行了详细了解。受访者年龄分布为 25—38 岁,职称方面仅一人为副教授,讲师 5 人,助教 4 人;学历方面,没有已获得博士学位的受访者,3 位受访者正在攻读博士学位,6 人为硕士,1 人为本科;供职院校方面,包括 1 所 211 综合类本科院校,5 所普通本科院校(其中传媒类院校 2 所,艺术类院校 1 所),3 所民办类本科院校,1 所民本类专科院校(见表 1)。

表 1　访谈对象基本信息

序号	姓名	年龄	工龄	职称	学历	最后学历学校	供职院校
1	赵□	38	10	讲师	博士在读	世新大学(台湾)	本科
2	段□	36	10	副教授	硕士	中国传媒大学	本科
3	彭□	31	4	讲师	硕士	西南大学	本科
4	郭□□	30	4	讲师	硕士	西南大学	本科 211
5	黄□	33	6	讲师	硕士	重庆大学	本科

序号	姓名	年龄	工龄	职称	学历	最后学历学校	供职院校
6	宋□□	33	1.5	助教	博士在读	吞武里大学(泰国)	艺术本科
7	李□	27	0.5	特聘讲师	博士在读	武汉大学	民办本科
8	李□	27	1	助教	硕士	中国传媒大学	民办本科
9	姜□□	25	0.5	助教	硕士	南昌航空大学	民办本科
10	姜□□	27	3	助教	本科	四川外国语大学	专科

三、播音与主持艺术专业的科研现状

(一)论文数量逐步提升

1995 年,时任江西昌都县广播站播音员黄喻绯在《声屏世界》发表第一篇被中国知网收录的"播音主持"核心论文,随后几年这一主题并未引起更多学者的关注,直至 1999 年,出现了零星的一些相关研究。而从 2000 年开始(见图 1、表 2),播音与主持的相关科研论文出现了质的飞跃,除了 2000 年、2002年、2003 年发表量为个位数以外,其他年份都突破 10 篇,并在 2007 年达到 29篇,并在之后一直保持在 20 篇以上。笔者认为,发文量每一次的增长都与学科建设与媒介发展有密不可分的关系。第一次是全国各大院校大规模组建播音与主持艺术专业的时期,这一阶段以"播音教学"为主要研究议题;第二次是从电脑到手机的媒介接触的变革,这一阶段以"新媒体"为主要研究议题;第三次则是互联网科技革命的关键时期,这一阶段以"人工智能""融媒体"等为主要研究议题。

(二)论文主题关注学科建设与播音教育

从以上论文中,可以总结出学者们讨论的热点。2009 年,张颂教授在《现代传播》发文,回顾了播音专业的 30 年发展,并提炼了这项事业在大发展、大规范、大飞跃、大提升中所取得的经验和探寻到的规律,包括导向意识的明确、规范意识的突出、话语样式的丰富以及专业队伍的壮大,在此基础上明确提出了深化特色意识的有效途径。① 这篇论文在新媒体迅速崛起的当下为播音主

---

① 张颂.回眸播音主持专业 30 年[J]. 现代传播(中国传媒大学学报),2009,(1):113-116.

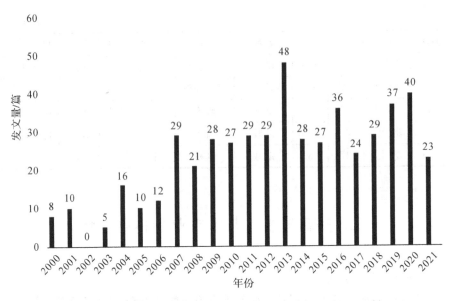

图 1　2000—2021 年"播音主持"核心期刊发文量统计

持专业的发展奠定了基调。针对培养什么人、怎样培养人这一主题，鲁景超教授在其论文中提出，虽然现在已经是和平时期，但播音员主持人仍然应该发扬老一辈恪尽职守、不辱使命，用声音传播真理的革命精神。① 随着新媒体时代的到来，播音专业应该如何发展、怎样建设？罗幸教授认为，播音主持专业应该因应媒体的发展，这样才能使播音学子适应不断变化的广播电视媒体环境②，这也是较早开始系统讨论新媒体时代播音主持教育发展的论文。

表 2　2000—2021 年"播音主持"核心期刊下载与引用统计

序号	作者	期刊	时间	论文	下载	引用
1	姚喜双，李桃	《语言文字应用》	2012（05）	试析网络视频主持人语言规范问题	2441	44
2	曾志华	《现代传播》	2007（02）	中国电视节目主持人文化影响力命题的提出及思考	1852	41

① 鲁景超.关于播音主持人才培养模式的思考——写给"纪念人民广播播音七十年"[J].现代传播（中国传媒大学学报），2011，（4）：132-135.

② 罗幸.新传媒时代传媒人才培养模式分析——以播音主持专业为例[J].社会科学家，2011，（9）：161-163.

续表

序号	作者	期刊	时间	论文	下载	引用
3	张颂	《现代传播》	2009 (02)	回眸播音主持专业 30 年	1762	32
4	罗幸	《社会科学家》	2011 (09)	新传媒时代传媒人才培养模式分析——以播音主持专业为例	1661	74
5	鲁景超	《现代传播》	2016 (04)	传媒变局对播音主持人才培养的影响和要求——基于对中国传媒大学毕业生的问卷与访谈	1507	48
6	李洪岩	《现代传播》	2013 (08)	多维传播语境中播音主持的功能与拓展	1462	65
7	鲁景超	《现代传播》	2011 (04)	关于播音主持人才培养模式的思考——写给"纪念人民广播播音七十年"	1359	37
8	金重建	《现代传播》	2014 (09)	论电视播音主持副语言创作的功能与规律	1346	43
9	姚喜双	《语言文字应用》	2012 (05)	播音员、节目主持人的语言评价	1209	33
10	毕一鸣	《现代传播》	2007 (12)	关于播音主持专业学科定位的思考	1157	52
11	栾洪金	《当代传播》	2008 (07)	我国播音主持专业教育现状思考	1149	45
12	战迪	《中国电视》	2011 (11)	试析当今语境下播音主持语言艺术的特征	740	49
13	周浩	《江西社会科学》	2012 (05)	传媒视野下播音主持艺术的要素分析	465	46

除此之外,诸多作者探讨微观层面的教学议题。例如,从高校层次划分,荆跃认为,应突破学院派艺术教育传统,把艺术教育培养的目标规范在市场对

播音艺术人才复合型知识结构的需求上来,才是民办学院的正确发展道路。① 从地域划分,赵娅军经过调研认为,陕西省部分传媒院校播音主持专业的教育目标与媒体一线的要求存在差距,进而提出了提高办学层次、增加生源竞争力、建设高素质和高水平师资队伍,并创新课程设置与教学方法的对应策略②;王黎明和孙会婷就内蒙古高校间人才培养与学科建设走向进行了分析,认为提高地区播音主持艺术教育发展水平,打造高等教育与专业人才输出的良性循环是当务之急。③ 从学界、业界名家切入与划分,如深入分析吴郁教学体系中"教师"与"课程"的关系,并对吴郁探索建构的主持课程进行深入的阐释④;谈伟华和姚喜双认为,齐越老师播音创作中的编辑意识,即使放在当今这个融媒体时代,仍有极高的学术和实践价值⑤;彭远方等对中国第一代播音员葛兰的播音主持教育体系进行了梳理,认为其特点是"高、全、长、活"。⑥

总体来说,作者们从宏观和微观两个视角,探讨了播音主持专业半个多世纪的历史脉络,从不同的主题切入,为播音主持专业今后教育发展提供了策略。但值得关注的是,大量论文集中于教学,对于播音主持专业的研究维度有一定的制约,大部分作者局限于播音教育,特别是播音的高校教育研究,缺乏理论高度,视野上也受到限制。

(三)一流专业院校实力凸显

2020 年,又有 8 所高校的播音与主持艺术专业获批国家一流专业,这 8 所分别是华东师范大学、浙江传媒学院、重庆大学、陕西师范大学、浙江工业大学、山西传媒学院、四川电影电视学院、山东青年政治学院,加上第一批获批的中国传媒大学,目前全国共有 9 所播音与主持艺术一流专业高校。

从发文单位统计来看,中国传媒大学播音主持艺术学院以 67 篇高居第一位,浙江传媒学院播音主持艺术学院以 24 篇排名第二。中国传媒大学和浙江

① 荆跃.民办艺术学校成才的绿色通道——艺术专业边缘化教育结构的探索[J].瞭望,2003,(11):88-90.

② 赵娅军.山西省播音主持专业教育现状分析[J].教育理论与实践(学科版),2012,(32)36:21-22.

③ 王黎明,孙会婷.内蒙古"播音与主持艺术专业"(汉授)本科教育人才培养现状调查与思考[J].内蒙古师范大学学报(教育科学版),2024,27,(11):101-103.

④ 高祥荣.教师即课程:吴郁播音主持教育艺术研究[J].传媒,2020,(15):94-96.

⑤ 谈华伟,姚喜双.齐越播音创作的编辑意识及其现实意义[J].中国广播电视学刊,2020,356(11):95-98.

⑥ 彭远方,郭雪莲,姚晓莼.葛兰播音主持教育实践 40 年研究[J].中国广播电视学刊,2019,(5):72-75.

传媒学院是我国最早开设播音与主持艺术专业的高校,如今也一直在全国高校中保持专业优势。这两所高校不仅在播音主持教学培养体系上处于全国领先,在科研与论文发表上也稳定保持在全国前两位。浙江工业大学以 9 篇排名第三,天津师范大学新闻传播学院以 7 篇排名第四,广西艺术学院影视与传媒学院、中国社会科学院研究生院均以 5 篇的发文量,并列第五。

从数据中也可以看出(见图 2),一流专业的高校在发文量上还是有一定优势的,除了前文中提到的中国传媒大学和浙江传媒学院,如浙江工业大学、山东青年政治学院、重庆大学美视电影学院,都跻身前十。同时也应该看到,或许部分高校教师发表的论文并非"播音主持"的相关议题,但从浙江传媒学院的 24 篇开始发文量断层,说明各大高校对于播音主持科研论文写作并不重视。以重庆大学美视电影学院为例,从 2001 年开设播音与主持艺术专业,至今已有 20 年历史,但相关议题的核心论文产出仅为 3 篇,这样的科研现状的确值得我们关注。

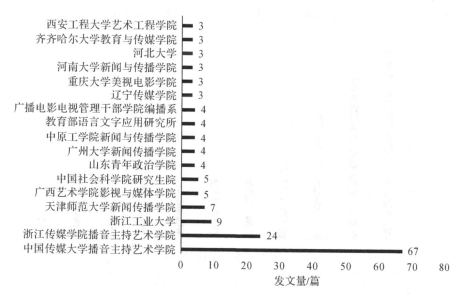

图 2　2000—2021 年"播音主持"核心期刊作者单位统计

(四)发文期刊单一

2011 年,国务院学位委员会决定将艺术学升格为学科门类,戏剧与影视学也升格为一级学科,播音与主持艺术专业被划入广播电视艺术学范畴,硕士毕业授予艺术学硕士学位。同年,播音与主持艺术专业本科毕业不再授予文学学士学位,改为授予艺术学学士学位。现如今,播音主持专业的隶属问题仍存在争议,国内各大开设播音与主持艺术专业的学校对该专业的划分也有所差异。部分高校将该专业划入新闻传播学院,部分则归入艺术(或电影、电视)学院,因为归属的差异,专业的课程设置、培养方案也就大不相同。

与之相似,核心期刊也对专业领域进行了划分,纵观这 512 篇作为论文的样本(见图 3),笔者发现,以发表在新闻传播类的期刊上为主,发文量前十的期刊(一共 11 种,有并列)有 8 种为"信息与传播、新闻学、新闻事业"大类。此外,2 种来自"广播、电视事业"大类,1 种来自"语言学/汉语/中国少数民族语言"大类。总体来看,发文的期刊类型比较单一,未涉及"戏剧艺术""电影、电视艺术"大类,同时,样本中多数论文都讨论到播音教育的问题,前十的发文期刊中却没有教育类的期刊。笔者注意到,除发文第一的《中国广播电视学刊》83 篇外,第二名《现代传播》为中国传媒大学学报,播音与主持艺术专业又属于该校的优势学科,21 年间一共发文 76 篇。第三名为《青年记者》,因其一月三刊,发文总量大,所以播音主持议题的论文发表量达到 58 篇也不意外。

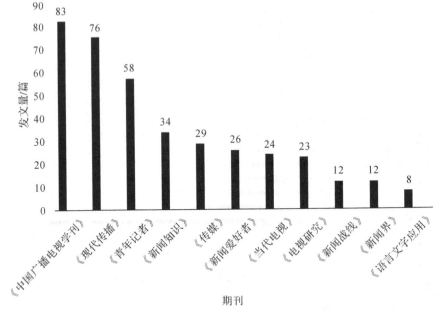

图 3 2000—2021 年"播音主持"核心期刊发文量统计

(五)学术研究集中度不佳

一个领域的学术研究,需要学者花费大量时间去潜心钻研,而因播音主持的专业特质,使高校教师在不停地追赶媒介发展的脚步,以致于对于一个领域的探究不够深刻。笔者发现,部分作者虽在近些年有不错的发文数量,但所研究的领域过于宽泛,如去年还在对电视新闻节目进行探讨,一年后就转战新媒体短视频的研究。中国传媒大学的张政法教授的学术研究就始终以播音主持教育为核心,先后在核心期刊发表了多篇与之相关的论文,如 2018 年发表《播音主持学科理路:理念、定位、结构》、2017 年发表《正本清源:口语传播教育的三重维度》、2016 年发表《新生态下播音主持教育的适应与调整》。而在此之前,张政法教授更多从事主持人影响力研究,如 2014 年发表《大众传播影响力实现路径的多维解析》、2013 年发表《语言传播主体影响力的评估与管理》《播音员主持人文化影响力的路径、机制与特点》《语言传播主体影响力构成解析》《播音员主持人专业影响力解析》。可以看出,成熟的学者 2—3 年间基本只做一个议题方向的研究,这样更容易产出优秀的论文成果。

　　当然,如果能成功申请高级别的课题项目,也可以为学者提供更好的科研支持,间接促进学术研究的集中与统一。如今,发表在核心期刊上的学术论文大部分都带有各级别的课题项目,但在播音主持领域,这一成熟的操作机制却并未完全普及。笔者发现(见图4),作为样本的 512 篇论文中,带有国家级课题标注的论文仅 34 篇,不到总数的 7%,即使算上省部级和校级课题项目,论文的课题附带率仅为 22.85%,这在其他专业领域是很罕见的。

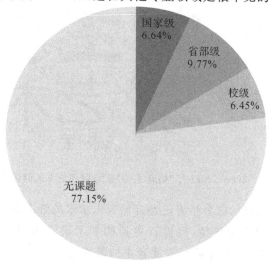

图 4　2000—2021 年"播音主持"核心期刊论文所属基金来源统计

（六）过少关注媒介发展

从 512 篇核心期刊的关键词来看（见图 5），排名前十位的分别是：播音（158 次）、播音主持（110 次）、培养（45 次）、专业（42 次）、主持人（42 次）、教学（38 次）、艺术（32 次）、人才（27 次）、传播（25 次）、电视（23 次）。第一次出现以"新媒体"为关键词的论文是 2013 年赵娜发表的《新媒体背景下高校播音主持专业教学研究》，在此之后，陆续出现了 5 篇论文，在关键词中将"新媒体"纳入其中。即使算上如"新媒体时代""新媒体技术"等以"新媒体"字样为核心关键词的论文，一共也仅为 10 篇。不得不说，不管是新闻传播类，还是戏剧影视类，对于新媒体的相关学术研究已经相当普遍与成熟，但作为播音主持方向的核心论文，我们的作者却对此兴趣平平，从排名前十的关键词中可以看出，我们更多地将传统媒体与传统节目主持人作为学术研究的重点，更多精力放在如"播音"这样的专业传统领域，或是如"电视"这样的传统媒介上，再或是如前文中所提到的，更多关注播音主持专业的建设与课程的教学。

图 5　2000—2021 年"播音主持"核心期刊论文关键词统计

我们也应该看到，部分学者已经开始走出学术的舒适圈，依托于媒介技术的变迁，以相关理论为支持，将播音主持的学术研究拓展到更宽阔的面向。2017 年 11 月，翁佳发表了第一篇播音主持领域与"人工智能"相关的论文，题为《智能语音技术对播音主持与行业影响探究》，详细论述了智能语音技术及其背后的国家战略、资本力量，研究智能语音技术与播音主持专业的关联性应用场景以及它给播音主持专业和行业带来的影响,探讨"人工智能＋播音主持"的发展方向。① 此后,陆续有多位学者开始发表与"人工智能"相关的论文,截至目前,样本统计中已有 6 篇是以"人工智能"为关键词的论文。

四、青年教师的科研焦虑

通过对 10 位受访者的深度访谈,笔者认为,作为一门实践性很强的专业学科,播音与主持艺术专业在近半个世纪的人才培养中,长期忽视学术理论与能力的训练,但高校的职称评级制度又依托于论文发表量与科研学术成果,导致大部分播音主持专业教师都无法在职称上有所精进,由此产生教学、科研、实践等多种身份焦虑。

播音与主持艺术专业的高校教师究竟是怎样看待自己的? 在访谈中,他们认为自己和学生更像是师徒关系,因为播音主持艺术专业在技能训练上有很大一部分传承于中国的戏曲,而中国的技艺传承有着师徒角色独特的文化价值观念②,这也较大地影响了教师对于自己的身份认同。卡斯特认为,认同是人们获得其生活意义和经验的来源,它是个人对自我身份、地位、利益和归属的一致性体验。③ 王莹认为,认同不仅仅是简单的个人心理过程,它反映了个人与社会、个体与集体的关系,身份建构是一个过程,是不断变化而非一成不变的,对认同的研究要放在一定的情境中来考察,既考虑到历史文化的影响,也要注意当下具体社会结构、社会情境的制约。④ 所以,笔者认为,播音与主持艺术专业作为中国特色的高等教育学科,有着其独特的历史与现实情境,播音主持的高校教师是这一领域的科研主力军与开拓者,他们的身份焦虑也来自独特的学科属性与现实的自身状况。从目前的访谈中,笔者基本能确认,这样的焦虑已经成为高校播音主持专业教师,特别是青年教师中的普遍现象。

(一)专业的技能型传统

播音与主持艺术专业建立之初,是为了解决 20 世纪 60 年代国家广播电

---

① 翁佳. 智能语音技术对播音主持专业与行业影响探究[J]. 电视研究,2017,(12):57-59.

② 王文艳,殷航. 师徒关系与职业认同:基于播音主持艺术专业实习生的研究[J]. 现代传播(中国传媒大学学报),2020,42(8):164-168.

③ 曼纽尔·卡斯特. 认同的力量[M]. 2 版. 北京:社会科学文献出版社,2006:5.

④ 王莹. 身份认同与身份建构研究评析[J]. 河南师范大学学报(哲学社会科学版),2008,(1):50-53.

视播音员短缺的现实困境，当时的北京广播学院于 1963 年开始招收中文播音大专班学生，由此为播音与主持专业奠定了学科的技术型属性。随着广播电视媒体事业的高速发展，在此后的半个世纪，播音与主持艺术专业也逐渐壮大，但专业虽然有大量的教学实践积累，却一再忽视专业的学科理论建设，如受访者 5 谈到的那样，目前很多高校播音专业的教授，都是由业界转聘过来的。

> 我们学院一位老师，原来在电视台评了主任播音员，后来到我们这里工作，学校认定了他在台里的专业技术职称，认同了他之前的相关成果，然后就评为了副教授。我个人不反对，因为我们就是一个实践性的专业，包括我们学校的表演专业，同样聘请了相关话剧团的一级演员、一级导演，也认定他们为教授职称。

（受访者 5，男，讲师，33 岁）

作为艺术专业，我们当然应该鼓励学生多参加专业实践，而在这个过程中，势必需要业界的导师进行专业性的指导。但我们同时忽视了一个重要的核心问题，众多学科的发展有着教授指导青年教师完成科研工作的传统，但在播音专业中，这一部分从业界转聘过来的教授，却无法在学术科研上发挥其应有的带头作用。

> 目前来看，我们整个教研室的科研能力都很欠缺，没有组团科研的机会。其实我们在师资配置上还是不错的，但很多的教授、副教授，或者资深的老师，基本是一线经验比较多，学术能力本来就不强，我们作为青年教师，也更无从下手。

（受访者 10，女，助教，27 岁）

除了高校播音专业的教授们大都以实践见长，缺乏科研能力，无法系统指导青年教师开展学术研究以外，超负荷的本科教学工作量也让很多青年教师自顾不暇。特别是一些民办本科和专业院校，青年教师的周课时量甚至可以达到 30 课时甚至以上，一周五天均忙于授课，几乎没有时间对播音的学术研究作出贡献。

（二）期刊覆盖率低

在 2020 年北京大学"中文核心期刊要目总揽"中，与播音与主持艺术相关的期刊类型有三类，其中"文化理论/新闻事业"收录了 11 本期刊，"广播、电视事业"收录了 2 本期刊，"出版事业"收录了 11 本期刊。但作为艺术学中一门重要的专业学科，并没有一本专门为其刊发优秀学术论文的期刊，这显然不利于学科的发展。从前文中统计的数据中我们也可以发现，发文量前三种的期刊分别为《中国广播电视学刊》《现代传播》与《青年记者》，其中前两本期刊曾多次为播音与主持艺术方向的论文开设专栏，所以积攒了一定的发文量，而其他期刊则对播音方向的论文鲜有问津。在访谈过程中，也有受访者谈到，论文写好了却不知道往哪里投稿，直言播音与主持艺术专业在学术界的存在感太低。

我们播音专业现在比较尴尬的就是没有自己的学术期刊，我们发的无非就是新闻传播类的期刊，广播电视类的很难发（期刊总数太少）。这其实是一个学术集中度的问题，我觉得近些年播音主持学术发展还是很多元，但缺少一个主流的阵地，说不好听点，就是专业的存在感太低。

（受访者2，女，副教授，36岁）

这位受访者在高校已经工作10年，访谈中最多提到的就是播音专业可以去研究的议题太多，但相反，这也让播音的学术研究过于分散。没有一本专门的学术期刊能真正对口播音专业，而大部分相关学科的学术期刊又很少为播音主持议题开辟专栏，导致播音专业缺乏一个学术阵地，间接也阻碍了其专业学术的发展。

（三）教师学历低，职称晋升困难

虽然在受访者中有2位在高校工作已超过10年，但在学历方面，仅有3位为博士在读，其余均为硕士及以下学历，这在高校的其他学科专业中是极为罕见的。作为专业标杆的中国传媒大学播音主持艺术学院，于1999年开始正式招收播音与主持艺术的博士生，也成为全国第一个、也是唯一一个培养播音博士的院校。播音专业的博士教育起步晚、经验少、师资短缺，近20年仍旧处于探索与发展阶段。由此，各个高校播音专业的教师能获得博士学位的也就寥寥无几了。

访谈过程中，除了三位博士在读的受访者以外，其他几位受访者也或多或少谈到正在准备考博，因为博士阶段的教育更多是建立起专业的学术思维。除此之外，部分期刊也会关注作者的最高学历，对于未获得博士学位的作者，期刊采用其论文会更加谨慎。

我们评副教授要求3篇核心期刊的论文，但因为自己的科研能力并不强，加上学历停留在硕士，期刊编辑不太容易通过我的论文。看起来像是学历问题，其实还是学术能力问题，所以这几年都在努力考博士。

（受访者3，女，讲师，31岁）

此外，部分高校已经强制要求，教师晋升高级（副教授、教授）职称必须获得博士学位,如何解决高校播音教师低学历的问题,已是迫在眉睫。

（四）技能随媒介变迁需实时更新,无研究成果借鉴

如果说播音与主持艺术是一门实践性很强的专业,那笔者更认为其学术领域是缺乏本体论的。随着媒介的变迁,播音与主持艺术专业的培养也在发生着改变,我们所研究的议题也就随之变迁。如前文数据整理中提到,2017年,因为人工智能 AI 主播的诞生,中国传媒大学的翁佳开始关注与之相关的学术议题。近些年,虽然也有多位学者开始对 AI 主播进行讨论,但均未达成学术意义上的共识。如唐琳认为,人工智能可以部分取代播音员主持人的播报主持工作,但在一定时期内无法模仿人的思维方式,彻底取代人的作用[①];贺华认为,在人工智能时代,我们的人才培养模式的转型存在明显滞后,未能形成有效的创新发展生态闭环,严重制约了其健康发展[②];吴锋与刘昭希整理了人工智能主播的发展历程,总结认为,当前全球人工智能主播正经历从低水平到高质量应用,从单一模式到定制化生产,从"机器替人"到"人机协同",从机械传播到情感交互,并对传媒产业格局产生影响。[③] 可以说,学者们对于这一议题更多停留在现象层面上的探讨,对其学术领域的贡献是有限的。笔者认为,根本原因有二:第一是媒介变迁过快,播音主持的研究者不能跟上其发展的速度;第二是播音专业本身对于学术领域发展的忽视,固守在专业技能上的研究与学习,缺乏与媒介发展接轨的眼光和格局。

我们的研究很容易被传统的专业技能所禁锢,目前播音专业的学生毕业后去广播、电视这样的传统媒体发展的越来越少,互联网的崛起既是机遇,也是挑战。如果在高校中老师们不能与时俱进,重新审视互联网的崛起,很可能会陷入恶性循环,不仅教学以传统媒体为输出导向,科研上也很难产出有价值的论文成果。

（受访者 7,男,讲师,27）

这位受访者本科为播音与主持艺术专业,硕士阶段为戏剧与影视学,如今正在攻读传播学博士学位。他攻读硕士期间就陆续发表了多篇高质量论文,其中 CSSCI 2 篇、北大核心期刊 4 篇。笔者注意到他的科研成果也横跨多个专业领域,并且始终与媒介的发展相扣联。但总的来说,播音专业的高校教师

---

① 唐琳.如何应对人工智能技术对播音员主持人岗位的冲击[J].电视研究,2019,(9):3.

② 贺华.人工智能时代播音主持人才培养模式的转型[J].传媒,2020,(15):3.

③ 吴锋,刘昭希.人工智能主播历史沿革、应用现状及行业影响[J].西南民族大学学报（人文社会科学版）,2021,42(5):10.

与科研工作者缺乏对媒介发展的关注。

（五）青年教师的社会身份焦虑

根据社会认同理论,社会认同的动机主要包括提升自尊、减低无常感或提高认知安全感、满足归属感与个性的需要、找寻存在的意义。[①] 高校的播音主持教师因承担了大量的实践课时,在学术能力上又存在先天的不足,所以自我认知往往产生偏差。在学院承担了大量的教学工作,而在职称晋升上又处处碰壁,身份的焦虑也就逐步显现。当人们通过与外群体的社会比较,不愿意承认其客观社会身份时,就会产生社会认同威胁感,当这种不认同不再是个别现象,而是群体内部成员的普遍现象时,个体社会认同威胁就演变成了群体社会焦虑。[②] 青年教师在个人生活、高校工作中的比例权衡,很大程度上在撕裂他们的社会身份。

除了科研压力所带来的焦虑,我们这一代青年教师其他压力也很大,抑郁人群很高,基本上都是上有老下有小,面临婚姻、生死、买房等问题。在时间分配上、职称晋升上以及社会形象上,都存在或多或少的焦虑,作为一名高校青年教师,外界赋予了你很多的光环,但实际情况却并没有那么好。

（受访者5,男,讲师,33岁）

几位受访者或多或少都表达了和这位受访者相同的看法。作为播音与主持艺术专业的高校教师,不仅承担着与其他青年教师相同的生活与工作的压力,且因其特殊的专业性质,科研部分存在着先天的不足,这进一步加深了这一群体在事业层面的焦虑情绪,很难在其中寻求到满足感,进而失去工作动力。受访者5还提出,身边很多艺术专业的青年教师因为职称晋升上的碰壁,已经逐渐对科研失去兴趣,并且越来越少在这一领域投入精力。

五、结　语

通过对这21年来知网中以"播音主持"为关键词搜索到的512篇核心期刊的数据整理,笔者发现呈现出以下六个特点:论文数量逐步提升、论文主题

---

① 赵志裕,温静,谭俭邦.社会认同的基本心理历程——香港回归中国的研究范例[J].社会学研究,2005,(5):202-227.

② 雷开春.青年白领社会焦虑现象的本质:中产地位身份威胁[J].江苏行政学院学报,2014,(5):61-69.

多关注学科建设与播音教育、播音一流专业院校科研能力凸显、发文期刊相对单一、学术关注议题集中度不佳、对媒介发展的讨论不多。另外,笔者对 10 位 25—38 岁播音专业高校教师进行深度访谈,深刻体会到这一群体因科研产出量不够而陷入的社会身份焦虑。作为以实践为主要教学内容的播音与主持艺术专业,其教师队伍的科研能力普遍较弱、缺乏科研动力,都是现实存在的突出问题。笔者建议播音主持科研应该开始关注新媒体的发展,从聚焦"教学"面向逐步拓宽研究的纬度。另外,部分核心期刊对于"播音主持"的论文特别青睐,也可以根据这些期刊的要求,为其量身打造合适的学术论文。最后,笔者从访谈中也了解到,部分高校已经开始调整职称晋升的通道规则,因应教育部在 2020 年 12 月 15 日印发的《关于破除高校哲学社会科学研究评价中"唯论文"不良导向的若干意见》。作为开设艺术专业的各大高校,也应该关注这一小众群体,以缓解他们因科研论文而产生的身份焦虑。只有解决了青年教师的切身问题,才能更好地发展播音与主持艺术专业。

三、数媒口传策略重构:主持与主播

生成式人工智能背景下的主播
职业发展趋向

赵　瑜

（浙江大学传媒与国际文化学院，浙江杭州 310058＊）

摘　要：生成式人工智能（AIGC）背景下，主播职业发展趋向受到广泛关注。AIGC 的崛起，特别是 ChatGPT 等产品的应用，显著提升了人机交互能力，并在艺术领域展现出新的创造力。虚拟主播作为 AIGC 的重要应用，经历了从拟物到拟人再到拟真的发展，通过全息投影和增强现实技术，其表现形式日益丰富。文章分析了虚拟主播的三种类型及其在不同领域的应用，并探讨了受众与媒介形象的情感交互类型，包括迁移、准社会交往、认同和崇拜。此外，文章还从计算机文化的角度重新定义了虚拟主播的实践，进一步指出虚拟主播的兴起对主播行业既是机遇也是挑战，呼吁主播须重塑"专业性"定义，坚守传统传播优势，并融合个人生命体验和人格素质。

关键词：生成式人工智能（AIGC）；虚拟主播；情感交互；计算机文化；主播职业发展

在生成式人工智能崛起的背景下，人与人、人与机、机与机的关系将持续并存于人类社会，"技术只是中介"的思维定势逐渐被颠覆，技术不仅是人们互动的渠道和中介，也可以是人们互动的对象、传播过程的参与者，乃至整个社会网络的积极行动者。生成式人工智能的特征如何影响它们与用户的交互以及如何影响其所对应的主播行业，成为值得关注的问题。

一、生成式人工智能的出现及应用

2022 年 12 月，*Science* 发布年度科学十大突破，其中生成式人工智能（AI

＊　作者简介：浙江大学传媒与国际文化学院教授、副院长。

Generated Content，AIGC)作为人工智能领域的重要突破赫然在列。虽然人工智能多次进入相关榜单，但在被称为 AIGC 元年的 2022，《科学》杂志更加关注它在艺术领域的运用，提示我们正在面对一个具有创造力的人工智能时代。[①] 生成式人工智能目前最知名的产品就是 ChatGPT，强大的自然语言理解能力让人机交互能力获得了令世人瞩目的提升。人工智能进入艺术这一最高级的人类精神活动并非毫无争议，《太空歌剧院》在人类艺术比赛中获奖之后蜩螗沸羹便是明证。《太空歌剧院》是由 AI 绘图工具 Midjourney 生成，再经 Photoshop 润色而来，且通过图灵测试获得美国科罗拉多州博览会艺术比赛第一名。黑格尔认为，艺术属于永恒存在着的绝对精神，人在艺术中以直观的形式把握着绝对精神。[②] 若从黑格尔的理论脉络来看，它属于人类绝对精神的体现，那么人工智能机器进入艺术体系，在某种程度上似乎呈现出无法控制的趋势，俨然成为艺术界和学术界乃至全社会关注的问题。

GPT(Generative Pre-trained Transformer)是一种先进的自然语言处理模型，由 OpenAI 在 2018 年推出。随后，在 2019 年、2020 年、2022 年和 2023 年 OpenAI 分别发布了 GPT-2、GPT-3、GPT-3.5 和 GPT-4 等版本。2021 年 2 月，第一部由 AI 写作的戏剧《人工智能：当一个机器人写剧本》网络公映。此剧总长 60 分钟，讲述了一个机器人充满欢乐与痛苦的日常生活，涉及它如何理解人类的终极命题如爱与死亡，颇具未来版《小王子》的气质。[③] 剧本由 GPT-2 编写，创作过程与前文述及的系统类似，即程序员输入一段提示后，GPT-2 根据提示生成附加的文本。这是 GPT-2 的第一部戏剧作品，故事内容连贯、明确，台词也符合情理、易于理解。然而，和《这不是游戏》一样，该剧本同样存在人为的改动，改动的比例大约为 10%。哥伦比亚大学人工智能专家德汉特因此认为将这个剧本视为由人工智能创造并不准确，他判断由人工智能独立生成一个连贯而情节复杂的戏剧剧本还需要 15 年左右的时间。[④] 一方面，我们看到了它在剧本创作方面的应用前景，另一方面，也必须承认这个

---

① Science，2022 breakthrough of the year[EB/OL]. (2022-12-15)[2023-10-05]. https://www.science.org/content/article/breakthrough-2022.

② 黑格尔. 哲学科学百科全书Ⅲ 精神哲学[M]. 杨祖陶，译. 北京：人民出版社，2015：325-330.

③ AI：When a Robot writes a play[EB/OL]. (2021-02-26)[2023-10-05]. https://jerusalem.czechcentres.cz/en/program/ai-kdyz-robot-pise-hru.

④ Sofia Moutinho. Kinky and absurd：The first AI-written play isn't Shakespeare—But it has its moments[EB/OL]. (2021-02-06)[2023-10-05]. https://www.science.org/content/article/kinky-and-absurd-first-ai-written-play-isn-t-shakespeare-it-has-its-moments.

剧本无法与莎士比亚等人类创作的辉煌成就相提并论。同时,我们人类似乎对此类系统依旧持有一定的恐惧,且担心它们会进一步进入艺术和视听创作领域。2023 年 3 月,Open AI 发布了 GPT-4,人工智能进一步实现多模态的输入和输出,对人工信息生产、加工和传播的能力也获得了更大的提升。自 GPT-2 以来,大参数模型已经多维度介入自动剧本生成、自动图片和影像生成,影视行业固有的生产流程和创作逻辑面临来自机器自动化生产的冲击。

二、生成式人工智能背景下的虚拟主播实践

自 1956 年达特茅斯会议上一批年轻的科学家首次提出"人工智能"的概念,进一步扩大了技术人工物社会功能的想象空间,[①]科学家在数十年间竭力模拟人类的智力和行为决策形式。从专注于解决具体场景的信息收集、判断和决策问题,到赋予人工智能更多模拟人类身体和社会智能的能力,再到"通用人工智能"全面解决人类智力模拟问题,人工智能的细分研究领域不尽相同,但在其社会运用中,开发人员似乎一直致力于"让人工智能看起来更像人类"[②]。

聚焦到传播领域,智能系统和虚拟分身(Avatar)正在发挥日益重要的作用。自 2018 年新华社推出全球第一个合成新闻主播,从 2D 到 3D、从单机位到多机位,主流媒体在全国两会等重要新闻场合推出了多款 AI 主播,主播的拟人化程度也日渐提高。国内媒体在这方面的应用似乎比海外媒体更为频繁,也因此对其有更高期望。实际上,虚拟主播在全球已有 20 多年的历史。早在 2001 年,英国新闻协会通讯社就推出了人类历史上第一个虚拟新闻主播阿娜诺娃(Ananova),一头绿发的阿娜诺娃用一口标准的 BBC 播音腔(随后被微调为美音为主、英音为辅)征服了科技行业和观众,甚至还收到了数百封求婚信。[③] 此后,日本推出了寺井有纪(Yuki),中国推出了歌手、虚拟主持人阿拉

---

① 赵瑜.人工智能时代新闻伦理研究重点及其趋向[J].浙江大学学报(人文社会科学版),2019, (27):101.

② Westerman, D., Edwards, A. P., Edwards, C., Luo, Z., & Spence, P. R. I-It, I-Thou, I-Robot: The perceived humanness of AI in human-machine communication [J]. Communication Studies, 2020, 7(13): 395.

③ Wiederhold, B. K. Animated news anchors: Where to next? [J]. Cyberpsychology, Behavior, and Social Networking, 2019, 22(11): 675.

娜(Alana),美国推出了薇薇安(Vivian),韩国推出了露西雅(Lusia)。

随着全息投影和增强现实技术的发展,虚拟主播的技术路径和表现形式得到了丰富,且虚拟主播形态经历了从扁平化到立体化的更迭,不仅被赋予拟人化的外表形态与肢体语言,更是从社会身份与角色设定上做了创新尝试。从最直观的角度,也就是虚拟主播主体的拟人化程度,将其分为拟物、拟人、拟真三个类型。

一是拟物虚拟主播,其原型通常源于动物或卡通形象,常见于电商直播、儿童教育、企业定制或品牌宣传推广等领域,尤其是在互联网平台中扮演助手角色。例如,2020 年 9 月,基于人工智能技术研发的天猫超市品牌 IP 形象"小铛家"正式上线官方直播间,成为"阿里动物园"的首位主播。它不仅能像真人主播一样介绍商品,还能实现 24 小时与用户的实时互动,并且及时回答直播间中用户的提问,比传统意义上的虚拟主播更具有生命力与陪伴感。但是,"小铛家"等虚拟主播肢体动作不够丰富,面部表情不够细腻,只能在有限的空间位置中阶段性地重复几个单一的动作和表情,机械地扮演一个讲解员的角色。因此,这一类虚拟主播的应用大多采取"虚拟主播＋真人主播"的形式。例如,抖音平台短视频的卡通 IP"我是不白吃"也以 AI 主播的形式出现在了直播间,和真人主播互相配合。此外,主流媒体对于拟物型虚拟主播的应用主要聚焦于简单的新闻播报及作为吉祥物进行品牌或活动宣传等,例如"中国国际大数据产业博览会"的吉祥物"数小博"就是一款应用于新闻信息传播的拟物型虚拟主播;浙报融媒体科技推出的城市虚拟主播 Kunboo 则拥有资讯播报、直播互动、歌唱表演等能力。

二是"拟人虚拟主播",通常源自动漫和游戏中的人物形象,与拟物型的虚拟主播有明显的区别,但较为明显的二次元风格又与高度仿真的虚拟分身(Avatar)系统大异其趣。2019 年第一季度,来自全世界的 6000 多位虚拟主播在 B 站开播,观看的观众人数接近 6000 万[①],拟人虚拟主播已成为近期 B 站直播增长强劲的业务板块。按照技术实现路径,拟人虚拟主播可以被分为需要真人后台扮演的"伪虚拟主播"和基于语音合成的虚拟系统两大类。[②]"伪虚拟主播"借助安置在头部与肢体上的传感器,通过光学动作捕捉真人动

---

① 爱奇艺. 2019 虚拟偶像观察报告[EB/OL]. (2020-03-06)[2023-10-05]. 爱奇艺全国创意策划中心. http://www.199it.com/archives/1004591.html.

② 新浪电竞. 数据透析 B 站虚拟主播现状 仅半年主播数量翻倍[EB/OL]. (2019-06-26)[2023-10-05]. http://dj.sina.com.cn/article/hytcerk9387053.shtml.

作和表情,再将数据同步到"二次元"的虚拟角色上,大部分主播还会使用软件调整修饰自己的声线,使其声音的表现效果符合屏幕上的虚拟形象。例如,2016 年在 YouTube 上首次亮相的虚拟主播绊爱(Kizuna AI),由专业公司制定其 3D 模型,真人穿上动作捕捉设备在后台控制绊爱的面部动态表情及动作,且通过声优配音及对口型,进行直播或录制视频。① 2020 年 7 月,著名喜剧艺术家蔡明入驻 B 站,创造了虚拟主播"菜菜子 Nanako"。在直播中,她的虚拟形象梳着银发丸子头,使用 AI 面部识别技术同步自己和虚拟形象的表情。"高龄知心奶奶"和"虚拟萝莉"的巨大形象反差和本身作为喜剧艺术家的幽默感,让"菜菜子"话题度迅速上升。这类由真人参与塑造的虚拟主播,真人的个性特质对虚拟形象影响较大。但大部分主播不愿意暴露自己的真实身份,使之更像是"一种掺杂了角色扮演性质的'直播表演'"②。另一种拟人虚拟主播则更加自动化。例如,爱奇艺技术团队在 2018 年发布了全球首个 AI 手语主播"奈奈",它可以通过语音识别新闻内容,自动转换成手语,探索帮助听障人士在不同场景中实现信息共享的途径。③ 此外,主流媒体对这类虚拟主播的应用也比比皆是,例如《光明日报》的小明、《工人日报》的晓晓、上海广播电视台的申䒕雅等。

　　三是拟真虚拟主播,其应用路径主要包括两种,一种是以 2D 呈现为主、追求逼近真人视觉效果的虚拟主播,另一种是更具动漫文化特质的 3D 数字人。这两种虚拟主播的技术路径相似,但美学风格和拟真的侧重点不同。第一类拟真虚拟主播可以真人主播为原型定制,也可以利用人工智能技术对几个不同的真人形象进行合成,受众几乎难以迅速识别拟真虚拟主播与真人主播的差别。拟真虚拟主播需要语音合成、人脸识别、人脸建模、图像合成、机器翻译等多项人工智能技术支撑,训练时间长、成本高。除了上文述及的新小浩、新小萌,央视基于自身主持人形象先后推出康晓辉、小小撒等,《人民日报》联合科大讯飞推出果果。逼真的拟人化效果是中央媒体虚拟主播的共同特征,且形象、声音基本来源于该媒体的真人主播或记者,但主播的肢体语言与

　　① 相芯科技观察. AI 虚拟主播简史[EB/OL]. (2019-05-29)[2023-10-05]. http://news. 163. com/19/0529/14/EGBP7KAF000189DG. html.

　　② 腾讯新闻客户端自媒体. 蔡明入驻 B 站,成为声优"菜菜子",变身治愈系萌神[EB/OL]. (2020-07-11)[2023-10-05]. https://new. qq. com/omn/20200711/20200711A0QH5300. html.

　　③ 爱奇艺. 爱奇艺推出全球首个 AI 手语主播,让听障人士平等享受视频带来的乐趣[EB/OL]. (2018-11-28)[2023-10-05]. https://www. iqiyi. com/common/20181203/b47c90918d000779. html.

活动空间相对单一。拟真虚拟主播的另一种类型 3D 数字人,仿真的精度已经细化到发丝、瞳孔等细节的刻画上,语言表达和肢体动作的类人程度也有明显的提升,因此被业界称为"超写实"数字人。但部分源自美术风格的设定,此类高精度的仿真虚拟主播依旧可以被迅速识别出与真人主播的区别。央视网2021 年推出 3D 超写实数字人小 C,高精度面部数据采集、轻量深度神经网络模型能够实时生成数字人的口型、表情、动作,口型准确率接近 99%。小 C 不仅在两会期间直播连线采访多位人大代表,还在东京奥运会、北京冬奥会等重大赛事活动报道中发挥了重要作用。主流媒体也在文娱主持等领域探索数字人应用,如《中国日报》虚拟数字人元曦、湖南卫视虚拟数字主持人小漾、浙江卫视宋韵文化传播者谷小雨等。3D 数字人主播具有远超 2D 呈现的动作刻画可能性和更为真实的空间建构能力。

通过田野调查发现,元宇宙背景下运用广泛的 3D 数字人并没有直接采纳与人类高度拟真的形象技术,归因于人类对于技术期望的差异。例如,倘若虚拟主播以浙江卫视谷小雨的形象呈现给受众,大家可以接受他们肢体稍显僵硬或者动作不够连贯的技术局限性,但是如果以真人形象出现,受众或许会因为心理上的期望差距而给予更多负面的评价。因此,基于更多传播效果的考虑和互动的可能性,现在行业更倾向于以更动漫的美术风格来制作这些近乎写实的数字人。那么,这些虚拟主播是否能与受众产生情感互动?目前的研究表明,人类的现实经验并不是一种断裂性的进阶过程,虚拟主播的传播机制与我们所熟悉的文化形式并没有完全断裂。总体而言,虚拟主播延续了不同媒介和文化形态下受众与媒介形象之间的情感交互机制。

三、受众与媒介形象的情感交互类型

在人工智能技术产生广泛的行业影响之前,技术人工物就在信息传播和社会交往中发挥着巨大的作用,在不同的媒介渠道和内容形式之下,人类与媒介文本、媒介形象产生了不同类型的情感交互模式。马诺维奇在梳理新媒体语言的发展时表明,人机交互界面很大程度上由从我们所熟知的文化形式构成,如印刷文本页面、电影。[①] 在构建人类与虚拟主播的社交模式和情感交互

---

① 列夫·马诺维奇.新媒体的语言[M].车琳,译.贵阳:贵州人民出版社,2020:72.

过程中,至少由两条线索交织影响着人类经验的独特方式:媒介形象和虚拟现实。

虽然虚拟主播是传播图景中新的表现形式乃至行动者,但如果将它们理解为"媒介形象"(media personae),那无论是在实践意识层面还是社会话语层面,人类对此并不陌生。媒介技术中介下的互动,并不总是发生在人与人之间,也不能总是被理解为双向且具有意义的交互行为,但这并不妨碍人类对媒介形象产生卷入感和共情。美国学者威廉姆·布朗(William Brown)梳理了相关研究,总结出受众对媒介形象卷入度的四种类型:迁移(transportation)、准社会交往(parasocial interaction)、认同(identification)和崇拜(worship)。[①]

"迁移"模式的英文原意是交通,用一种基于空间的旅行概念隐喻读者沉浸于叙事中的心理和情感状态[②],而作者与文本之间互动的关键在于角色(character)卷入,这是迁移的强大驱动力。这一观点源自小说研究,却已经超越纸质文本,被广泛地运用于各种形式的媒介文本之中。

"准社会交往"源自广播研究。1946年罗伯特·莫顿(Robert Merton)研究了二战期间广播主播凯特·史密斯(Kate Smith)的案例,她曾经在一个长达18小时的节目中向听众推销美国战争债券,最后取得了3900万美元的成绩。听众与广播主播之间的互动产生了仿若熟人之间的情感卷入,从广播的单向传播转变为大众说服的双向互动模式。随后,心理学家霍顿(Donald Horton)和沃尔(Richard Wohl)于1956年提出了"准社会交往"的定义,认为此类想象性的人际关系经由时间沉淀可能转变为自我定义的单向人际关系。[③] 这种情感是否具有负面效应是引起学者广泛关注的研究维度,有学者认为这是一种对亲密关系的错误感知,沉迷其中会对受众产生持续性的负面效应。[④] 在互联网时代,丰富的文本让受众更加容易与媒介形象产生强烈的准社会交往关系,"宅"文化也借此逃避对现实社会关系的不适应。

---

① Brown, W. J. Examining four processes of audience involvement with media personae: Transportation, parasocial interaction, identification, and worship[J]. Communication Theory, 2015 (3): 259-283.

② Green, M. C., Brock, T. C., & Kaufman, G. F. Understanding media enjoyment: The role of transportation into narrative worlds[J]. Communication Theory, 2004(4): 311-327.

③ Horton, D., & Richard Wohl, R. Mass communication and para-social interaction: Observations on intimacy at a distance[J]. Psychiatry, 1956, 19(3): 215-229.

④ Levy, M. R. Watching TV news as para-social interaction[J]. Journal of Broadcasting & Electronic Media, 1979(23): 69-80.

　　"认同"这一概念来源于弗洛伊德和拉斯韦尔,在传播学中有广泛的意涵。美国社会心理学家凯尔曼(Kelman)将认同视作在一种自我定义的关系中对态度、信念和价值的内化,特别是与认同对象同一化的过程。① 在他的理论体系中,认同是一种社会影响,而不仅仅是个体层面的认知与情感问题。他解释道:"说他人说过的话,做他做的事,相信他所相信的,个体维持了这种关系以及这种关系提供给他的令人满意的自我定义。"②随着媒介的演变,学者们尤为关注存在于媒介之中非面对面型互动所产生的情感依恋和认同,而电子游戏等产生的玩家对虚拟角色和场景的沉浸式体验让认同的内涵得到进一步扩展。

　　"崇拜"是受众对媒介形象卷入度最高的关系类型,有时也被认为是准社会交往关系的异常化。③ 英国学者默尔特比(Maltby)致力于名人崇拜的研究,他将崇拜分为三个层次:娱乐信息层面的关注、情感层面的关注和轻微病态。④ 学者们通过量化研究认为名人崇拜广泛地存在于各种社会,但真正达到病态状态的还是少数。

　　传播学就受众与媒介形象之间的情感交互研究,为虚拟主播的实践提供了丰富的案例素材和理论框架。在虚拟主播出现之前,人类就已经与或基于真实人类形象、或基于虚拟创造的媒介形象有了长期的交互经历,所产生的卷入类型和情感互动模式,对解释当下的人机交互同样具有预测力。

四、从计算机文化重新定义虚拟主播的实践

　　数字计算机成为一种"元媒体",从单纯的生产工具到逐渐带有普遍意义的媒体文化属性,并催生不同的文化形式。简言之,数字文化构建了一个不断

---

　　① Kelman, H. C. Compliance, identification, and internalization three processes of attitude change[J]. Journal of Conflict Resolution, 1958, 2(1): 51-60.

　　② Kelman, H. C. Processes of opinion change[J]. Public Opinion Quarterly, 1961, 25(1): 63.

　　③ Maltby, J., Houran, J., & McCutcheon, L. E. A clinical interpretation of attitudes and behaviors associated with celebrity worship[J]. Journal of Nervous and Mental Disease, 2003, 191(1): 25-29.

　　④ Maltby, J., Giles, D. C., Barber, L., & McCutcheon, L. E. Intense-personal celebrity worship and body image: Evidence of a link among female adolescents[J]. British Journal of Health Psychology, 2005, 10(1): 17-32.

具体化的虚拟性世界,带有重构生活空间和呈现空间、本己身体和数字分身关系的可能性。马诺维奇所提到的观点是关于矩形空间的,从电影开始,矩形空间成为计算机屏幕将人类的文化惯习与人机交互界面、数据库结构和空间导航等技术构架连接,把人类文化模拟世界的传统方式和计算机呈现世界的独特手段结合起来。在这个意义上,现实空间和呈现空间的差异区隔出呈现与模拟这两种文化传统。马诺维奇曾以壁画和绘画为例阐释了这两者的区别:模拟传统(壁画)中观看者存在于一个单一的连续性空间,而在呈现传统(绘画)中,观众具有双重身份,同时存在于现实空间和呈现空间。① 按照这一分类,受制于当下的技术手段,虚拟主播更接近绘画的传统,属于呈现的一种形式。观看者的视界局限在各种尺寸的矩形平面之中,这个平面也切割出生活空间和呈现空间这两个规模尺寸不同却同时在场的区域。但虚拟现实技术的发展很可能会激发模拟传统,让人类的身体进一步参与观看体验。与虚拟主播概念高度关联的元宇宙就刻画了一个现实空间从属于虚拟空间的远景。到那时,呈现空间将占据我们的视界,人类以更加彻底的方式沉浸于想象性的虚构空间,这彻底改变了我们与虚拟主体的交互模式——它们不再是被呈现的被动文本,本己身体和数字分身通过不断灵活变化的机器界面结合起来,身体性存在与计算机仿真之间的差异不再至关重要。

五、结　语

随着虚拟主播应用的不断发展,我们应密切关注人与人之间的信任基础。对于人与人之间的互动而言,性格特质和交往经历尤为重要。倘若虚拟主播以白岩松的形象出现,尤其是在他的粉丝中进行实验,可能会产生不同于一般虚拟主播的传播效果,因为人们并不是以抽象的方式理解一个人类形象,而是需要通过人格化的本质特征来建立信任基础。生成式人工智能的迅速崛起对主播行业既是机遇也是挑战,尽管传统主播在语境的话题圆润度、语感的话语传播力、语义灵活度与准确度等方面依旧具备虚拟主播不可比拟的优势,我们还是不能将主播局限定义为一个机械的播报机器,只关注技术的精湛表现而

① 列夫·马诺维奇.新媒体的语言[M].车琳,译.贵阳:贵州人民出版社,2020:112.

忽略个人生命体验和人格素质对业务能力的赋能。主播若对自己的标准仅定义为播报不出错，那就意味着已经失去了未来的职业发展生命线。因为机器在这方面完全可以更精准、更高效地实现替代，不但在一定程度上可以实现协同分工，且易引发受众的好奇心与新鲜感，从而提升节目的趣味性。因此，我们需要反思并重塑对主播"专业性"的定义，以工具理性为导向坚守传统传播优势，以价值理性为指引打造专属传播优势。

人机传播研究学者古兹曼（Guzman）曾论及人机传播研究中最重要的问题是"人和机器的传播交流未来会变成何样"。在这个过程中，我们要展现作为人和特殊个体的独特立足点，要体现独立人性魅力与道德情怀，实现以人为本的情感传播，既不应神话机器，也不应无视机器的发展。

从主播到网红：平台经济中的职业前景

董晨宇

（中国人民大学新闻学院，北京海淀 100872 * ）

摘　要：既有研究在关注主播、网红等互联网内容生产者时经常采取平台经济和劳动视角。相较之下，一个非常重要却被忽视的观察视角是将平台创作者视为一种职业去思考——换句话讲，即考察他们如何对待、规划和实践自己在网红、主播等数字产业中的职业生命。文章简要勾勒了我们在过去三年对于这一职业的田野工作中进行的若干反思，同时也提出了新的问题。

关键词：主播；网红；职业化；平台；文化生产

从 2020 年开始，我们这个研究团队就在直播平台上进行直播研究，一共在五个直播间中作为场控待了一年的时间，与主播、用户进行交流，很多人会问我，你会觉得尴尬吗？甚至会说，这是一位大学老师应该做的事情吗？除此之外，我们在接触这些主播时，也遭受了很多次拒绝，这再一次说明，在田野研究中，研究者并不会理所应当地占据更加有利的位置。

基于这一年的田野调查，我和我的合作者叶蓁、王怡霖等人一共发表了四篇研究论文，分别在《国际新闻界》发表了《做主播：一项关系劳动的数码民族志》、在《福建师范大学学报》发表了《制造亲密：中国网络秀场直播中的商品化关系及其不稳定性》、在《妇女研究论丛》发表了《操纵"美丽"：中国秀场直播平台中的美颜工具及其关系性使用》，以及在《女性主义媒体研究》（*Feminist Media Studies*）发表了《操纵暧昧经济：中国直播产业中的性别与关系劳动》（Navigating the economy of ambivalent intimacy：Gender and relational labour in China's livestreaming industry）。

　＊　作者简介：中国人民大学副教授，硕士生导师。

虽然都是"直播"行业,但与直播带货相比,我们所接触到的可能是更底层的行业生态。他们是怎样的人呢?举个例子,很多女主播是所谓的"厂妹",她们可能在富士康流水线上感到生活的压力,她们来到这里,是为了改变自己的命运。还有一些女主播是单身妈妈,其中一位的孩子只有两岁,她没有任何全职工作可做。因为要照顾孩子,所以会把孩子哄睡后,关上房门,在外屋开始直播。我不确定这些案例是否能为我们的会议增加另一种角度。因为时间原因,我简单地介绍一个切入点,那就是他们的工作状态。

首先,我标题上有两个词:主播、网红,这两个词在很多时候被混用,它们实际上还是有些不同。网红这个词很难定义,翻译都很困难。有人说可以是"online celebrity",但美国的线上名人和网红并不一样。最主要的区别之一便是美国的线上名人是新自由主义之下个人品牌化的结果,但中国的网红很多都是 MCN 机构签约的契约劳动者。相比之下,我更愿意粗略地认为,主播其实是网红的一种起点,网红是主播的一种愿景,虽然在绝大多数情况下都是无法实现的愿景。

第一,在网红或主播领域,这些劳动者签署的并不是劳动合同,而是一种孵化协议,或者可以说是演艺合作协议。这种合作协议有两个作用。第一,它给那些有梦想的年轻人一种许诺,让他们相信自己拥有经纪人,即将踏上成为网红、艺人或明星的光辉之路。然而,这种想法大多数时候只是一种幻觉。第二,这种孵化的演绎协议注定了在遭遇纠纷时很难进行劳动仲裁。沿着合同的性质继续往前推导,主播的收入是高度非预期的。例如,一个主播在直播时,她打开摄像头时并不知道今天会赚多少钱。这种情况有点像买彩票,请注意,非预期的收入是不稳定的。不稳定性会让他们感到担心,但换句话说,也让他们充满希望。因为稳定的工作,比如在工厂流水线上每天固定拿工资的工人,无法带给人们希望。而非预期的收入会带来更多的兴奋感和期待。

第二,网红和明星不同,网红所售卖的是他们本身的人格,因此很多草根网红在走红后会遇到困境,因为他们所建立的符号意义失去了吸引力。在他们处境困苦时,我喜欢他们,希望他们不再那么苦,但当他们突然开上路虎时,我感到束手无策。因此,你会发现,无论是网红还是主播,他们的职业中非常重要的一个工具是"本真性"。然而,这种本真性实际上是一种表演性的真实,是大规模生产的真实,而不是本质上的真实。

举个例子,前几天我去上海的时候,举着一个橙色的荧光棒去给一个小偶像团体应援,我的学生告诉我要喊什么。这些小偶像们所售卖的是什么呢?

是他们的表演吗？不是，他们唱歌并不好听，跳舞也不够出色，那他们在售卖什么呢？售卖的是一种可以触摸的亲密，可以接近的幸福。再比如说，一些没有上过电视的脱口秀演员会在微信群或粉丝群里与粉丝互动，展示自己非常平易近人的形象。他们这样做的目的之一，是为了有机会举办专场演出时，邀请这些群里朋友买票支持。因此，追求真实性在这里非常重要。然而，这种真实性是一种有限的表演性真实。

当然，与这种真实性相反的是，有许多技术实际上是在鼓励一种非真实，比如美颜滤镜。这些网红、主播是如何使用美图秀秀进行自我修饰的，为什么它可以一键升级为可爱，如何定义可爱，又如何定义女性的美，这种技术工具如何将其转化为东亚男性审美下的女性的美？实际上，这是一套具有意识形态的技术工具，在主播中被广泛使用。我们经常说主播在美颜方面有很多技巧，但美颜真的是为了提升颜值吗？这是一个值得探讨的问题。

大家会有这样的感觉，在短视频平台上，明星其实不需要美颜滤镜，但普通人特别需要美颜滤镜。美颜滤镜的作用与其说是提升颜值，不如说是颜值的均质化。使用美颜后，你会发现，所有主播都是没有毛孔、没有皱纹的。这种技术会抹平你的一些特点，使得脸部变得趋同化。如果你去直播公司，并遇到一个合格的运营，他会直接告诉你调整美颜的策略，都是相当固定的。这样一来，可以说颜值的扁平化造就了网红，因为扁平化可以被大规模生产所统一。

这一点实际上非常有趣，我们还可以继续推进。既然是有限的真实，那实际上就是一种有边界的关系。我们谈到这种关系时，作为一种商业价值，我们提出了一种类似于产品性的亲密关系。比如说我购买手表或饮料时会选择某个品牌，可能是因为这个品牌给我一种亲近感，所以我会去购买。产品的亲密性可以提高产品的销售量和售价。现在这种服务型平台产业的出现和推广，促使所谓的人格亲密的形成。我购买一件东西，可能是因为我信任某个网红，我与这个网红建立了类似朋友的关系，我们是家人或老铁。你看，这种关系实际上是可以销售的。如果是秀场主播的话，你会发现这种关系更是一种没有上限的资源，我能为你花多少钱，证明了我们的关系有多亲密。

我们还可以换个角度来思考平台经济，从职业生命的角度来看，我们经常说，网红的知名度通常只能维持三个月，这并不是网红本身的问题，而是因为平台不能让一个网红霸屏太久，这样的网红景观过于单一，那么结果很可能会失去对于用户的吸引力，毕竟人们都喜欢新鲜的事物。因此，网红的流动是常态。我曾经和 B 站一位著名 up 主交流,他直接告诉我,对于平台来说,网红是一种消耗品。其实主播也是。我们进行了两年半的研究,时间之所以这么长,很重要的原因是我们追踪了不到 10 位主播,想知道他们离开直播行业后会去哪里。比如,上个月在河北某地的工厂里,我见到了一个我们跟踪了很久的主播,她在那里打工,但过了没多久,却又回到了直播行业。她打工的这份工作让她觉得无法接受,但同时,直播行业对她的吸引力,或者说允许她停留的时间,也只能持续两三个月,她的忍耐达到了极限,就会再次跳槽。在这种来来去去的过程中,她的青春逐渐消逝。

秀场直播和带货直播有很大的不同。对于带货直播来说,杭州是一个重要的地方。我在北京与一些直播带货的从业者聊天时,他们告诉我,如果他们的运营不来自杭州,就不会选择合作,杭州这边做得太专业了。但说起秀场直播,可能我们更会想到的是长沙、成都这样的网红城市。

最近的行业报告显示,秀场直播的观众人数下降了近 700 万。这导致行业中很多 MCN 公司希望进行转型。我曾走访过成都一家 MCN 公司,与他们的老板进行了交流。他们明确表示,要尝试从主播到达人的转型,而不仅仅进行带货直播。从主播到达人在经济方面的考量是什么呢?不仅是直播打赏,也不仅是带货,而是综合了各种可能的变现渠道,像打造明星一样去打造一位主播。这种转型非常艰难,但对于通过多元化的收入渠道来对抗不稳定而言,又是必要的。这条路未来会走向哪里,是我们非常关注的问题。

新形势下主流媒体播音员主持人培养打造的变与不变

——以浙江广电集团播音员主持人"蔚蓝金声"品牌实践为例

陈 洁

（浙江广电集团,浙江杭州 310005*）

摘 要:习近平总书记指出:"现在,媒体格局、舆论生态、受众对象、传播技术都在发生深刻变化,特别是互联网正在媒体领域催发一场前所未有的变革。读者在哪里,受众在哪里,宣传报道的触角就要伸向哪里,宣传思想工作的着力点和落脚点就要放在哪里。"①面对舆论环境、媒体格局、传播方式的深刻变化,肩负新时代新闻舆论工作的职责使命,广播电视播音员主持人队伍如何主动转型突破、积极投身舆论主战场至关重要。文章从浙江广电集团"蔚蓝金声"播音员主持人培育工程的探索实践着手,解析典型案例,提炼工作体会,分享业务思考。

关键词:播音员主持人培养打造;变与不变;转型升级

习近平总书记指出:"读者在哪里,受众在哪里,宣传报道的触角就要伸向哪里,宣传思想工作的着力点和落脚点就要放在哪里。要顺应互联网发展大势,勇于创新、勇于变革。"②移动互联网时代,舆论格局、媒体生态、传播方式发生深刻变化,并加速向移动化、社交化、智能化方向发展,受众获取信息的习惯也正不可逆转地向移动端迁移,传统广播电视播音员主持人的生存空间被不断压缩,影响力不断减弱。面对这一系列深刻变化,主流媒体的播音员主持人必须直面变化、迎接挑战,必须守正创新、转型突破,打开新的事业舞台和发展空间,在科学把握变与不变辩证关系中进一步履行好党和人民赋予的职责使命。

---

* 作者简介:陈洁,浙江广电集团党委委员、副总编辑。

①② 习近平视察解放军报社[EB/OL].(2015-12-26)[2024-02-25].新华网.http://www.xinhuanet.com/politics/2015-12/26/c 1117588434.htm.

近年来,浙江广电集团着眼新形势下播音员主持人队伍的培养打造,着力以不变应万变、以善变应万变、以促变应万变,实施"蔚蓝金声"播音员主持人培育工程,从思想政治教育、领军人物培养、业务能力破圈、梯队优化建设等各方面进行变革创新,以大力培养适应新形势、新任务、新要求的"金声名嘴",为播音员主持人队伍赋能主流媒体传播力建设进行了积极有效的探索。

一、以不变应万变,赋能播音员主持人队伍培根铸魂

以不变应万变,就是处变不惊、以守为攻、以静制动,始终保持自信和定力。《荀子·儒效》有曰:"千举万变,其道一也。"内容传播也一样,无论舆论格局、媒体生态、传播方式如何变化,"内容为王"的传播规律不会变,"受众至上"的市场规律不会变,"优胜劣汰"的发展规律不会变。对于播音员主持人来讲,面对瞬息万变的形势,不能慌了阵脚、迷失自己,更不能就地躺平、自废武功,唯有坚定理想、牢记使命、培根铸魂、永葆本色,切实做到以不变应万变,才能永立不败之地。

一是政治责任不能变。从某种意义上说,播音员主持人是党和政府声音的传播者、主流媒体的代言人、核心价值的践行者、社会风尚的引领者,他们的一举一动、一言一行都备受关注,甚至关乎党和政府、主流媒体的形象声誉。特殊的工作性质决定了播音员主持人必须自觉增强"四个意识"、坚定"四个自信"、做到"两个维护",在涉及大是大非和政治原则问题上,敢于发声、敢于亮剑,做到无论风云如何变幻,始终坚持正确政治方向,坚定站稳政治立场,坚实履行政治责任。

浙江广电集团在"蔚蓝金声"播音员主持人群体培养打造过程中,把政治责任作为置顶要求,突出党性原则,坚持马克思主义新闻观,坚持正确舆论导向,一方面依托"蔚蓝学堂""青年理论宣讲"等,组织开展时事政治学习、形势任务教育等,着力强化播音员主持人的政治意识、大局观念、责任担当;另一方面着眼媒体深度融合大背景,全面推动播音员主持人积极投身新媒体主战场,为党发声,为人民立传,为时代立言。中国蓝新闻客户端开设"名嘴"频道,秦原、王帅、付琳、汤嘉旸等一批年轻新闻主播积极挺进互联网阵地,在大屏之外开辟小屏平台,用新的话语体系、传播渠道、内容打法,唱响主旋律,当好主力军。

二是价值理想不能变。以人民为中心，是习近平新时代中国特色社会主义思想的重要内容。始终践行以人民为中心的工作导向，积极推动社会进步，是以播音员主持人为代表的主流媒体工作者共同的价值理想。这不是政治口号，而是一名合格播音员主持人应有的理想和情怀，也是主流媒体区别于一般社会机构和商业网站名嘴、大 V、网红的鲜明标志。

在打造"蔚蓝金声"播音员主持人群体的过程中，尽管内容赛道各异，专业垂类不一，有的挖掘传统文化，有的讲述非遗故事，有的针砭时弊，有的投身公益，但无论在哪个垂类、哪条赛道，播音员主持人都必须始终坚持"人民至上"的价值追求。集团主持人鲁瑾于 2012 年发起"向阳花少儿救助基金"，为 18 岁以下的少儿治病提供医疗救助的费用，到目前已经坚持了 11 年，累计募集金额超过 1 亿元，帮助了 4000 多个孩子。"慈善大使"小强、"爱心大使"王帅、"关爱未成年人形象大使"陈欢等知名主持人，都成为很有知名度的公益使者，并以实际行动履行职责使命，深受群众欢迎。

三是专业素养不能变。主流媒体的主持人大多是专业出身，形象好、音质好，善于沟通、擅长表达，是节目的核心、灵魂，是媒体的品牌代言、形象大使。除了基本专业要求外，重点要突出"三个度"的专业素养：一是文化底蕴厚度，包括有一定的文化底蕴、较广的文化知识、丰富的文化内涵等；二是理性思考深度，包括宽阔的视野、敏锐的洞察、深刻的思考、独特的见解等；三是个性挖掘精度，包括精准定位、个性挖掘、深耕专业、追求极致等。这些基本的专业素养既适应传统广播电视大屏传播需要，也适应新媒体语境下网络传播需要，无论是在哪个战场和赛道，都不能改变。

比如浙江电台城市之声的邹雯，原先是一名广播频道的记者，在推进媒体融合的过程中，她大胆尝试，打造短视频 IP"新闻姐"。上线两年时间，在抖音上收获了 2450 多万粉丝，成为中国广播电视新闻个人 IP 第一。她被网友们认可和称道的，正是新闻背景梳理、新闻观点评论、新闻整合编辑等新闻传播人员应有的专业素养和技能。

四是职业精神不能变。当前，互联网的传播技术正加速迭代，去中心化的特征越来越显著，传播门槛越来越低，"全民麦克风""万物皆媒"已经不是稀有名词，"人人主播"时代在千人千面的算法加持下，已逐渐成为现实。在此背景下，新时代播音员主持人的职业精神显得越来越重要。作为主流媒体的代言人，说什么，帮谁说，说得怎么样，体现着职业精神的基准底色。做有品质的新闻，做有价值的传播，做有情怀的产品，在现有媒体格局和发展环境下，依然是播音员主持人应有的职业理想和精神追求。

集团在打造"蔚蓝金声"播音员主持人品牌时,始终要求播音员主持人心怀对事业的赤诚之心和对专业的敬畏之心,下真功夫、练真本事,追求公信力、美誉度,做到沉得下去、留得下来。沉得下去,就要真正俯下身、沉下心,深入基层、深入生活;留得下来,就是要一步一个脚印,推出更多具有传播度、辨识度、认可度的内容节目,留下经得起历史、实践、人民检验的精品力作。这几年开展的"百名记者主持走基层""星空朗读"等播音员主持人采风实践活动,就体现了良好的工作作风和较强的精品意识。

二、以善变应万变,助力播音员主持人队伍强筋健骨

以善变应万变,就是居安思危、以变应变、以动制动,始终掌握主动权。《周易》"变动不居,周流六虚,上下无常,刚柔相易,不可为典要,唯变所适",强调了顺应变化、适者生存的重要法则。对于传统媒体而言,务必要在保持自信和定力的前提下,主动求变、因时制变、顺势应变,切实做好媒体深度融合这篇文章。对于播音员主持人来讲,需要从理念到思维,从能力到作风,从方法到路径,来一次脱胎换骨的变革转型,通过强筋健骨,提高本领,去掌握互联网时代舆论宣传的主动权和话语权。

一是理念思维要变:求新。在互联网技术的驱动下,传播领域诞生了大量的新赛道和新形态。2010年微博起势,2011年微信崛起,2012年微信公众号成为强大的内容平台。在这过程中,还有爱奇艺、优酷、腾讯视频、喜玛拉雅、蜻蜓等为代表的互联网音视频平台异军突起。2014年进入直播时代,随着映客、斗鱼、战旗等平台出现,素人主播强势闯入了大众视野。近年来,以15秒到2分钟为长度的短视频内容形态更是冲进了舆论场的中央,抖音、快手、小红书等短视频平台来势汹汹,它们不直接生产内容,主要专注于内容的集聚。在传播上,它们依靠算法驱动打造千人千面的传播闭环,在形成信息茧房的同时,紧紧握住了流量的钥匙密码。这一过程,也是主流媒体和媒体人不断新开跑道、转换赛道的探索过程,理念思维必须与时俱进,思路方法必须开拓创新。身在其中的播音员主持人也要综合协调自身的体能、速率和奔跑策略,以适应新的赛道和新的速率要求。

2023年以来,教科影视频道的小强通过舞台和战场的转换,借由从大屏

的"小强热线"到小屏的"小强说"，实现了从浙江影响到全国圈粉的品牌力跃升，全网粉丝量近千万；城市之声的"新闻姐""晓北"、民生休闲频道的"慧小媛"、交通之声的"菲菲"、经济生活频道的"潘小蓉"等，有的布局抖音，有的耕耘 B 站，有的聚焦小红书，根据自己的特色内容和专业垂类，转换了舞台赛道，找准了目标定位，在思路理念的求变求新中，纷纷站上了媒体融合新舞台的 C 位。新近发布的 CSM 融媒传播数据表明，在全国 20 个头部融媒主播中，浙江广电集团有 5 人上榜。

二是角色定位要变：求准。传统媒体的主战场主要是广播、电视、报纸三大体系。随着技术的推进，互联网成为主战场并不断发生着裂变，每个阶段的风口和势能都不相同。这些变化和迭代也给所有播音员主持人一个重新认识自身角色并调整改变定位的过程，必须重新精准地去认识自己的优势，包括内容优势、技能优势、角色优势，并根据新媒体的特点和发展方向重新规划自己的优势，在变化中找到方位、提高站位、校准定位。"蔚蓝金声"播音员主持人群体以 IP 为核心进行垂类化和赛道化布局，立足强势内容和自身实力，在一轮轮新平台、新形态、新手段、新技术的大浪淘沙中不断校准定位，并进行着大胆破圈和扩圈。

3 年前，浙江电台城市之声主持人晓北在广播端的一段为听众维权的视频火遍全网。视频在抖音发出后迅速被微博、知乎、B 站等多平台转载并陆续登上热搜。紧接着《新京报》《澎湃新闻》等媒体跟进报道，《人民日报》《光明日报》等发声力挺。随后，当地市场监管局介入调查，4S 店道歉并退还续保押金。该视频在微博的阅读量达 6 亿人次，抖音平台播放量 3.6 亿人次，加上 B 站、快手等，全网总播放量超 10 亿人次。晓北的抖音号"晓北——城市私家车"粉丝数量从 170 多万跃升至 640 多万，稳居全国汽车维权抖音号第一位。从区域媒体到全网平台、从传统广播到全国热搜，这正是传统 IP 求新破圈和扩圈的生动典型。

晓北的走红看似偶然，但实际上，晓北的新媒体探索早已经历了频道媒体融合 2.0 甚至 3.0 的迭代，包括"棒直播""喜欢听""疯狂主播"等一系列融媒项目，晓北先后参与了直播打赏、广播视频直播、互联网短音频等领域，在这个过程中她一步步夯实了自己的专业能力和互联网网感，找准了自己的方位和定位，这也是她在机会到来时能迅速破圈的关键原因。

三是工作技能要变：求博。强大的内容生产能力是传统媒体的核心竞争力。传统媒体主持人作为业务骨干，通常也是内容生产的行家里手。但传统大屏更加讲究内容的精良制作,追求的是"大投入""大场面""大制作"。而新媒体环境下,通常是以快制胜,在快中求量,在快中求质,在快中求优。这就意味着内容生产的链路,通常要进行压缩,主播一专多能、单兵作战的效能必须发挥到最大。电视经济生活频道的主持人潘蓉,在电视大屏中是严肃的新闻主播,但她在新媒体打造上,凭借自己多方面的综合能力,以电视主播的"日常"为主题,创作了充满生活化、趣味性、知识性、可看性的短视频,并且从抖音延伸到快手、小红书、B站等多个平台,打造了多个风格不一的账号,从电视地面频道单纯的新闻主播,变成了"多面手"的传播矩阵IP,收获了上千万粉丝。

事实上,在新的传播生态中,内容生产能力已经被分为三个层级:一是生产内容,二是生产优质内容,三是持续生产优质内容,而只有到达第三个层级,才有在新媒体领域存活突围的机会。当下,新媒体短视频领域的玩家几乎云集了全国各广播电视媒体播音员主持人,"蔚蓝金声"主持人"新闻姐"能够脱颖而出,甚至成为全国头部行业标杆,其重要的原因就是一专多能,总结摸索出了"轻量化拍剪+批量化生产+极致化内容"的朴素打法,最大限度专注内容、增加产量、减少链路,可以随时随地生产内容。而这些对她的职业技能也提出了更高要求,从找选题、查资料、写稿子到录制、剪辑、分发、数据、交互、评论区管控,都能一人承担,做到"全能型"。

四是打法玩法要变:求潮。斜杠("/")是一个电脑符号,主要用于间隔使用,代表"或"的意思,在互联网上指的是平行地拥有多项技能并都达到一定水准的现象,是一种新的潮流玩法和年轻化的表达。斜杠思维的引入,可以丰富人设,有助于主持人IP的打造。在新媒体语境中,传统媒体人非常需要熟悉新的话语表达,斜杠不仅仅是行业和内容上的多元,更代表着需要拥有话术体系、表达方式上的斜杠能力,可以塑造主持人更多元的品牌形象,衍生更多样的产品形态。同时,在新媒体领域,内容生产仅仅是生态链的第一环节,还有分发推送、宣推跟进、传播跟踪、用户反馈、数据分析、粉丝互动、群管理、内容和活动结合、人设和赛道调整等全新的玩法打法,需要我们不断去学习,去灵活掌握、熟练运用。

浙江电台音乐调频的主持人董臻在广播节目之外,充分发挥自己在文化大赛道中文物小切口的优势,在新媒体平台上打造了短视频IP"宝藏猎人董臻",用现代的语言风格、风趣幽默的讲述、引领潮流的制作和年轻化的语态,生动讲述中国出土文物的故事,深受粉丝喜欢。他在《中国历代绘画大系》的融媒报道中,巧妙聚焦众多传世画作中的人物进行现代视角的"另类"表达,讲述古人"脱发史",引发了年轻受众的好奇和共鸣,同时也进一步推动自己的"斜杠"出圈和广播主持人的视频化破圈。

三、以促变应万变,推动播音员主持人队伍转型升级

以促变应万变,就是加强领导、科学组织、统筹推进,用各种方法手段激发干事创业的内驱力,增强培养打造的外推力、平台人才的耦合力和管理监督的约束力,促进带动播音员主持人队伍整体转型升级,为新形势下主流媒体播音员主持人队伍建设营造良好氛围,提供支撑保障。

一是打造事业平台,推动主力军挺进主战场。多年来,浙江广电集团持续推出了"四大主持""阳光七星""青春力量"和"六大名嘴""八大主播"等品牌项目,为传统播音员主持人品牌打造积累了经验,结出了硕果。新闻主持人席文、许婷、小强等,综艺主持人华少、伊一、沈涛等,还有广播主播飞扬、维琳等,都深受观众听众喜爱,在浙江甚至全国都有一定影响力。为了培养适应互联网主战场需要的播音员主持人队伍,集团在用好大屏的同时,积极拓展小屏,谋划推出了重大文化传播平台"Z视介",并结合"蔚蓝金声"培育工程,在新平台专门开辟了"蔚蓝金声"频道,为集团主持人展示、宣传、培训、孵化、打造提供了重要平台和载体,从而构筑起"传统大屏＋移动小屏""外部平台＋自有平台""蓝媒联盟＋融媒矩阵"的播音员主持人事业大平台,推动播音员主持人转换新赛道,挺进主战场。"蔚蓝金声"频道上线以来,已有230多名浙江广电主持人入驻,包括华少、沈涛、新闻姐、晓北、慧媛、潘蓉等集团顶流主持人,入驻人数占集团在编在岗主持人90%以上,累计全网总粉丝量超1亿。频道陆续推出了《文润书香·杭州国家版本馆诗词诵读活动》《蔚蓝金声·声动读书日》《青年电影周·蔚蓝金声探营系列》《第三届中小学生课文朗诵大赛》等主题活动,累计全网曝光量3000余万人次。

二是优化培育机制,激发内驱动力。推动播音员主持人队伍整体转型升级最关键的是聚焦传播力先行、优化培育机制、激发创造活力。集团于2021年7月启动重点新闻类个人账号培育孵化计划,构建集团专班培育、频道主体运营、工作账号管理等多维机制,投入团队、内容、渠道、宣推和资金等多维保障,重点对12个培育账号进行专项扶持,并成功孵化了"新闻姐""小强说""我是方雨""舒中胜""菲说不可""宝藏猎人董臻""果子Albert""浙江卫视李婷"

"00后talk"等IP账号。2023年,集团围绕核心竞争力塑造,聚焦"中国蓝名嘴"打造,持续深化培育机制,优化升级对账号进行综合性支持和定期测评考核,并出台专门管理办法,进一步加大培养扶持力度,将重点的、有潜力的账号纳入集团融合传播格局,在保障账号良性发展的同时,充分发挥"名嘴"的溢出效应,耦合集团新媒体传播矩阵资源,拓展融合传播触达面。同时,集团立足"工作规划＋保障机制＋平台调控"的方法,通过体制机制创新,深入探索播音员主持人IP归属问题,实现播音员主持人的确权保护。此外,积极探索"天使投资化布局",为符合条件的新入驻IP推出扶持基金,最大限度地激发其内驱动力。

三是推出系列举措,提升素养技能。集团深化实施"蔚蓝金声"播音员主持人群体培育工程,推出"政治素养提升""专业水平提高""业务能力提增"等六大行动,推进"'金声名嘴'品牌主持人打造""'蔚蓝行'主持人走基层""'蔚蓝金声'训练营"等八大项目。同时,借助训练营和"蔚蓝金声"频道的耦合,构筑"多屏＋分发"的传播格局,形成"平台＋联动"的传播效应,优化"内容生产＋品牌打造＋运营变现"的生态闭环,推动主持人IP在"多轮驱动"下提升素养能力,征战互联网主战场。今年3月27日,集团"蔚蓝金声"朗诵、脱口秀、音乐、新媒体四大训练营正式开营。四位频道主持人作为四大训练营的厂牌主理人作开营宣讲,并发出入驻邀请。训练营开营两个月来,围绕优质内容精品,助力文化平台建设,累计生产作品超1000余条,朗诵、脱口秀、音乐等训练营作品累计超过150条。其中教科影视频道的主持人傅琰推出的"傅少九",切入亲子阅读赛道,目前在微信视频号上迎来了爆发式增长,多条作品转发、评论超10万＋,全网粉丝迅速积累数十万,成为新的爆款IP。由训练营全体主持人联合创作演出的《青蓝世界》歌曲收获大量点赞和转发。

四是强化作风建设,焕发队伍生机。新时代播音员主持人的培养打造尤其需要强化队伍作风建设。集团围绕"蔚蓝金声"品牌打造,推出了《一眼"越"千年——蔚蓝金声主持人带你走大运》《跟着节气"趣"金华》以及《百名记者主持走基层——走进景宁畲乡》《川源蹲点调研采风》等多项活动,推动播音员主持人深入基层、深入生活、深入群众,做有情怀、有担当、根正苗红、金声玉振的新时代播音员主持人。同时,着眼新生代播音员主持人培养,结合集团青年人才"青雁计划",加大引导和培养力度,强化队伍"闯"的劲头,营造业务"比"的氛围,提升内容"创"的本领,营造队伍清新之风,涌现出一批年轻新锐。比如,浙江卫视的"00后talk"、钱江都市频道的"果子Albert",分别从"00后""90

后"的视角,努力构建目标受众更年轻化、互动打法更互联网化的新媒体 IP 矩阵。成长较快的交通之声"小白话"、城市之声"魔力袁带你说"、音乐调频"宝藏猎人董臻"等青雁 IP,具有标杆 IP 的潜质,未来还有更多的可能性。下一步,集团将继续依托"Z 视介"平台,结合"蔚蓝金声"播音员主持人群体打造,孵化培育更多有鲜明标识度的新生代主持人。

播音员主持人队伍建设是一项系统性工程,涉及观念转变、团队建设、要素资源投入、体制机制保障等诸多课题。面对新的形势任务,我们唯有在融媒语境和时代背景的交汇处找到交汇点,在变与不变的辩证统一中掌握主动权,在培根铸魂、强筋健骨、转型升级中占领制高点,才能从下而上、由内而外焕发"蔚蓝金声"播音员主持人队伍的生命力和创造力,去更好地履行党和人民赋予播音员主持人的神圣使命。

全民互动语境下，新闻主持人
如何做好正能量传播
——以中国蓝名嘴"小强说"为例

王志强　　曹　莹

（浙江广播电视集团，浙江杭州 310005*）

摘　要：过去 11 年，传媒行业从线性传播时代到互联网传播时代，再进入人工智能算法传播时代，技术迭代让信息传播更加触达个体，在全民互动拟态环境里，新闻主持人和账号团队正面临全新内容生产链条。面对新的舆论环境，如何发挥广电名嘴力量，做好正能量传播和正向舆论引导，考验着政府及主流媒体的业务能力。浙江电视台教科影视频道"小强说"作为中国蓝名嘴项目代表账号，打造浙江样板，以数百个千万爆款传播"浙江力量"，塑造"浙江形象"，点赞"浙江速度"，传递"浙江温度"。

关键词：新闻主持人；正能量传播；舆论正向引导；互动语境

在中国的民生电视新闻节目形态中，《小强热线》栏目是最早建立的一批。中国民生电视新闻栏目大致可分两类：一是新闻杂志类，以江苏台《南京零距离》和浙江台《1818 黄金眼》为代表；二是以主持人姓名命名的帮扶类，如浙江台《小强热线》和河南台《小莉帮忙》。《小强热线》于 2003 年 1 月 1 日在浙江电视台教育科技频道正式推出，至今已历 21 载。"小强说"作为主持人小强的新媒体个人账号，2021 年 6 月 1 日正式上线。21 年的电视栏目和两年半的账号，此间转变让笔者真正感受到了实战和实践中的变化。作为传统媒体人，笔者内心经历了焦虑、失落、努力以及一些喜悦和希望。

---

* 作者简介：王志强，浙江电视台教科影视频道副总监；曹莹，"小强说"制片人。

一、从电视新闻主持人到账号主播，从单向输出到全民互动的蝶变

《小强热线》栏目一经推出，电视收视率领跑全国。根据不完全统计，在浙江有4000万基础观众，他们会说："小强老师，我是看着您的节目长大的。"更有甚者他们的子女会说："小强老师，我妈妈是看着你的节目长大的。"节目不仅陪伴一代人成长，也"日记式"记录下了浙江21年之巨变。

截至2023年12月，《小强热线》累计接听热线电话超过400万人次，观众来信超过40万封。然而传统电视新闻人与观众之间的互动是单向的，很多热线电话没有得到回复，节目中传递的信息和记录的时代变化也只是单向输出的。21年来，《小强热线》栏目经历了从"小"到"强"再到"衰弱"的过程。

"小强说"作为浙江广播电视集团"中国蓝名嘴"优质融媒账号，是浙江广播电视集团在主力军进军主战场的融媒探索中进行的积极实践。作为首批推出账号之一，截至2023年12月，"小强说"全网粉丝量超1100万，短视频播放总量超140亿，点赞总量超2.5亿。该账号集合了主持人小强对网络热点的个性表达、现场探访、犀利评论，以浙江好声音传递浙江正能量，赢得了广大粉丝的好评。根据唯尖CTR央视市场调查对2023年1月至9月的数据统计，"小强说"进入全国短视频新媒体个人账号综合排名前十。2023年9月，以"小强说"为代表账号的"中国蓝名嘴"项目获列国家广电总局评选的"2023年全国广播电视媒体融合典型案例"。"小强说"在传统民生新闻栏目《小强热线》21年的积累中成长起来，面对全网全球受众即时汹涌的互动、复杂艰险的环境，努力用全新表达方式讲好浙江故事，传递浙江声音。

二、在全民互动语境下，正能量传播是新闻主持人的时代职责

新闻主持人如何做好正能量传播呢？首先提高三个觉悟。

1. 正能量是"人心的正能量"

"正能量是总要求"，让正能量的传播直指人心，掀起大流量，是努力方向。

实践发现，网络传播中，一张阳光的笑脸、一声亲切的问候都有可能成为爆款，地震中的救援、风雨中的坚守更能收获无数点赞。而除了这些人心所向的感动之外，作为新闻主力军也肩负着去伪存真、引领方向的责任。对于正能量的理解是：人间烟火里的点滴温暖，艰难险阻时的彼此支援，大风大浪中的坚定信念，山重水复间的一线光源。正能量是"人心的正能量"，讲故事是讲"人的故事"，也是"人在讲故事"。在感动时共情，在迷茫时坚定，在脆弱时相助，打开了人心就传递了力量。

2. 大流量是"阵地的硬实力"

在网络传播主阵地，流量是实力的体现，是传播的动能。在坚守正能量的前提下积极做大流量才有能力传播好正能量。在传统媒体的传播中，节目播出就到达了传播的终点，但在网络传播中运营才刚刚开始。在对好作品的强运营中，需一步步获得更大的流量、具备更强的实力、收获更好的效果。

3. 好声量是"流量的真价值"

网络环境纷繁复杂，在流量海洋中游泳，我们努力寻求更大的流量，却也始终提醒自己不能被流量裹挟和绑架。正向声音和力量营造好声量的舆论场，让正能量产生大流量，大流量真正传播正能量。比如"小强说"发布短视频《万斤花菜在浙江高速侧翻，交警一条朋友圈，青田人买了万斤花菜！》播放1071万，点赞50万。2023年杭州亚运会期间，"小强说"成为省文明办亚运宣传重点账号，共发布170条短视频、7场网络直播，全网新媒体触达率超10亿。

三、场景、议题、平台在浙江正能量网络
传播中的应用案例

2023年，在浙江省委网信办指导下，"小强说"积极参与"新莓汇"正能量稿池共建项目，共转化稿池250个选题，发布原创评论短视频250个，新建《小强说"浙江正能量"》专栏总播放10.8亿次，总点赞2159万。2023年12月，"小强说"入选2023年浙江省网络文明建设百佳成果"走好网上群众路线优秀账号"。基于2023"新莓汇"合作经验，新闻主持人如何结合新媒体手段做好正能量传播呢？"小强说"有三点方法论。

1. 热点事件的个性转化和典型场景的有效策划，讲述浙江好故事

"小强说"推出至今，一直秉持四个理念：坚定的新闻属性，鲜明的个人特色，现实的平台规则，未来的宣传平台。所以"小强说"是个人账号，也是新闻账号。热点事件快速报道，典型场景策划报道是新闻常用手法。在短视频的传播中也收到很好效果。"外卖小哥跳桥救人"发生之后，"小强说"抓住时机、及时跟进，共发布"外卖小哥彭清林跳桥救人"短视频 13 条，获播放量 1.2 亿、点赞量 331 万，彭清林成为亿万网友关注和点赞的英雄。而在杭州亚运前夕，"小强说"策划推出短视频《彭清林有了新身份：亚运城市志愿者》《被杭州湖滨路口最美人墙暖到了！148 万亚运城市志愿者服务亚运》，以及介绍杭州各个区设"亚运文明驿站""亚运志愿服务 V 站""志愿服务微笑亭"等城市侧志愿服务站点等，将热点事件和人物聚合叠加，延伸热点热度，放大宣传声量。

2. 正能量议题挖掘和地缘性互动共享，发出浙江好声音

"小强说"联动浙江 11 地市网信办，共发布 250 个"新莓汇"正能量选题，在正能量短视频热榜共建方面，"小强说"转化"新莓汇"选题共登上全国热榜 44 次，其中"'四千'精神是一种怎样的精神"成为微博全国要闻榜前九，正能量短视频《全红婵第二跳 7 个 10 分》播放量 1.4 亿，点赞量 253 万；有 21 条短视频播放量突破一千万。在充分用好正能量稿池、为正能量传播赋能方面提供了个人账号的"浙江样本"。在 2023 新莓汇稿池合作项目中发布浙江基层公安正能量选题 42 个，累计播放量 2 亿，点赞量 442 万。另外，综合展现浙江公安、消防、医疗、路政、公益组织、财政等多种救援机制，凝聚"浙江力量"，塑造"浙江形象"，点赞"浙江速度"，传递"浙江温度"。比如发布短视频《台州黄岩交警帽子一摘，头盔一戴。这就是中国人的浪漫！》全网获赞 51 万。

3. 优质作品的平台推荐和相关部门的联动合作，传递浙江正能量

不了解平台规则，内容再好也做不到有效传播，反之则事半功倍。"小强说"优势在于对新闻热点的准确把握、理性解读，得到抖音、腾讯视频号、快手、微博等平台高度认可，同时也与全国多位头部正能量大 V 建立良好互动联系，和相关部门建立合作关系，在有效传播上占得先机。比如"小强说"推出"小强寻亲"板块，关注全国寻亲群体发布寻亲信息，又与杭州市公安局西湖区分局隋永辉寻亲工作室建立合作关系，切实为网友解决寻亲需求，两年来已见证 100 个家庭团圆。2023 年与浙江省公安厅经侦总队推出"小强说"反诈专题项目，以小强的讲述、真实的案例，提醒全网粉丝警惕骗子的陷阱，保护好自

己的钱袋子。"小强说案件"合集抖音播放 9.1 亿。在实实在在的服务中,"小强说"也建立起和平台良好的互动,与相关部门紧密的协作,让全网粉丝感受来自浙江的正能量,可感可爱,可信可敬。

在全民互动拟态环境里,新闻主播和账号团队正面临全新内容生产链条,其中两种关系非常重要。第一是内容创作者和评论者的关系。俗话说高手在民间,其实高手也在评论区。短视频发布后,其评论区有可能找到当事人,找到分析事件内容优质的新闻评论者,还可以发现热点新细节。评论区更是互动区,视频发布者与评论者拥有平等话语权,甚至评论者提供更有价值的资讯。第二是媒体和受众的关系。新闻主持人既是信息传播者,也是被监督者。要思考媒体机构的新闻主播在信息传播方面与自媒体博主的区别。以广电新闻主持人为例,不仅有传统媒体对新闻事业的坚守和主流媒体的权威背书,更应认识到媒体和受众之间的关系可以瞬间转换。新闻主持人既要"说人话",先让信息引发兴趣,产生共鸣,也要端正姿态,意识到主持人不再是高高在上的内容输出者,而是与受众平等交互信息的传播者。其次更应具备切热点的能力,所谓的"热"是指吸引人的内容,所谓的"点"是提升信息的权威性,而"切"则取决于新闻人的实力。

笔者相信,真情深入人心,善言引导善行。过去 10 年,我们从线性传播时代到互联网传播时代,再进入人工智能算法传播时代,技术迭代让信息传播更加触达个体。新闻主持人在网络上的每个动作、每个细节、每句话,甚至每个字,都需要经过深思熟虑,绝不能违背真情、良心和新闻事实。

浅析访谈类节目主持人的个性化
塑造及口语传播策略
——以《十三邀》主持人许知远为例

康佳骏　吕　帅

（浙江传媒学院播音主持艺术学院，浙江杭州 310018；浙江传媒学院播音
主持艺术学院，浙江杭州 310018＊）

摘　要：访谈类节目作为一种备受欢迎的电视节目类型，其主持人的个性化塑造显得尤为重要。文章以《十三邀》主持人许知远为例，分析了其在节目中个性化呈现的形式、意义和影响，并且探索主持人个性化塑造的路径。研究发现，许知远通过个性化塑造，在节目中表现出的语言风格、思维深度等，给观众以启发并引发思考，增强了与嘉宾之间的沟通效果，提升了节目的质量和影响力，也为研究访谈类节目主持人口语传播策略提供了新思路。

关键词：访谈类节目；口语传播；个性化塑造；许知远

一、引　言

随着社交媒体和网络技术的发展，访谈类节目越来越受到受众的欢迎。访谈类节目是一种广播电视节目形式，通过与主持人或嘉宾之间的问答交流来传达信息、娱乐或启发观众。主持人在访谈节目中的表现和形象对节目的质量和受众的接受度起着至关重要的作用。本文以目前在各大平台上备受欢迎的访谈节目之一《十三邀》主持人许知远为例，在口语传播的视域下探讨他在节目中呈现出的个性化特点以及这些特点对观众的影响。从许知远的思维

＊　作者简介：康佳骏，男，浙江传媒学院播音主持艺术学院口语传播方向在读硕士；吕帅，男，浙江传媒学院播音主持艺术学院副教授。

深度、情感共鸣、语言风格、形象塑造等方面进行深入分析,探讨了如何通过口语传播更好地塑造访谈类节目主持人的个性特征。

二、访谈类节目主持人的个性化塑造 在节目中的表现形式

主持人的个性化塑造指的是主持人在工作中表现出来的独特个性特征和风格,这些特征和风格与他们的主持风格、态度和表现形式密切相关,可以为节目注入更加丰富的元素。有些人认为,主持人的个性化可以为节目增色添彩,吸引更多的观众;另一些人则认为,主持人的个性化会掩盖嘉宾和节目的真正内容,影响节目的质量和观赏性。因此,主持人的个性化需要根据不同的情况进行取舍。如果主持人的个性化能够更好地展现和突出节目和嘉宾的内容和特点,那么它可以起到增加节目吸引力的作用;但如果主持人的个性化影响了节目内容和信息的传递,那么应该尽量减少主持人发挥的空间。

访谈类节目主持人的个性化塑造可以体现在许多方面,这些表现形式可以让观众更加深入地了解主持人的个性和特点,从而增加节目的观赏性和精彩程度。

（一）思维深度

访谈类节目本身是以深度思考和深入探讨为核心的。思维深度可以让主持人更好地理解和分析话题,也可以让主持人更好地与嘉宾互动。在访谈类节目中,通过与嘉宾的深入交流,主持人可以更好地挖掘嘉宾的内心世界,从而产生更多有价值的内容,引导嘉宾表达出真实的想法和情感。

作为一名知名学者和作家,许知远在节目中的思维深度和深刻见解是其个性化呈现的一大特点。他能够通过提出深入的问题和引导嘉宾思考,从而展现其广泛的知识储备和深厚的思想底蕴。这种深度思考也为观众提供了一种更加深入思考的视角。

许知远曾在《十三邀》的同名书中自序:"我多少期待借助这种(娱乐界)的影响力,对知识分子日渐边缘的趋势作出某种报复。"一直以来,学者成为大众娱乐一部分的担忧之声不绝于耳。尼尔·波兹曼在《娱乐至死》中就发出过"思考不是表演艺术,而电视需要的是表演艺术"的喟叹。在电视传播媒介中,感性的视觉刺激是最快速直接、成本低廉的信息获取渠道,而诉诸纯粹理性结

构的方式成本更高,因而大众趋向于选择感性而一步步导致了"泛娱乐化"。^①当严肃的讨论成为极具娱乐性的节目,面对互联网文化,主动拥抱的学者能多大程度提升公共空间话语质量,还是最终受制于互联网文化的审美,答案需要时间来证明。许知远思考的娱乐和学术边界消弭的问题,可见其非同一般的思维深度。

（二）情感共鸣

情感共鸣可以让主持人更好地与嘉宾和观众建立情感联系,增强节目的感染力和吸引力。在访谈节目中,主持人需要与各种各样的嘉宾进行交流,有时嘉宾可能来自不同的背景、文化或社会群体,主持人需要通过情感共鸣来理解和接纳嘉宾的观点和经历,从而建立起更深入的交流和联系。

主持人的情感共鸣是其个性化呈现的重要组成部分。在《十三邀》节目中,许知远经常通过自身的经历和情感,与嘉宾建立情感共鸣,从而让访谈更加贴近生活,更加温暖人心。例如,在第六季第四期节目中,许知远与演员高圆圆在谈及考试的话题时,提到了自己曾经有一群志同道合的朋友,大家都有着成为知识分子的梦想,而如今随着环境的变化好像自己已经对生活妥协太多了,这令高圆圆也有了共鸣。这种情感上的共鸣,不仅增强了节目的亲和力和感染力,也让嘉宾更加自然地表达自己的想法和情感,同时也为观众提供了一种与主持人和嘉宾产生共鸣和情感连接的体验。

（三）语言风格

主持人的思维深度和情感共鸣构成了其独特的语言风格。独特的语言风格可以反映主持人的个性特点,可以影响节目的节奏和氛围,从而影响节目的传播效果和口碑。比如,《立场》中易立竞的语言风格是正中要害、直击人心的,让人感受到理性的思辨能力,而《非常静距离》中的李静有幽默辛辣与随意自然的风格,一直深受观众的喜爱。李静在主持节目过程中就特别能够控制住全场的节奏,其生动诙谐的主持风格在谈话环境中营造了一种轻松的氛围。^②

许知远的语言风格深受观众喜爱,他的语言幽默而不失深度,表达清晰而不失智慧。在节目中,许知远以轻松的语调和有趣的说话方式,使观众在了解知识的同时,也感受到了娱乐的氛围。

---

①　林芷含.从《娱乐至死》反思当代艺术的媒介文化形态[J].大众文艺,2022,(8):188-190.

②　任广禾.浅谈访谈类节目主持人的沟通技巧与言语艺术——以李静《非常静距离》为例[J].新闻传播,2016,(2):82-83.

　　许知远的语言风格偶尔也会非常犀利,用他自己的一句话来说就是:"每个人都是带着成见看待世界的,如果你不带着成见,那么你对世界根本就没看待方式。"偏见式访谈的好处在于主持人带有自己的观点认知,许知远所讲的"带着偏见看世界",这里的偏见可以理解为自我的世界观。这种偏见式访谈有它独特的魅力与价值。[①]

　　(四)形象塑造和副语言

　　主持人的形象包括服装打扮、发型、化妆等方面,这些细节都能够反映出主持人的性格、气质和风格。主持人的形象也需要与节目内容相呼应,营造出符合节目的氛围和风格,从而增强节目的传播效果。

　　副语言指的是除了语言本身之外,主持人在语言交流中所使用的肢体语言、面部表情、声音语调等非语言要素。在访谈类节目中,副语言可以帮助主持人更好地理解对方的意思和情感,增强沟通效率。

　　在《十三邀》节目中,许知远的形象设计非常独特,他穿着朴素的衣服,留着清爽的发型,看上去像一个普通的学者或知识分子。这样的设计突出了他的学术背景和思想深度,给人严谨专业的感觉,这与其他访谈节目中的主持人形象有很大的不同,人们也更容易接受他的风格和语言。

　　此外,许知远的面部表情也是他形象设计中的一部分。他经常微笑着面对嘉宾,时而认真聆听,时而露出幽默的表情。这种自然、真实的表情,可以看出他对于嘉宾和话题的关注和真诚。许知远的形象设计还包括了他的沉稳气场,这种气场也让嘉宾和观众感受到了他的认真和踏实。

三、访谈类节目主持人的个性化塑造在节目中的积极作用

　　(一)引发话题和关注度

　　访谈类节目主持人的个性化塑造在节目中的积极作用之一是能够引发话题和关注度。一个具有鲜明个性和特点的主持人,能够吸引观众的注意力,增加节目的曝光率和讨论度。

　　许知远在节目中以其独特的个性化呈现方式吸引了大量的关注度。他不

---

　　① 董璐.浅谈许知远《十三邀》的访谈艺术[J].西部广播电视,2022,43(5):158-160.

拘一格的言辞、锋芒毕露的态度以及对话术的运用,常常能够引发嘉宾的积极回应和产生有趣的对话。这种个性化呈现让《十三邀》在众多电视节目中脱颖而出,成为热门话题,引发社会各界的关注和讨论。截至 2022 年 8 月,《十三邀》全网总播放量超 13 亿。2016 年,《十三邀》第一季前两集刚上线,就获得了金熊猫国际纪录片最佳谈话节目的奖项。2021 年 1 月,刑法学教授罗翔接受许知远访谈节目播出后,当天＃罗翔 人要接受自己的有限性＃ 即登上微博热搜。

（二）增强主持人的专业性和信任度

访谈类节目主持人的个性化塑造可以增强其专业性和信任度,因为采访本身是主持人的专业知识和能力的展示,这有助于在观众中树立主持人的专业形象和信任度,进而提高观众对于节目的信任度。

财经访谈节目《对话》的主持人陈伟鸿,以其深厚的财经知识和专业的主持能力,赢得了众多观众的喜爱和信任。在节目中,陈伟鸿经常能够深入分析当下的经济形势和政策,引导嘉宾进行深入探讨,同时也能够与嘉宾进行高水平的对话和交流。

在《十三邀》节目中,主持人许知远具备丰富的学术背景和学术经验,他在采访中可以准确、深入地引导嘉宾讲述话题,这样的表现增强了许知远个人和节目的专业性和信任度。

（三）营造独特的品牌形象

随着市场竞争的加剧,访谈类节目也面临着越来越激烈的竞争。个性化的主持人形象能够为节目打造独特的风格,更好地在市场竞争中立足。例如,《奇葩说》中的主持人马东,凭借其独特的幽默感,打造了深受观众喜爱的节目形象,并且成功地将这个形象转化为节目的品牌形象。

作为主持人,许知远在节目中展现了独特的主持风格和个性化特点,例如他的幽默、讽刺和犀利的言辞,以及对嘉宾深入的思考和贴心的关怀。这种个性化塑造帮助节目在众多访谈节目中形成了独特的品牌形象,吸引了观众的关注和兴趣,在竞争激烈的媒体环境中脱颖而出。许知远的人物形象成为一个节目的标志,人们一谈及《十三邀》节目,首先就会想到它的主持人许知远。

（四）多元观点促进舆论开放性

在访谈类节目中,主持人的个性化塑造可以带来多元的观点,从而促进舆论的开放性和多元性。由于主持人不同的个性特点、背景和角度,会对访谈嘉宾的回答产生不同的反应,从而引发不同的观点,使得访谈内容更加全面、多元和有深度。

　　许知远在节目中通过展示自己独立的思考和观点，鼓励嘉宾和观众表达不同的意见和看法。这种个性化呈现方式有助于推动舆论的开放性。《十三邀》第二季第一期节目是许知远对话马东，他先是问马东："为什么要做这样一个'平庸'的节目？"直接步入正题，带着他的"偏见"和思考去对话马东，而后引申到时代的粗鄙化、文化的高低之分，最后延伸到是否喜欢这个时代、有没有抵触情绪的终极话题。一系列的追问和深究，展现了许知远对于话题的思考之深，虽然网络舆论对该话题的评价褒贬不一，但足以见得许知远对于话题的剖析十分独特，也能促进网友对于该话题的积极讨论。

四、访谈类节目主持人的个性化塑造 在节目中的局限性

　　访谈类节目主持人的个性化塑造虽然可以带来很多积极作用，但也存在一定的局限性。这些局限性可能会影响节目质量和观众体验。

　　（一）自身定位：个人经验和偏见

　　在个人经验和偏见的影响方面，主持人可能会因为自身经历、性格和偏见等因素而导致节目的主观性较强，不利于节目的客观性和公正性，影响节目的质量和观众的体验。因此，访谈类节目主持人在个性化塑造过程中需要认识到自己的主观因素和局限性，并努力保持客观公正的态度，以提高节目的质量。

　　在《十三邀》第一季第四期和冯小刚的对话中，冯小刚一开始就有所保留，而且比较敏感。从许知远穿着拖鞋，冯小刚穿着西装、戴着墨镜来进行访谈就可以看出，两人对于此次访谈的定位有着鲜明的对比。许知远一开始就抱有偏见，拿起两本书，说聊得开心就送，不开心就算了，而临时修改采访时间也让许知远不甚开心。在他们的对话中，有一个话题有些戳到痛处，即许知远一直执拗地在探讨冯小刚这代人否定得太彻底，不仅否定糟粕，也否定了精髓。在采访俞飞鸿时，他发表了"女人中年不婚一定孤独寂寞冷"这样的言论，具有强烈的个人经验和偏见色彩。

　　（二）专业能力：采访技巧不足

　　在采访过程中，主持人的采访技巧和口语表达直接影响到采访效果和观

众的收视体验。比如主持人没有准备充分,没有深入了解嘉宾的背景和观点,就无法引出更深入的问题和讨论,导致采访内容浅显乏味。主持人没有掌握好节奏或者频繁打断嘉宾,容易导致采访场面尴尬和嘉宾的不愉快。

在《十三邀》节目中,许知远的语言风格和表达方式可能会导致一些观众难以理解。许知远的口音较重,同时在表达思想时有时候比较委婉,让人难以理解。作为一个非科班出身的主持人,他的采访技巧不尽如人意,有时候会在嘉宾说到一半时突然打断。在采访俞飞鸿的过程中,许知远没有做好表情控制,显得不得体,而且访谈涉及女性婚姻家庭个人隐私的问题,在观众看来显得并不是十分礼貌。

(三)风格单一:以不变应万变

不同的嘉宾有不同的性格、经历和故事,主持人如果过于固定自己的采访风格,可能会忽略嘉宾的特点和需求,使得采访效果达不到最佳状态,也容易让观众产生审美疲劳。

许知远在节目中的个性化呈现虽然具有一定的特色和亮点,但是给人感觉还是风格单一。例如,年轻观众可能更加喜欢轻松幽默、有趣好玩的节目,而对于一些思想深刻、理论性较强的话题可能缺乏兴趣和耐心。然而,许知远几乎针对所有嘉宾的提问都是同一种风格,像是采访徐峥、王宝强这样的喜剧演员时候,也没有激发起嘉宾的表演和展示欲望,从而给予观众更多的惊喜和亮点,给人一种在"以不变应万变"的感觉。

(四)价值导向:责任意识缺乏

主持人的言论和行为往往会对观众产生一定的影响力。因此,对于访谈类节目主持人来说,他们需要具备一定的主流价值观引导能力,能够在节目中引导观众接受正确的价值观。

如今,自由的网络环境给予人们更开放的话语空间。国家发布的《网络视听节目内容审核细则》明确指出,网络视听节目中详细展示吸毒、酗酒、赌博等不良行为的,应予以剪截、删除后播出。《十三邀》作为一档收视率较高、受众多为年轻群体的网络访谈节目,多次出现抽烟、饮酒的镜头,而从未出现"吸烟有害健康""未成年人禁止吸烟饮酒"等提示标语。[①] 主持人在他跟冯小刚的对话中,主动要求跟冯小刚一起抽烟,这会给世界观尚未成形的年轻群体带来

---

① 肖文轩.浅析融媒体时代网络访谈节目主持人的个性化——以《十三邀》许知远为例[J].采写编,2022,(12):71-73.

错误的示范效果。与此同时，节目也没有对许知远的脏话进行消音处理。这些都是网络节目缺乏规范、责任意识不强的表现。

总之，虽然许知远在《十三邀》节目中的个性化塑造具有一定的优势，但也存在一些局限性。主持人需要不断反思自己的不足之处，并积极克服这些局限性，以提高节目的质量和效果。

五、访谈类节目主持人口语传播策略

口语传播是人类社会最基本的交流方式之一，也是访谈类节目主持人最主要的表达方式之一。通过精准的语言表达和流畅的口语能力，主持人可以更好地传递观点、展示个性、掌握场面，同时也能够更好地与受访者和观众进行互动，建立情感共鸣和信任感。因此，访谈类节目主持人的口语传播策略至关重要，它可以直接影响节目的质量和观众的收视体验。

（一）建立平等交流的对话场

建立平等交流的对话场，可以让嘉宾感受到尊重和关注，从而更加放松自如地表达自己的观点和看法。同时，主持人也可以更好地理解嘉宾的意思，避免因为言语或行为上的偏见或不当而引起误解或争执。

主持人应该在语言和表达方式上尽可能与嘉宾保持相同的水平，不要使用过于专业或者高深的语言，也不要使用过于随意的语言。主持人应该尽可能地避免问封闭性问题，而是用一些开放性问题来替代，因为这些问题更能激发嘉宾的思考和探讨，从而促进对话的深入。比如提出"你认为什么是成功的关键因素？"这个问题就比"你觉得你自己成功了吗？"这个问题更能够引发有价值的对话。

此外，访谈类节目主持人还要注重互动交流感。通过细心倾听和追问，可以挖掘出嘉宾的观点和真实想法，并引导他们深入探讨。主持人在面对话筒和镜头时，要在潜意识里建立与观众"交谈、互动"的场景，切记不能自言自语。①

（二）掌握灵活的语言技巧

访谈类节目主持人作对话的引导者，需要不断适应不同嘉宾的情境和话

---

① 丁玉杰.融媒体时代电视节目主持人口语传播优化策略[J].记者摇篮,2022,(4):45-47.

题,因此掌握灵活的语言技巧尤为重要。灵活的语言技巧能够帮助主持人更好地引导和控制对话节奏,使得节目更加流畅自然,主持人也可以更加精准、清晰地表达自己的观点和问题,避免引起嘉宾误解或者不必要的争议。

主持人可以适当地使用情感和感性的语言来增强对话的感染力和吸引力。这可以通过引用一些感人的故事或亲身经历来实现。白岩松说:"人们只有感受到了你的真情,他们才会被你的语言内容真正打动。"①在适当的时候,也可以使用幽默和调侃的语言来缓解紧张的气氛,增加对话的趣味性。这可以通过一些幽默的问答、诙谐的解释或者戏谑的调侃来实现。但应注意把握好度,避免过度幽默和调侃影响对话的严肃性和深度。

(三)体现思维深度和专业性

互联网技术的飞速发展带来了媒体环境的深刻变化,同时影响了信息传播的路径和观众接受信息的方式。如今人们习惯于碎片化阅读,而在这样浮躁的现代社会中,能够专注于读书和深耕某一个特定领域的学者型主持人可能会脱颖而出,受到社会精英人群的欢迎,他们容易引导节目走向更为深入的讨论。

作为访谈类节目的主持人,如果可以在访谈中提供一些专业的观点和建议,会有意想不到的效果。俞飞鸿在节目里问出一句:"死亡是不是你们男人特别难面对的一件事?"许知远回答:"死亡使男人前所未有地意识到自身的局限性和脆弱性,因为他一直认为力量和控制感是非常重要的。"这样的回答让俞飞鸿非常满意。在访谈过程中,也要不断深挖话题,探讨其中的各个方面和细节。这需要主持人具备较强的思维深度和分析能力,能够理清头绪,把握事物的本质和关键点。主持人还应该根据嘉宾的回答和观众的反馈,及时调整问题的角度和深度,确保访谈内容的全面和深入。

(四)强化危机处理能力

在访谈类节目中,主持人起着沟通桥梁的作用,需要把嘉宾的观点和思想引导整合给受众。因此,当遇到突发事件、敏感话题或者意外情况时,访谈类节目主持人需要在口语传播上强化危机处理的能力,确保节目顺利进行,并最小化任何潜在的负面影响。例如嘉宾在现场突然有了极端的情绪反应或者意外的意见分歧,这个时候主持人需要保持冷静,通过疏导或者安抚情绪等方式,让讨论回归正常轨道。此外,如果有嘉宾发表了不适当的言论,主持人也

---

① 高贵武.浅论主持人的口语传播策略[J].电视研究,2004,172(3):47-48.

需要快速反应,避免这些言论对节目或者品牌商造成不可逆的损害。

因此,主持人应该在节目录制前尽可能地做好全面准备以应对可能出现的意外状况,比如与其他部门配合,准备备用的设备、备选的话题等;在日常生活中要扩大自己的阅读量,熟记一些经典的故事或是语录,在关键时刻可以轻松地进行一段富有意义的发言,一方面可以给自己提供更多的时间思考,一方面也可以增强自己的自信。①

六、结　语

综上所述,从口语传播的角度来看,访谈类节目主持人的个性化塑造对于节目的吸引力和影响力具有重要意义。以《十三邀》的主持人许知远为例,他的独特语言表达方式、深入思考和个人风格,使得观众更容易理解、认同他的观点,同时他的节目也成功地吸引了不同年龄段人士的注意力,成为备受关注的文化节目之一。

在未来的主持人口语传播中,访谈类节目主持人可以更加注重自身的个性化塑造,通过打造独特的语言表达方式、思想深度和个人风格,来提升节目的口碑和影响力。当然,在个性化塑造的同时,主持人也需要注意控制自己的情绪和态度,尊重嘉宾的意见和想法,保持友好和谐的交流氛围,更要加强主流价值观念的浸润,从而更好地服务于观众的需求和期待。

---

① 刘兵.节目主持人的危机处理能力研究[J].剧作家,2015,(5):166.

城市传播视域下文化类主持人的情感表达与优化展望

——以央视《一平方米》节目为例

孙泽文

（内蒙古广播电视台，内蒙古呼和浩特 010058＊）

摘　要： 媒介与城市的联姻早已有之，城市中有着丰富的传播元素和人类关系，传播被视为整合城市的工具，而城市则是一个"统一的思想、情感所构成的整体"。城市传播视域下的文化类主持人承担着唤醒城市文化记忆、聆听城市心声的重要角色。文章以城市传播理论作为理论支撑，以央视《一平方米》节目为例，多维度讨论城市传播视域下文化类主持人的情感表达及优化路径，探究文化类主持人如何通过一段段文字打开国民的情感之门，通过一次次对话来挖掘国民的情感经历，通过朗读的方式来引导国民的情感表达，最后在节目中实现多元化的价值建构。

关键词： 城市传播；文化类主持人；情感表达；《一平方米》；优化展望

城市即媒介，是多元意义的结合体，城市因传播而有意义。央视《一平方米》节目72小时不间断地慢直播，以有声语言符号、非语言符号，赋予静态的文字以温暖，通过情感的有声表达，传递文化精髓；在文化交融中，通过以文化人、以情动人、以事服人的方式，建立中国传统文化的自信，并在更广阔的范围内构筑文化身份认同。城市传播视域下的文化类主持人在这一平方米中通过倾听与对话，不断与一个个生命个体产生情感碰撞，进而唤起城市深处的集体记忆，让城市中的人不仅与城市形成情感共振，更为重要的是让屏幕前每一个受众找到自己与城市的情感共鸣。

＊　作者简介：孙泽文，内蒙古广播电视台主持人。

一、城市传播视域下文化类主持人的情感表达

在城市传播的大循环中,文化类主持人作为联结城市心声、城市故事以及人城互动的重要纽带,以其丰富的情感表达在节目中实现了多样化的意义建构。文化类主持人搭建起城市中的人与城市互动的重要桥梁,将那些不为人知的城市记忆一次次激活、一次次唤醒。

（一）城市心声倾听者

《一平方米》节目主持人以观察员的姿态,观察、倾听、交流、融入,穿着朴素,用亲切的语言,用一段一段的"故事"打开朗读者的心门。在《一平方米》节目北京篇中,迎来来自朝阳医院的眼科医师陶勇,主持人董卿说:"今天早晨来朗读亭朗读的一位眼疾患者读的就是你写的诗,你给很多患者带去了希望。"主持人没有直接提问陶勇医生在遭遇恶意砍伤后的变化,只是说在遭遇了这次不测后可能有更多的时间来看书了,你会选择看些什么书? 循循善诱的采访,让朗读者陶勇讲述起了自己应对苦难的人生态度和对弗兰克尔《追寻生命的意义》一书的感受,主持人不时点头。当说到陶勇医生完成的《目光》一书时,主持人连续说了几遍"我带来了这本书",并将其中印象深刻的故事深情讲述,眼中饱含热泪,一下子激发了朗读者的讲述欲,把自己和王阿婆的故事讲了出来。一次次倾听、追问,主持人在寥寥数语间将朗读者背后所支撑的力量与勇气、大爱与怜悯挖掘得淋漓尽致。走出朗读亭后,主持人摸了摸陶勇医生被砍伤的左手,"你这个左手什么时候可以恢复?""未来不就是现在积累而成的吗?"颇具人文关怀的话语,让朗读者备感温暖。

（二）城市故事传播者

罗伯特·麦基在他的《故事》一书中写道:"故事总是试图去整理着生活的杂乱无章,发掘生命的真正意义。"所以通过讲故事的方式进行表达,是最能引起观众感同身受的。[1] 故事是一种生命的隐喻,我们对故事的渴求,折射出人们对于生命形态的深刻需要。而主持人作为传播者,将更多的城市故事传播到更远的远方,是使命也是职责所在。

---

[1] 罗伯特·麦基.故事:材料、结构、风格和银幕剧作的原理[M].周铁东,译.北京:中国电影出版社,2001:14.

　　直播中来到朗读亭的素人在与主持人的交流中向受众讲述着自己的故事，并用他们真诚的语言让受众产生了情感上的共鸣，也触发了受众对于自我的反思。由于受众从节目中获得了情感上的触动，因而对节目有了一定的忠诚度。[①] 在《一平方米》武汉篇中，有一个特殊的朗读者备受关注——"小石榴"的父母都被确诊患上了新冠肺炎，她从一出生就被送入新生儿加护病房，9000万网民通过网络守护着她的成长，主持人向网友和观众讲述着这一场40多天的"云守护"，主持人问："最后终于能够抱到她的时候你是什么感受？""小石榴"的爸爸眼眶湿润，哽咽地说："当见到女儿时控制不住感情，眼泪瞬间就下来了。"而主持人充沛的泪水也再次让所有人感受到那一份最质朴的暖意。当看到"小石榴"调皮的动作时，主持人"主动请缨"化身"邻家大姨"，用一个个玩偶道具，声情并茂地为她朗读了一首《世界为谁存在》。观众在主持人和朗读嘉宾的对话中了解到这份感动你我的城市故事，也看到了人情味、趣味感十足的文化类主持人。城市传播视域下的文化类主持人只有真正设身处地想受众所想才能行稳致远，在城市传播大循环中将这一个个城市故事深情传播，并使之有效抵达。

　　（三）人城互动助力者

　　城市自古以来就不是静态空间，而是具有生命力并不断成长的动态客体，通过与受众之间的沟通互动，建构起城市意向。走进一平方米朗读亭的"朗读者"们，有的是不期而遇，也有的是如约而至，他们当中有来自各行各业的普通民众，也有为大家所熟悉的名人，他们在这一平方米中，用话筒朗读着他们自己的独特人生。在《一平方米》节目武汉篇中，主持人董卿在采访朗读者张定宇时，认真倾听着张定宇写给妻子程琳的家信，当听到这位丈夫说感觉妻子从未老过、还是一个小姑娘时，主持人不时露出笑容，点头回应，使得这份30多年的美好爱情在中南路的外文书店被重新回忆起来。从在一起的甜蜜到不得不面临的分别，主持人全程认真聆听着，一次次关切地询问"您现在的身体在接受什么治疗吗""您的精神状态很好"。颇具温度的话语，让嘉宾更为坦然从容地讲述自己和爱人经历过的故事。在这一平米的空间里，朗读者内心的真实情感以及对武汉这座城市特有的感受，被主持人不断地激活，震撼着观众们的心，而中南路的这家外文书店也被赋予了更多的价值内涵，成为朗读者与城市互动的情感载体。

　　主持人董卿作为观察者串联起了每一位朗读嘉宾与城市的生命联系，从

---

①　王俐俐,谷学强.电视节目主持人价值引导的优势与策略[J].中国电视,2019,(11):69.

家常到感悟,从嘉宾生活细节入手,虽然朗读这样一个动作的切口很小,但一次次充满人生感悟、饱含生命敬畏的朗读却在狭小的空间里构建了一种朴素但崇高的仪式感,让朗读者与这座城市最深厚最动人的内在情感得以融合,让人忘记了空间和距离,不由自主地沉静下来。一连三天不停地走入朗读亭的人,他们五彩斑斓的人生拼凑在一起,组成了一幅多元的情感画卷,看似平淡无奇,却在细细品味中荡气回肠。

二、城市传播视域下文化类主持人的优化路径

(一)以诚动人:走近更多的城市人物

北京大学俞虹教授在《节目主持人通论》中对于"节目主持人"的定义是:"节目主持人是在广播电视中以个体行为出现,代表着群体观念,用有声语言、形态来操作和把握节目进程,直接、平等地进行大众传播活动的人。"①从某种角度说,他们代表的是千千万万个受众。

在《一平方米》厦门篇,主持人采访马拉松爱好者贺帅,真诚的眼神、关切的话语、充沛的泪水感染着在场的每个人。那一天,是贺帅父亲离开的第136天,也是他踏上马拉松赛道的136天。四年前,贺帅的父亲被确诊为肺癌晚期,为了战胜疾病,他开始长跑,并下定决心要以"百公里马拉松"作为自己的人生目标。在大荧幕上看到父亲在奔跑的时候,站在朗读亭的贺帅已经泪流满面。主持人董卿眼泛泪光,说道:"我很抱歉让你看到父亲消瘦的样子在跑步,我想这会使你难过。"在厦门采访时,她走近贺帅,和他一起坐在海边畅聊,这种零距离的亲切与真诚使朗读嘉宾真情涌现。文化类主持人在节目中的角色不仅仅是倾听者,更是传播者,如何让这份传播更有价值,以真心换真心的交流永远都是最重要的。在话语表达上,文化类主持人应充分换位思考,设身处地,想嘉宾所想,充分感知嘉宾的人生经历,用近似"朋友"的身份去分享嘉宾的情绪感受,真诚沟通,少一些技巧,多几分温度。在选择交流的内容时,文化类主持人应当在充分了解嘉宾的人生阅历后,关注嘉宾新近的生活体验以及和过往经历的关联,主动唤醒嘉宾内心深处的情感记忆。主持人一直以来都是"所有传播媒介与艺术样式中最独特的一个角色",也是"架设在电视节目

---

① 俞虹.节目主持人通论[M].杭州:杭州大学出版社,1998:5.

与电视观众中间最有力的一座桥梁,更是构成电视美的一个重要部分"①。

作为城市传播视域下的文化类主持人,要始终本着"捧着一颗真心"以诚意动人的原则,要知城市烟火气需要走进烟火里,了解更多的城市人和事,通过多样化的情感表达完成意义建构的过程。

(二)切身体验:感受更多的城市情感

在《一平方米》武汉篇中,一对特殊的选手在北京的朗读亭里如约而至,他们是盲人运动员刘翠青和领跑员徐冬林。八年的共同训练,领跑员徐冬林就如同刘翠青的双眼,为她指明前方的道路,与刘翠青一同跑步,徐冬林的职业生涯也因此得以延续,他也有机会站在了最高领奖台上。他们互相成就,成为网友心目中的黄金"CP",两人各自带来了金子美玲的一首诗。在朗读亭外面,主持人董卿也戴上了眼罩,在所有人的注视下,亲身体会了一下盲人和领跑者之间的默契。"跟上我的手臂,一起摆臂。"徐冬林说道。"我不敢。"很快,眼罩就取了下来,别说是跑步,就连走路都要小心翼翼。经历了这一切,董卿越发觉得刘翠青与徐冬林是多么的艰难,他们需要绝对的信任,才能在比赛中并肩而行。

所有看过他们的人,都会大吃一惊:同样的摆臂,同样的步伐,同样的动作。最好的理解,就是彼此间相互的信任。作为城市传播视域下的文化类主持人,切身体验每一个城市中的人内心的真情实感尤为重要,就像主持人董卿在体验过盲人运动员的日常训练后,才更深地感受到这样日复一日训练的难度和盲人运动员所要付出的超出常人的努力与不易。在语言表达上,文化类主持人通过切身体验嘉宾的工作生活日常,可以更好地建立一种全新的身份,不再只是旁观者的视角,更加入了亲历者的真实情感,在进行表达时会更加贴近嘉宾的心理感受,话语表达的风格呈现亲切、自然之感,少了些程式化、固定化的思维,多了些真听、真看、真感受的代入感。当文化类主持人在切身体验感受更多的城市情感过后,所选择的表达内容就会更为质朴、恰切,不会仅仅流于表面形式,而会进一步走深走实,真正往受众及嘉宾的心里走。

当董卿问刘翠青:"如果你有了光明,你第一个想看到谁?"刘翠青毫不犹豫地说道:"看看我的领跑员徐冬林,他们说我的领跑员很帅。"由此可见,文化类主持人在与嘉宾交流时,不论是话语表达还是交流内容都应该从切身体验后的实际内心感受出发,抓住嘉宾身上的某些特质以及某些细微之处,也可以

---

① 胡智锋.电视美的探寻[M].武汉:华中理工大学出版社,1998:45.

借助和嘉宾生活相关联的人物,通过与他们的沟通侧面感受更多的细节,从而以更丰富细腻的情感完成文化类主持人在节目中的意义建构。

(三)步履不停:联结更多的城市场景

刘洁在《电视节目主持人》一书中说:"电视节目主持人是在电视的某一栏目或节目中,以个人身份出现,代表着某个电视媒介机构或某一电视节目制作群体,运用有声语言及伴随语言来组织、串联节目的主要内容,并掌握着节目的进行与节奏,同时直接、平等地向受众传播信息的人物。"[①]他们脚下有多少泥土,心中就会有多少真情。《一平方米》节目主持人董卿步履不停,走进武汉、厦门,走进嘉宾生活过的城市,从鼓浪屿到中南路,一个个场景连接着城市的情感记忆。

作为文化类主持人,要提高自己的脚力,走出演播室,真正走进嘉宾生活过的城市,在那里或许有他们的青春记忆、奋斗经过,在那里或许可以真正感受到嘉宾的生命历程。董卿在走进湖北省外文书店时,不由得说道:"这就是张院长年轻时学习外文的地方,也装满了他和妻子的甜蜜回忆。"在接下来的采访中,围绕这个城市场景展开了情感的碰撞与交融。文化类主持人在话语表达上,可以把自己感受到的对城市场景的印象以及它和嘉宾的生命关联相结合,倾听嘉宾的心声后,更多地运用有声语言和副语言给予真诚回馈。有时话语表达的节奏与内容并不需要十分密集,适当留白和停顿,不时微笑、点头也不失为一种良好的情感表达方式。文化类主持人在不断走进一个又一个城市场景后,当脚上沾满泥土,心中才会充满真情,表达的内容才会更能引发和嘉宾的共鸣。

三、城市传播视域下文化类主持人的未来展望

(一)活化"城市文化记忆",讲好中国故事

城市凝聚着人们生活的印记、情感记忆与文化记忆,城市不仅仅是一个地理概念,更是一个文化概念,主持人作为联结城市人与城市故事的重要一环,具有一定的影响力。中国传媒大学曾志华教授对电视节目主持人的文化影响力提出三层含义:"一是对主持人文化身份的指认,二是对主持人职业责任的

---

① 刘洁.电视节目主持人[M].武汉:武汉大学出版社,2004:3.

重新明示,三是对文化回归的呼吁。"①董卿在主持文化类节目中,以其丰厚的内在修养与知性的外在形象,亲切、真诚的情感表达,完成了在城市传播视域下全新的意义建构,对激活城市文化记忆、讲好中国故事起到了引导作用。《一平方米》中的一平米,就是一个朗读亭的面积,这个面积很小,只能容纳两三个人,但它又非常的大,里面蕴含着无穷无尽的情感力量。这里承载着一个个城市的"独家记忆",也蕴含着一个个城市的"文化底色"。董卿说:"每个人进入朗读亭的时候,都是一团微弱的光芒,而当这些光芒汇聚在一起的时候,就会变成一盏明灯,照亮整个城市,照亮我们的未来。"作为主持人,既是这些追光者的见证者,同样也是收集这些独特光亮、独特记忆的人。她在每一次倾听与交流中,挖掘这些城市里的文化记忆,并用它们讲好一段段中国故事。

朱立元学者受伊瑟尔关于"隐含的读者"这一理论启示,随即提出了"潜在的读者"概念。"潜在的读者"这个概念在日常生活中并不一定真实存在,虽然来源于日常生活,但它也可以作为心目中或者想象中的读者。② 在节目中,观众是董卿和节目的"潜在读者",所以,节目在挑选文化类主持人的时候,都会考虑到对"潜在读者"的影响,从而达到满足观众视觉和心理上的需要。城市传播视域下的文化类主持人,不仅需要对嘉宾的个人成长、生活阅历有充分的了解,也需要考虑到通过朗读会达到怎样感染、鼓舞受众的效果。

《一平方米》中的朗读亭作为一种仪式性的小场所,被植入了各大城市,与都市的文化生活融为一体,形成了一种浓厚的文化氛围。作为该节目的主持人董卿,在采访厦门一位朗读者时,她致敬了那些为解放厦门壮烈牺牲的老兵们,带观众重新回顾了那段曾经的城市记忆。在武汉,董卿采访了金银潭医院院长张定宇,选择的采访地点就是张院长与爱人年轻时约会的书店,张院长与爱人的故事随着几封书信慢慢展开。这一封封书信串联起的不仅是张院长的青春记忆,更是独属于这座城市的记忆,主持人要用好、活化好这些城市记忆,因为它们是构筑中国故事的元素。

(二)把握"城市发展脉搏",呈现中国形象

2021年是中国共产党百年诞辰,"十四五"以后,我国进入新的发展阶段,同样也是建设文化强国的新阶段,要实现文化强国的新征程,就要从加强社会主义精神文明建设、弘扬中国传统文化、树立中国形象等方面入手。作为党和

① 曾志华.中国电视节目主持人文化影响力研究[M].北京:北京大学出版社,2009:15.

② 朱立元.作家心中应有的"潜在的读者"——从接受美学角度谈创作[J].天津师范大学学报,1988,(5):64.

政府的"喉舌",呈现中国的声音,传播中国的故事,是每个播音员主持人的职责和任务,我们这一代主持人有责任向全球展现建设文化强国的总体目标和"中国形象"的树立。

当今世界正经历百年未有之大变局,中国要面向世界,世界也必须对中国有更多的认识,而文学正是沟通的最佳途径。作为新时代的文化类主持人,如何将我们的精神追求、精神特质、精神脉络展现在世人面前,使中华传统文化"走出去",是时代赋予我们的使命。

在城市生活不断发展的今天,要紧握城市发展的脉搏,文化类主持人在节目中要更多地去展示我国文化基因的独特魅力,更好地完成在节目中的情感表达和意义建构。"自媒体"时代的到来,对传统传播话语权发起了挑战,每个人都能成为信息的发布者和传播者,以反馈和调节为核心的交互性传播方式,实现了媒体和受众之间的双向交流,受众与受众之间的沟通更加便捷畅通,受众可以针对和城市有关的事件进行讨论和表达看法,这不仅是对媒体传播观念的创新,也是激发受众参与意识的有效方式 。① 目前,国内的文化类节目已经从百花争艳向静水流深转变,打造一批有中国特色、展示中国形象的文化类主持人,对我们的文化类节目走向国际、走向世界大有裨益。

在城市传播的大循环中,作为一个文化节目的主持人,如何将真实、立体、全面的中国形象呈现出来,如何将主持人个人博闻强识、内外兼修的特质融入城市传播的语境中,是我们需要思考的时代课题。

(三)深耕"数字城市建设",传递中国新声

伴随着诸多智慧化设备的普及和应用,媒体可以按照位置对数据进行定制化分析,并和特定位置展开关联信息传播,在城市空间中支持并促进社会实践及城市传播,使城市逐渐成为"可沟通"的。② 智慧化的一平米朗读亭在全国 28 座城市的 151 个地标性区域中建立,来自全国各地的朗读者们可以走进其中,在这一平米中与城市"沟通",与自我和解。

在数字化时代,文化类主持人能否与现代人的精神、物质需求实现真正的"互动",主持风格能否实现不可替代的"个性化",已经成为当前媒体生产供需关系中的一个主要矛盾,把握好这一主要矛盾,就有机会赢得更大的市场。在娱乐化的时代,情感已经成为观念生产、意义生成、价值实现的主要手段,作为

① 孙临平.浅析网络新闻的媒介特性[J].军事记者,2009,(6):29-31.

② 李淼.从空间出发理解传播——传播视野中的城市空间再思考[J].新闻战线,2017,(8):122-124.

一种中介,可以在娱乐与价值增长的界限之间找到一个平衡点,而情感的交流则是"倾听"和"了解",可以在短期内安抚民众的多种情绪。董卿在节目中的情感互动称得上是典范,值得业内同行借鉴。[①]"互动"是互联网时代信息交流的主要特点,在多元的信息交流中,传者与受者之间要实现智慧的激发、语言的交流以及信息的共享,彼此都能从视听上感受到相互的支持。

在这样的心理互动环境中,主持人所采用的不再是由上而下的"灌输",而是采用了一对多、一对少、一对一、多对多的多种方式。诚然,构建"数字城市"的重要基础是人,人在其中作为"数字城市"的使用者,随着"数字之窗"的普及,街道及商场的建设也越来越智能化,为人们的日常生活与工作带来了极大的帮助和便利。未来城市传播视域下的文化类主持人可以更好利用数字城市的"数字之窗",传递新时代的中国之声,完成多样的意义建构和情感传递。

四、结　语

城市传播视域下的文化类主持人作为串联城市与媒介的重要中间者,承担着引领受众、沟通受众的重要使命,用一次次的人城互动实现了感染人、鼓舞人的效果。与此同时,朗读亭这个小小的仪式空间、城市景观被植入城市中,与城市的文化生活融为一体,也有助于形成一种浓厚的文化氛围。

当文字与生命相逢,当记忆与情感交融,在这个因朗读而聚集的地方人人都是朗读者、人人参与朗读的城市中,人人都需要心灵的归属。72小时的直播,聚焦点始终没有离开节目"读书知人达天地"的主旨。《一平方米》节目中一平方米的朗读亭以及诸多取景点作为城市地标性建筑,不仅仅是实体网络的重要节点,或许也是城市的精神象征,它能够塑造城市认同,沉淀城市记忆,蕴含着丰富的文化内涵。城市的传播就是编织关系网络,城市传播视域下的文化类主持人正是这张关系网络中重要的一环,凝聚着情感共识,倾听着城市心声,他们是城市传播大视域下的中坚力量。研究城市传播视域下的主持传播,不仅仅是将文化与城市融合,更重要的是实现文化对城市和人的新的情感建构与身份建构,通过文化类主持人的串联,挖掘城市人的情感体验,引导城市人的情感表达,最终实现人城和谐发展的终极目标。

---

① 晏青.论"后情感社会"真人秀节目的情感规则、偏误与调适[J].现代传播,2018,(11):65.

职业与跨界:电商主播的语言表达策略比较研究

——以央视主持人与某头部主播电商主播直播话语文本为例

秦　霄　吕蓓旻

(浙江传媒学院,杭州 310018;宁波财经学院,宁波 315700*)

摘　要:电商主播可以分为职业电商主播和跨界电商主播两类。通过直播话语文本比较分析,职业电商主播与跨界电商主播的语言框架存在区别。职业电商主播的语言框架清晰但容易陷入僵化,跨界电商主播原有的语言风格为电商直播带来新的话语空间。电商主播应该努力打破语言框架,从规范性、融合性、艺术性等方面提升话语能力。

关键词:带货主播;口语传播;电商直播;话语能力

随着互联网技术及平台的发展,电商直播迅速成长起来,已经成为拉动消费的一种重要形式。电商直播带来各领域产业的融合变化是巨大而显著的。在行业融合趋势下,各行各业抓住时机,开始在电商直播领域逐鹿中原。按从业人员的实际从业方式是兼职还是全职来看,电商主播可以分为职业电商主播和跨界电商主播两类。其中,明星艺人与主流媒体主持人并非全职从事电商直播,属于跨界电商主播。此处跨界电商主播取其狭义,不包含从主流媒体离职或退出演艺圈专门从事电商直播的从业者。与跨界电商主播相对应的则是专门从事电商直播的职业电商主播。

那么职业电商主播和主流媒体主持人跨界从事电商直播,在带货中分别呈现怎样的话语形态,又有何区别? 职业电商主播和跨界电商主播语言表达

---

　*　作者简介:秦雷,男,博士生;吕蓓旻,女,本科生。

策略的比较研究,对于主流媒体及主持人向新媒体平台转型和优化网络电商主播的口语传播具有实践指导意义。

本研究以央视主持人跨界电商系列与美妆品类头部主播"搭搭随便夫妇"直播话语文本为案例,以文本分析和个案分析相结合的方式作比较研究,并结合现有文献资料,讨论主流媒体主持人的口语传播如何突破传统语言样态限制,在新媒体时代培养出更为全方位的综合能力,探讨网络直播带货的口语传播优化策略。

一、跨界与职业电商主播现状分析

星图数据(Syntun)显示,2022年双十一期间(10月31日—11月11日),综合电商平台、直播平台的累计销售额为11154亿元。直播行业异常火爆,职业电商主播和跨界电商主播以各具特色的形式发挥着产品推广、拉动消费、助力产业发展、打造地方文化名片等作用。具体而言,各类电商主播大致呈现以下现状。

一是职业直播带货的头部主播,引领潮流风尚。头部主播是在互联网直播平台拥有大量粉丝和直播流量的主播。头部主播的带货直播间销量远远领先于其他电商主播。这类主播堪称直播消费上的"意见领袖",在直播消费中具有强大的引导性。以美妆产品为例,每隔一段时间都会有某样商品在各大短视频APP上走红,不少网红、博主都会争相推荐,其中头部主播的推荐往往能掀起一波潮流。

二是明星艺人跨界带货,粉丝热情不减。明星带货最大的特点就在于他们自带流量,并且与头部主播相比,这些流量往往具有黏性更高、信任感更强的特点。2020年,刘涛化名"刘一刀",在淘宝直播首秀中达成了1.48亿元的销售额。演员陈赫的抖音直播带货,4个小时创造8200万元销售额。演员张雨绮签约成为快手电商代言人,与辛巴合作带货2.23亿元。再往后如贾乃亮、汪峰、王祖蓝等都陆续在各大平台进行了自己的直播带货。明星带货创下的销售神话,得益于其粉丝消费群体和自身的知名度加持。依托于明星的流量和人气,平台也能为自己的直播销售造势。

三是主流媒体主持人跨界带货,助力产业发展。2019年1月,国务院办公厅印发《关于深入开展消费扶贫助力打赢脱贫攻坚战的指导意见》,文件要求动员社会各界扩大贫困地区产品和服务消费,推动各级机关和国有企业等带头参与消费扶贫,推动东西部地区建立消费扶贫协作机制,大力拓宽贫困地区农产品流通和销售营销,打通供应链条,拓展销售途径。全国各广播电视台积极响应国务院号召,充分发挥自己的媒体优势,纷纷推出电商助农计划,为脱贫攻坚贡献自己的一份力量。以中央电视台为例,2020年9月的中国农民丰收节金秋消费季活动中,央视主持人董浩与几位明星一起为新疆灰枣、湖南果秀水果罐头、黑龙江大米等直播代言。2021年12月,央视主持人陈蓓蓓、周运组成了"加蓓好运"组合,在助农直播中"安利"荔浦芋头、来凤藤茶、凤头姜、脐橙等农产品,仅仅两个小时就吸引了500多万观众涌入直播间。

电商直播的确带来了巨大的经济效益和社会影响,必须肯定直播带货对于社会发展的积极作用。对于电商主播而言,媒介技术不断发展使其成为所处社群中的"活跃分子",并掌握了其所处领域的消费话语权。一场成功的直播带货,离不开电商主播的话语建构;优质的直播带货人才同样需要具备优秀的话语能力,通过积极而持续的言论来增强自己的话语权与执行力。[①] 但不同类别的直播电商主播形成的话语体系和话语功能必然产生差别,并呈现出不同的直播带货现状。

二、职业与跨界电商主播的直播语言文本分析

基于跨界与职业电商主播现状分析,笔者选取头部主播个案和央视主持人为代表的跨界电商主播两类进行比较研究对象,通过观看直播和话语文本来分析两者在直播中的语言表达策略。

(一)职业电商主播的语言表达策略与话语功能实现

1. 类人际传播情境中形成语言框架

通过观看70个美妆品类头部主播"搭搭随便夫妇"的直播案例,将其直播语言整理成文本,通过文本分析法进行细读和归纳,可以看出职业电商主播的言语框架。

从营销角度分析,"搭搭随便夫妇"的直播带货语言框架大致为:营造需

---

① 王嘉璐,张鸿祥.新媒体视角下电商直播的传播策略研究——以淘宝主播为例[J].新闻研究导刊,2022,13(14):17-19.

求—放大需求—刺激行动。以某场直播推荐面膜为例。"姐妹们要先点好关注,不然面膜超市的东西大家是没办法下单的""今天给大家的福利也是我自己的爱用物"。根据受众群体的需求,与受众产生连接,直接吸引有想入手面膜的人群。第二步针对此类产品最大的一个痛点问题进行放大,从而为后续引出带货产品进行铺垫。最后通过降低消费门槛来完成整个带货流程。

语言框架即话术结构,体现了主播组织语言的思维逻辑。"话术"一词尽管在营销语境下准确描述了电商主播口语的目的性,但是不足以解释互联网传播过程中主播与受众的传播关系,也不足以诠释主播的口语传播功能。以传播视角对职业电商主播的直播文本进行分析,可以得出传播学视角下职业电商主播的语言框架。表1择例对互联网直播带货中的主播语言框架进行分析讨论。

表1　互联网直播带货中的主播语言框架分析

互动性话语	开场白	单向式欢迎:欢迎××进入直播间。
		互动式欢迎:欢迎××进入直播间,你的昵称看起来很有意思,是有什么含义吗?
	串联语	发问式互动串联: 刚刚分享给大家的小技巧学会了吗?
		选择性互动串联: 想听×××的扣1,想听×××的扣2。
	结束语	"感谢大家陪伴××。" "感谢大家来观看我的直播。"
宣传性话语		宣传直播时间:"我每天的直播时间是××时—××时,大家记得准时来观看哦。"
		宣传直播内容:"今天给大家分享几个美妆小技巧,记得关注我,了解更多简单易上手的美妆知识。"
		宣传引导关注:"喜欢××可以多关注一下主播的直播间。"
刺激性话语		刺激消费欲的话语: 强调"低价""优惠套餐"来激起购物欲。
		引导行动的话语: "抢购""过时不候""数量有限"等刺激立刻行动。
		控场式话语: 觉得这个产品不错的请把666扣在弹幕里。

　　通过以上语言框架的分析可知,带货直播间的场域之中,主播的语言既体现出了大众传播中常见的开场白、串联语、结束语等播音主持语言,也有人际传播中互动性强、口语色彩鲜明的语言表达,更有市场营销语言。因此,这一场域中的语言表达体现出了特殊性,可以称之为类人际传播。第一,电商直播区别于面对面的人际传播,直播间观众看得见产品和主播,而主播只能通过数据构想观众的具体样貌。之于观众,主播和产品是具象化的存在;之于主播,受众是他们通过数据画像而形成的"想象的共同体"。第二,电商直播区别于大众传播语言的高度规范性要求,努力向人际传播的关系网靠拢。第三,电商直播区别于互联网传播的虚拟性,直播带货的语言交流必须通过互联网空间的交流立即刺激观众的行为,影响其现实生活。这种即时的刺激影响,是以主播的语言行为为动力,打破虚拟和现实二元对立空间的过程。因此,主播的口语传播必须讲求语言目的与语言效果。

　　2. 职业电商主播话语功能的实现路径

　　在直播带货场景中,主播使用了不同的话语策略以实现话语功能,达到成功解读产品信息、刺激消费需求、建立消费信任,最终刺激消费行为的目的。将有关带货产品的话语内容类型化,可以反映出各类型对应的话语功能,例析如表 2 所示。

表 2　带货话语内容各类型话语功能分析

话语功能	话语类型	文本解释	案例文本分析
解读产品信息	展示型话语	主播进行带货时,展示产品的质量和使用感受,能够让受众群体最直观地看见效果	"搭搭随便夫妇"进行美妆类选品时,对每个产品的功能进行很细致的表达
刺激消费需求	体验型话语	线上直播带货的缺点就是消费者无法直接接触到产品,只能通过主播的描述来了解产品。因此,主播就需要让消费者与产品建立一定的信任感	通常主播都会用"这也是我自己在用的产品""我也买了很多这个产品"抑或是"我只推荐这一个品牌,其他品牌给我再多广告费我也不推"这一类话语来衬托产品,从而打消消费者的疑虑
建立消费信任	专家型话语	在推荐商品时,主播要能够从专业的角度出发,针对产品以及同类型产品作出讲解,并且指导消费者根据自身情况来选购商品	比如服装类直播,主播可以通过对某件服装的专业搭配、身材类型给出建议。护肤品类的直播则可以根据肤质、过敏原进行推荐

与市场营销学中的 FAB 销售话术类似，某款产品只适合 A 类顾客，销售人员不会推销给 B 类顾客，会提升客户的好感度，从客户的角度去销售增加新人。而陪伴式话语与展示型话语的组合能更容易实现话语功能。例如，唠嗑、生活、家长里短加上产品介绍，无形间就会拉近与顾客的距离。同样带货一件产品，头部主播的带货量就是会比普通主播更多，因为直播话语的精进需要时间的积累和实践的经验。当下，媒介技术不断发展，职业电商主播更应注重提高自身的语言能力，通过积极而持续的话语输出来巩固自身的话语空间，提升话语权。

（二）主持人跨界带货重塑直播带货产业的话语空间

与职业电商主播不同，主持人跨界带货被业界普遍视为媒体融合与人才转型的一种有益尝试。尤其是主流媒体的主持人跨界直播带货时，基于主流媒体强大的社会影响力，必然引发广泛的社会关注。就直播带货行业而言，主流媒体主持人带来了新的话语空间。

1. 语言碰撞带来直播话语的新鲜感

尽管直播带货创造了一个又一个营销奇迹，但是长久以来，其僵化的销售话术体系和语言框架广为大众所诟病。观众面对屏幕听完一整套精心策划的直播语言，无非就是仪式般地享受最后一秒钟上链接时的互联网消费狂欢。主流媒体主持人的跨界合作，带来了双方语言的碰撞，为电商直播话语带来了新鲜感。以下文本分析，试比较职业电商主播与主持人跨界主播的话语区别。

疫情之后，鄂地重启，央视主持人朱广权在央视新闻和淘宝直播连线开展湖北美食公益直播。朱广权的直播带货话语，充分发挥了语言组织能力，将带货话语上升为艺术化的语言。卖汽水，是"辉煌于当下，畅饮到未来"；卖热干面，是"不逼自己一把不知道自己还会一字马"；卖凤爪，是"千万不要像关羽大意失荆州一样错失荆州凤爪"。他还利用自己的即兴口语表达优势改编产品的介绍词：

"烟笼寒水月笼沙，不止东湖与樱花。门前风景雨来佳，还有莲藕鱼糕玉露茶，米酒香菇小龙虾。赶紧下单买回家，买它买它就买它，热干面和小龙虾。"

在跨界电商的合作中，央视主播充分发挥了自己的专业能力，进行了超强的内容输出,增强了直播的可观性和格调。① 两者的碰撞,证明艺术语言在网络直播带货中是具有话语空间的。专业能力过硬、临场反应力强,语言幽默生动、氛围轻松愉悦,直播内容更优质、趣味与文化相结合,或能成为未来直播带货语言的艺术追求方向。追求语言艺术的可能性意味着职业电商主播可以适应不同的直播环境,利用自己的语言为电商主播带来新的话语空间。

2. 直播带货展现主持人语言风格

语言风格是主持人长期以来形成的语言表达特征。主持人跨界直播带货本质上依旧是从事口语传播工作,因此,在表达过程中仍会展现主持人的语言风格。

2020 年 5 月 1 日,朱广权、撒贝宁、康辉、尼格买提四位央视主持人组成"央视 boys",以"为美好生活拼了"直播为当时受新冠疫情影响的经济助力。这次直播的成交销售额超 5 亿元,同时也打破了人们对传统主流媒体主持人严肃的刻板印象。"央视 boys"的四位主持人个性鲜明、风格迥异,在整场直播中碰撞出了不少火花。

康辉在直播中一改《新闻联播》中严肃、庄重的形象,变得更加接地气。从《主播说联播》再到"康辉的第一支 Vlog",不仅丰富了他本人的形象,更是作为一个传统媒体主持人在新媒体时代的创新和突破。撒贝宁在节目中是一个集才华与幽默于一身的人。在直播中推荐九阳豆浆机时,他说:"如果从小我有这个东西那我现在肯定不止这个身高。"以及被人牢牢记住的"念错罚款两百块"的梗,这样有趣、别出心裁的调侃方式给人留下了深刻的印象。朱广权在直播中依旧稳定发挥、金句不断。尼格买提一直以亲切随和的综艺节目主持人形象出现在大众视野,在直播中展现出了自己"梗王"有趣的一面。一开始就从自己的名字做文章:"有史以来哪位电商主播的名字里,这么赤裸裸地写着'买'字? 不仅能'买'还能'提'!"让观众看见了他不一样的一面。

在主流媒体跨界电商直播中,不同的主播通过属于自己个性鲜明的表达方式展示不同的产品特征,并通过不同的环境、不同的场景直播、明星参与、素人体验等形式展现产品信息,实现良好的传播效果。②

---

① 王覃秋.全媒体时代主流媒体直播带货分析——以央视新闻为例[J].传媒,2021,361(20):71-72.

② 刘静,李孟晨.传统媒体主持人"直播带货"优势及策略浅析——以央视主播为例[J].电影画刊,2023,411(2):64-65.

三、电商主播话语能力提升策略分析

无论是职业电商主播还是跨界电商主播，都是利用互联网直播平台这一媒介来完成带货工作。由于两者本身的群体归属大不相同，在直播时所反馈出来的口语传播形态也不相同。职业电商主播有自己的一套直播话术，根据不同的场景、直播品类的不同来调整直播话术，但其实内核流程基本上依照的是固有的流程。而以央视主持人为代表的跨界电商直播，在直播中的口语表达虽不及职业主播那样有着较为完整的直播术语，但是依托自身的语言艺术功底和个人主持风格，为电商直播带来了新的话语空间。

（一）职业电商主播打破语言框架，提升话语能力

在新媒体时代，互联网直播平台的出现使电商主播拥有了引领消费的话语权。把握消费话语权，提升职业电商主播的话语能力，是电商主播持续发展的重要内容。

一要树立公共利益意识，杜绝虚假和夸大宣传。不少电商主播利用新媒体，夸大宣传，虚假宣传，误导消费者，实则消磨了新媒体时代赋予电商主播的话语权利，对行业长远发展十分不利。在人人都有麦克风的时代，要牢固树立公共利益意识，只有守护公共利益，自觉维护消费者权利，才能迅速积累良好的口碑，获得可持续性发展。

二要规范直播语言，提高表达能力。当下电商直播中，用媚俗化的网络用语误导网民的情况屡见不鲜。《互联网直播服务管理规定》和《网络直播营销管理办法（试行）》的相继出台，从政策上指导电商行业健康、良序发展。电商主播作为新媒体时代消费生活的重要力量，理应规范在直播中的话语，丰富自身文化底蕴，注重提升话语能力。

（二）跨界电商主播为优化电商直播带来启示

主流媒体主持人跨界电商直播的成功案例，为优化电商直播提供了新思路、带来了新启示。

首先，当下消费生活的提质需要重在优质的消费体验提升。直播产品的购买过程，不仅是为获得产品本身，更是体验消费全过程。提升电商主播的口语传播能力是提升消费体验的重要途径。电商主播需要赋予语言表达以更多的文化内涵，使用艺术化的语言表达作为提升自身话语能力的途径。

其次,电商直播行业飞速发展,为媒体融合和主持人转型提供新途径。广播电视节目主持人走出传统舒适圈,在一定程度上参与电商直播是一条可行的媒体融合和主持人转型途径。"网络直播带货未来发展和传统媒体参与直播带货需要解决媒体在舆论引导和直播卖货的主副功能间的平衡,保持媒体的权威性和公信力,在追求经济效益的同时兼顾社会效益。"①主流媒体主持人参与电商直播,不仅可以进行媒体资源和商业资源的有机整合,也有利于将主流媒体的社会服务意识带入电商直播领域,掀起一股守正创新的转型之风。从现实情况来看,电商直播行业仍是一个需要引领和规范的行业。除了一系列政策法规的硬性规定,同行业从业者的示范效果在提高从业人员的专业素养和职业操守上,仍会发挥潜移默化的作用。

再次,主流媒体主持人的跨界尝试,有利于主持人自身突破传统语言风格限制,转换话语形态,适应新媒体平台特点及消费场景,立体地塑造适应融媒体环境的人格化形象,拓宽自身的发展道路。主流媒体跨界电商直播时"要注重技术引领,加强技术队伍建设,坚持技术思维,建设强有力的技术平台,扩大技术在内容生产中的应用场景"②。主流媒体主持人充分发挥自身专业优势和网络平台优势,坚持守正创新,敢于尝试不同风格、转变传统主持人形象,才能成为正向价值引领者。

四、结　语

新媒体视域下,电商主播不仅仅要成为活跃在镜头下的公众人物,更应该是一个个有血有肉有担当的口语传播者、内容分享者和生活消费引领者。同时,新媒体时代的飞速发展,给主流媒体主持人的综合能力发展带来了更多新机遇。主流媒体利用好新媒体平台,将助农扶贫等国情需要与媒体行业结合起来,积极主动地参与新兴产业,能够更好地发挥主流媒体的引领价值,塑造新时代有温度、有担当的媒体形象。

---

① 丁雷.融媒时代网络直播带货发展模式研究——以东方甄选直播间为例[J].新闻爱好者,2022,539(11):41-44.

② 董召锋.主流媒体"直播带货"现象探析[J].传媒,2022,380(15):79-81.

品牌叙事视角下内容种草的心智策略探析

——以直播种草为切口

张书敏

（浙江传媒学院播音主持艺术学院，浙江杭州 310018*）

摘　要:内容种草对用户心智层面的影响可以从品牌的角度去阐释,品牌叙事学恰好提供了一个合适的研究视角。同时,随着直播种草越来越深入地影响消费者的购物决策,以直播为切口去探讨建构品牌叙事有其现实意义。直播种草的差异之下是直播种草品牌叙事的样态迭代,即实现了对消费者更高层次马斯洛需求的满足。而主播的价值观表演正是消费者满足自我实现需求的关键环节。

关键词:品牌叙事;内容种草;电商直播;自我实现;价值观

一、问题缘起:内容种草的心智通路

种草,是指将搭载品牌和产品信息的内容传递给消费者并且影响消费者心智的过程。[①] 根据相关报告显示,有 93.4% 的消费者有过"被种草"的经历。[②] 互联网时代,内容平台成为重要的种草渠道,内容种草逐渐成为品牌与消费者沟通的重要方式。

---

* 作者简介:张书敏,女,硕士研究生。

① 种草内容平台营销价值白皮书[R]//上海艾瑞市场咨询有限公司.艾瑞咨询系列研究报告,2021,(11):6-7.

② 社区营销研究院.新消费新策略《2022 年中国新消费品牌发展趋势报告》一览![EB/OL].(2021-11-01)[2023-05-06].https://mp.weixin.qq.com/s/z3MizocSIHCZe-vmIz5XYQ.

（一）购买与转化：内容种草的误解

流量时代，内容种草的核心在于流量的投放与分配。然而，随着互联网下半程流量红利的触顶，内容的重要性逐渐凸显，内容种草逐渐步入"流量＋"模式，即更多地将流量看作工具，而内容成为种草的核心。内容平台吸引用户大量时间和精力，在多领域和场景下介入用户日常生活和消费决策，成为品牌主争夺流量自主权的重要赛道。

内容的重要性凸显之下，内容种草的目的也在这一过程中逐步发生变化，从"拔草"转向心智沉淀。艾瑞咨询研究院将内容种草完整的营销链路分为前链路种草和后链路拔草，将种草看作为"拔草"服务的前链路，促成销售转化是种草的最终目的。[①] 当下，各类营销机构都从"技"的层面，为品牌方提供了多样的以销售转化为终点种草方法论，其中多次提到了"用户心智"，提出能够从心智层面对消费者产生营销。

从传统营销学的视角来看，购买欲是浅层的用户心理动机。种草在深层用户心智层面的功用或许要从品牌视角进行阐释。科特勒在《营销管理》里指出，有效的品牌化通过创建一种心智结构来帮助消费者形成产品和服务的相关知识。[②]

（二）品牌叙事：用户心智的阶梯

"沟通"是品牌构筑的根本途径，而"叙事"则是"沟通"的元方式。品牌叙事是品牌长期、整体的叙事，指品牌所有营销沟通活动所构成的叙事体系。消费者在品牌故事世界中构建出自己的信仰体系，这个体系有自己的价值观、话语、符号、仪式和行为。在内容种草领域，从品牌叙事的角度出发，为品牌方深入用户心智提供了新的可能，即通过内容种草，搭建品牌叙事，进而实现占领用户心智的目标。

首先，内容种草确实能够实现在品牌层面的影响。有研究者发现，内容种草不仅能"种"下产品购买欲，还能够"种"下品牌资产。种草式内容营销，在给用户提供参考、推荐、攻略取得用户信任的同时，也大大增强了消费者对品牌

---

① 种草内容平台营销价值白皮书［R］//上海艾瑞市场咨询有限公司.艾瑞咨询系列研究报告，2021，（11）：15-19.

② 菲利普·科特勒，凯文·莱恩·凯勒，亚历山大·切尔内夫.营销管理［M］.16版.陆雄文，蒋青云，赵伟韬，徐倩，许梦然，译.北京：中信出版集团，2022：278-279.

的认知度和好感度。① 同时,内容种草有可以搭建品牌叙事的可能。内容种草在各个社交平台上通过图片、笔记、视频和直播等内容与消费者沟通产品或者品牌的信息,而在这一过程中可以构建出完整的品牌叙事。最后,根据艾·里斯和杰克·特劳特于 1969 年提出的定位理论,品牌需要在用户心智阶梯中占据最有利位置,使品牌成为某种品类的代表。品牌叙事学认为,品牌定位是讲故事。品牌叙事学正是从这个视角来搭建用户的心智阶梯。

(三)直播种草:种草研究的切口

"语言是人类进化中最强有力的变革催化剂。"② 作为内容种草的重要方式,直播种草也是各大内容平台集中开发的领域。截至 2022 年 12 月,我国网络直播用户规模达 7.51 亿,占网民整体的 70.3%。其中,电商直播用户规模 5.15 亿,占网民整体的 48.2%。2022 年"双十一"期间,抖音电商中 7667 个直播间销售额超过百万元。③

直播种草的辐射面和影响力由此可见一斑,因此以直播为切口去探讨内容种草占领用户心智的策略更有其现实意义。除此之外,现有研究已表明,直播种草能够对品牌资产产生较大影响,故从直播渠道去构建品牌叙事确有其可能。因此,本文旨在探索在内容种草领域,如何通过直播种草来帮助品牌建立品牌叙事,进而占领用户心智。

二、直播种草延展品牌叙事的可能性

从认知角度来看,品牌故事世界是品牌在与消费者的营销沟通互动中共同构建的心理模型。品牌故事世界包括:时间空间所构成的特殊语境;与目标消费者产生符号联结的主角;主角所秉持的价值观;与价值观相符的表征行为。而直播种草的框架恰与品牌故事世界的框架相对应,并由此拥有了构建品牌叙事的可能。

① 李忠美,黄敏.新媒体背景下"种草"式内容营销的对策研究——以小红书为例[J].商场现代化,2022,(21):1-3.
② 菲德勒.媒介形态变化[M].明安香,译.北京:华夏出版社,2000:20.
③ 中共中央网络安全和信息化委员会办公室第 51 次中国互联网络发展状况统计报告[EB/OL].(2023-03-02)[2023-05-06].https://www.cnnic.net.cn/n4/2023/0303/c88-10757.html.

（一）时间空间所构成的特殊语境——直播间

叙事沉浸指想象力介入建构与设想一个由智能生物所栖居的具体的故事世界，纯粹依靠心理活动实现。叙事沉浸有三种表现形式：一是空间，读者对被述事件的临场感；二是事件，读者的悬念体验；三是情感，读者对故事或人物的反应。[①]

在直播种草中，直播间以具体的场景搭建，通过共时性和互动性，在社交场域中为消费者构建出了一个特殊语境。东方甄选图书号的夜读栏目以售卖人物传记为主，正是通过慢直播的方式，带消费者重回历史时空，实现叙事沉浸。直播间背景是古朴的红木书架，家具采用原木风格，背景音乐则是选用对应朝代著名影视剧的配乐，而主播蓓蓓一般会身着有年代厚重感的旗袍，整体在空间上为观众提供临场感。其次，夜读直播间往往选用有较大话题度的历史人物故事，并善用提问，让消费者在观看过程中拥有足够的悬念体验。最后，主播会启发消费者站在该人物的立场上思考，从而让消费者更容易共情、理解其选择，从情感角度实现叙事沉浸。

（二）与目标消费者产生符号联结的主角——主播

角色与消费者建立关系的方式一般分为两种，一种是建立"范型人"，一种是让消费者代入"普通人"。主播恰好符合这两种人的类型，一方面，他们作为意见领袖，是消费者理想生活方式的"范型人"；另一方面，他们离消费者的心理距离并不遥远，能够增强消费者对故事世界的参与感，弱化故事世界的理解门槛。例如，车澈的潮车间直播的巨大吸引力背后就是他本人的独有潮流文化身份。他不仅是《中国新说唱》《中国有嘻哈》等潮流综艺导演，同时自己也围绕当下年轻人的孤独感打造了"孤独面店"，并且自主创立了潮玩 IP "FARMER BOB"。车澈作为潮流文化代表人物，既是潮流消费者的"范型人"，同时又通过直播的方式拉近了自己与消费者的心理距离，成功与消费者建立关系，产生符号联结。

（三）主角所秉持的价值观——主播价值观

品牌叙事的本质就是基于核心价值观的建立构建故事世界，而其中主角所秉持的价值观正需要和品牌核心价值观一脉相承。品牌叙事的理性逻辑产生于蕴含其间的价值观，所以品牌叙事需要做到：叙事中隐含价值观；价值观

---

① 张新军.数字时代的叙事学：玛丽-劳尔·瑞安叙事理论研究［M］.成都：四川大学出版社，2017：25-26.

对消费者有吸引力；价值观与消费抉择有关联；叙事与消费者相信的事物一致；消费者相信坚持这些价值观的结果。

直播间作为具有售卖功能的社交空间，其中的主播以成交为目的尝试向消费者种草商品时，所采用的话语中大多包含价值观的传递，并试图以这份价值观打动消费者进而促进购买，而这套话语逻辑恰与品牌叙事的价值观内涵相一致。东方甄选直播间的头部主播董宇辉在介绍产品的话语中对"诗和远方"的价值观传递，正是其成功出圈涨粉六百万的主要原因。例如在销售《活着》时，他用的推荐语是"面对如山岳一般的困难，活着本身就是一种勇气"。不同类型的产品推荐语，传递的是积极正向的生活价值观，而消费者也愿意为这一份生活的动力去购买对应的产品。

（四）与价值观相符的表征行为——主播讲解风格

品牌价值观最重要的功能是建立品牌与消费者之间共同的价值认同，为品牌故事世界确立根本。主播的讲解风格只有和价值观相一致，才能够真正获得消费者的心理认同，取得消费者信任。

在东方甄选直播间中，大部分主播都会强调"我们是新东方旗下的直播间东方甄选"，通过"我以前是老师，现在是网络销售员"的介绍，将"为人师表"嵌入该平台的主播价值观中，也为售卖的产品增加了一层诚信价值。而东方甄选的大部分主播都会采取"备课"式的直播风格，从为产品介绍制作教案PPT，讲述时用小黑板划重点，到双语模式解释产品卖点，一系列与"为人师表"价值观相关联的行为，塑造了东方甄选直播间的主播风格。

三、品牌叙事的直播种草样态迭代

直播种草最开始的业务形态集中于销售端，主播往往采用低价策略和FOMO（Fear of Missing Out）情绪带动消费者下单，产品的功能卖点和价格优势成为主播的话语重心。直播业务野蛮生长之中，主播依托自身对产品价值的场景化表述来带动用户的情绪，进而推动下单。与此同时，直播业务对于品牌力的深层影响还未得到学术界的广泛关注。在知网上检索2019年左右"直播"和"品牌"相关词条，大部分论文专注于直播对消费者购买行为的影响，少部分关于直播的品牌研究也主要围绕直播间或主播个人IP的品牌力打造。

随着直播业务进入规范化，"交个朋友""东方甄选"等规模化的直播厂牌逐渐建立,直播种草更深度的内容力也逐渐被发掘。今年董洁在小红书上的几场直播,向品牌展示了直播种草的另一种可能性,即不仅将直播种草看作销售渠道,而是从营销沟通的角度,将直播种草看作积累品牌资产的方式,通过主播个人化的叙事帮助品牌构建故事世界。

(一)"有种花钱得到尊重的感觉":深度剖析品牌的宣推官董洁

不同于大部分主播以产品为中心的叫卖式直播,董洁小红书的直播十分重视对品牌的阐释:商品完全放在使用场景当中,给了品牌充分的展示空间。在直播中,她对产品的介绍围绕着其背后的品牌,"在我们现在真空包装的品牌里面,三胖蛋就属于原味瓜子,他不会让你吃出来有任何添加的调料的味道"。

她对品牌的介绍十分仔细,会从各个切面阐述品牌的理念,并尝试以此打动消费者。在对有乐岛(Yololand)品牌的介绍中,她先从超级食物的品牌研发原点切入,"说到吃不胖的东西,我就要给大家推荐一个很好很好吃的品牌,是有乐岛。我觉得无论是从包装还是理念来讲,都是一个非常值得推荐的品牌。它其实还是专注于做健康食物的,它也提到了一个'超级食物'的概念,就是超级食物它其实是我们熟知的、历史悠久的一些好的食物,比如说奇亚籽,中国的山药、芝麻、红豆,有乐岛它其实在提出这些理念的时候,我就跟我之前看到的书一下子对起来了"。

她还会提到这个品牌背后的人文关怀理念。"你收到有乐岛的时候会很开心,因为你从包装上就会看出它环保的一个理念。我收到有乐岛的时候,它就是一个环保的、可利用的小纸箱,很可爱,我觉得是一个非常好的理念的品牌,对于保护自然是非常认真的,很有想法的。"所以,与其说董洁是在带货,不如说是在"带品牌"。而四场直播的优秀数据也证明了通过直播的场域去搭建品牌叙事,能够对消费者心智产生影响,从而实现深度种草。

(二)从卖产品到讲品牌:品牌叙事的样态升维

马斯洛理论将需要分成生理需要、安全需要、社交需要、尊重需要和自我实现需要,这些需求都是按照先后顺序出现,当一个人满足了较低的需求之后,才会出现较高级的需求,即需求层次。从李佳琦到董洁,在直播种草领域构建品牌叙事的方法正在经历一场样态迭代,从浅层的产品卖点延展,转移到对品牌的深度解读。而这背后,其实是满足了消费者更高层次的马斯洛需求。

初期主播在直播中的品牌叙事构建,主要还是从卖产品出发,其直播话术中,讲述产品的品牌身份只是为了更好地卖出产品,所以消费者在他的直播种草中满足的,只是低阶的生理需求、安全需求和社交需求,但是更高阶的尊重需求和自我实现需求并没有完全得到满足。例如在"花西子雕花口红是一支你买回去都想把它供起来的艺术品"中,叙事的重点在产品的艺术品观赏价值,而非品牌的东方美学理念;同样在"花西子口红它是孕妇可以用的,因为它是植物成分,特别特别好的植物成分。花西子它们是以花养妆,所以可以放心使用的"中,主播虽然提到了品牌的"以花养妆"理念,但本质上是为了扩大消费者群体,满足更多消费者的低阶需求,从而促进购买。

而董洁所展现出的直播样态,是真正将直播作为扩大品牌声量、打造品牌联想和积累品牌资产的渠道,而这更有利于品牌的长线转化。消费者在董洁直播间里,通过她对品牌理念的解读,在购买产品时,满足的不仅是产品本身功能价值下的生理需求等低阶需求,还有对健康食品背后健康生活方式的憧憬、对自我健康生活的期待等更高维度的尊重需求与自我实现需求。以对有乐岛品牌产品的介绍为例,她是从品牌健康食品赛道的定位出发,以"超级食物"的核心理念为切口,介绍该品牌旗下的原麦饼干,并且从"绿色、健康"的理念出发,向消费者传递了有乐岛的环保理念,在顾客的心阶梯中为有乐岛留下品牌印象,以后消费者购买健康食品时,会自动定位到有乐岛旗下的众多产品。而当消费者想要选择健康生活时,头脑中会直接定位到有乐岛品牌,从而进行消费。

综上,消费者的购买行为本身,并不是在消费,而是在进行自我实现。正如董洁所言:"在我的直播间,可以喜欢,但你可以再忍一忍、等一等,因为喜欢和理解一个品牌是需要时间的。"消费者通过直播种草留下的不是转瞬即逝的购物快感,而是深度的品牌生活理念,所以他需要"忍一忍、等一等",需要谨慎选择,认真理解,最终通过"理解一个品牌"来理解自我追求的生活方式,并为之购买,完成自我实现的行为闭环。这也正是为什么直播种草能够通过品牌叙事让一个品牌留在消费者心中的原因。因而,从"讲品牌"的角度出发,企业着眼的不是一场两场,甚至半年直播的销售数据,而是长线的品牌资产,是消费者心智结构中的品牌定位,直播种草领域中的品牌叙事也由此迭代。

四、价值观:连接直播种草与品牌叙事的心智抓手

从马斯洛需求理论来看,价值观是直播种草与品牌叙事建立起联系的重

要支点。因为主播的价值观表演正是消费者通过品牌叙事实现自我实现的关键环节。

直播间口语传播的内容除了商品的价值介绍外，还包含着主播的价值观表演。主播们意识到，要争取流量，就必须"把三观给大家，卖自己的价值观"①。而品牌叙事的本质就是基于核心价值观的建立构建故事世界，然后在漫漫发展长河中延展故事世界。由此，主播的价值观表演将直播种草与品牌叙事串联起来，在直播时通过价值观传递将品牌叙事建构在消费者心智中。

价值观表演打动消费者的关键在于消费者能够通过其完成自我实现。拉康镜像理论认为，只有先在另一个人身上折射自己，才能获得自我身份。直播受众很容易因主播的价值观而对其产生好感，并在主播的"他者形象中体验自己"，过着"映射在他者幻想上的人生"，从而完成自我实现。② 因此，直播种草中品牌叙事的重心，还是应当回到主播本身。入选董洁直播间的轻奢珠宝品牌 hefang jewelry 表示，董洁直播间的优势在于她不仅仅是在带货，更是对于美学品位和精致生活方式的分享。③ 董洁在讲述产品时，更多是通过"越是裁剪简单的大衣越要看面料""搭配的松弛感在于一双运动鞋"等话语传递给消费者一种简单、轻松的生活理念。在"董"生活直播间里，消费者购买的不是产品，而是董洁这份价值观表演下自我实现的满足感。

五、结　语

随着直播产业逐渐规范化发展，业内也在思考新的直播样态。首先，主播们并不希望自己是单一的售货员，而是成为功能多样、内涵更丰富的互联网营销师。同时，初期用价格优势获取竞争力直播产业所呈现出的样态也并不健康，尾部主播很难争取到价格优势，头部大主播形成垄断，不利于长期的产业发展。而且，随着 Burberry、Bally、Hugo Boss、Coach、Michael Kors 等高端品牌都已经在各大电商平台发展了固定自播，直播电商已经进入常态化时代，消

---

① 陈俊峰，许永超. 拟像时代的口语文化传播：对淘宝直播间的考察[J]. 青年记者，2023(8)：59-61. DOI：10.15997/j. cnki. qnjz. 2023. 08. 005.

② 福原泰平. 拉康[M]. 王小峰，译. 石家庄：河北教育出版社，2002：31.

③ 案例 SHOWCASE. 董洁如何为三亿中产选品 | 中国爆款[EB/OL]. (2023-04-11)[2023-05-06]. https://mp. weixin. qq. com/s/5eRnl3DEZPlWK-E2CsQpMQ.

费者直播种草的消费心智已经培养成熟。品牌叙事恰为直播种草提供了一条发展路径,即从卖产品到讲品牌,用自己的价值观表演打动消费者,实现占领消费者心智的目标。未来,不论是常为人诟病的明星直播,还是刚开始发力的小红书直播,抑或是正在探索道路的奢侈品直播,都可以考虑从品牌叙事的角度建设直播种草领域。

参考文献

[1] 种草内容平台营销价值白皮书[R]//上海艾瑞市场咨询有限公司.艾瑞咨询系列研究报告,2021:418-462.

[2] 社区营销研究院.新消费新策略《2022年中国新消费品牌发展趋势报告》一览![EB/OL].(2022-04-14)[2023-05-06].https://mp.weixin.qq.com/s/z3MizocSI HCZe-vmIz5XYQ.

[3] 王菲.品牌叙事[M].北京:中国人民大学出版社,2022.

[4] 谢新洲,林彦君.从工具理性到汇合营销:基于直播带货的品牌传播优化路径[J].新闻爱好者,2021,525(9):42-46.

[5] 三联生活周刊.专访花西子创始人花满天:植根民族文化,志在百年品牌[EB/OL].(2021-03-20)[2023-05-06].https://mp.weixin.qq.com/s/iVY9oQTMkT6g SkZng87BmA.

[6] 陈俊峰,许永超.拟像时代的口语文化传播:对淘宝直播间的考察[J].青年记者,2023(8):59-61.DOI:10.15997/j.cnki.qnjz.2023.08.005.

[7] 福原泰平.拉康[M].王小峰,译.石家庄:河北教育出版社,2002.

文化场域视角下文旅短视频口语传播策略重构

——以"广西文化和旅游厅"抖音号为例

牟坤书

（广西艺术学院影视与传媒学院，广西南宁 530022*）

摘　要：近年来，短视频成为文化传播的新场域，也成为文化交流、文化互鉴的新渠道。随着 5G 技术的发展，短视频特别是文化类短视频以创作的便捷性呈现出更强的视听冲击效果，也为口语传播带来了更多机遇。同时，文化旅游作为一种新的生活方式开始出现在大众视野。因此，口语传播作为文化传播的重要手段之一也在不断被重塑。从"看"到"听"再到"说"，口语传播为文化传播带来了更多可能。文章在皮埃尔·布迪厄的场域理论指导下探讨"广西文化和旅游厅"（以下简称"广西文旅厅"）抖音短视频口语传播策略重构问题。

关键词：口语传播；文化场域；短视频；传播模式

随着短视频行业的崛起，短视频的用户在不断增长，各平台竞争愈发激烈，优质内容创作成了重中之重。目前，抖音已经成为了文化和旅游厅重要的宣传推广平台。广西文旅厅充分利用抖音平台，通过组织各种活动和直播，为广西文旅厅赢得了大量的用户。"广西文化和旅游厅"抖音短视频创作至今，经历了雏形（2019—2020）和摸索阶段（2021—2023），本文将从两个阶段探析广西文旅厅在短视频创作方面口语传播价值的回归与再现。

作为广西文旅厅官方抖音账号，广西文旅厅联合广西云发布《记录在路上》《"共赴春光 TOUCH（踏趣）壮乡"全国广播电台 DJ 身游壮乡》等短视频栏目，为全国网友展示广西的风土人情、旅游资源、美食特产等。截至 2023 年

　＊　作者简介：牟坤书，男，硕士研究生。

4月28日,"广西文化和旅游厅"官方抖音账号发布了1162条短视频内容,获赞254.5万次。其中视频播放量最高的是"云上壮族"拍摄的"云上壮乡·锦绣田园"视频,播放量为110.3万次。其他视频内容中的"壮族三月三""乡村振兴""壮乡美食"等视频也均取得了较好的传播效果。

一、文旅短视频的言语嵌入与文化场域

(一)口语传播的变迁:短视频"声音场景"构建

口语传播理论是由美国社会学家拉扎斯菲尔德提出的。他在《群众心理学》一书中提出,"我们可以把群众心理看作是一种特殊的传播现象。""它是在一种特定的时间、地点和条件下,由具有一定知识或经验的人对一定数量的人所进行的、具有特殊结构和特殊过程的传播活动。"[①]

口语传播理论的发展经历了一个由朴素到丰富的过程。早期的口语传播理论主要是以人际传播为主要研究对象,只重视口语的形式,忽视口语传播的内容,导致一系列误解。20世纪50年代以来,电子技术、通信技术的迅速发展和计算机的普及应用,为口语传播研究开辟了广阔的领域。人们逐步认识到:口语传播既是人际沟通过程,又是大众传播过程;既有内在规律,又有外在机制。20世纪60年代以后,随着电脑、卫星通信、电视等新技术、新手段的应用和发展,特别是互联网的普及应用,人们可以用计算机代替手工操作来进行各种信息交流,同时也推动了口语传播研究向新阶段发展。总之,口语传播是一个复杂的系统。

在互联网的普及应用下,短视频作为一种新型传播媒介,以其短小、碎片化、强互动等特点,迎合了当下受众的碎片化信息消费需求。它在丰富人们生活方式的同时,也带动了一系列新兴产业的发展。其中,文旅行业是短视频平台发展过程中最具活力的行业之一,是推动我国文旅行业转型升级的关键力量。因此,从文化与旅游产业融合发展的视角出发,对文旅短视频话语体系构建进行研究,既可以为我国文旅短视频话语实践提供参考和借鉴,也能够推动我国文化产业实现高质量发展。但是,从目前的情况来看,文旅短视频的话语

---

① Chesebro, J. W. Why we need to change our name to the National Communication Association[J]. Spectra, 1996, 32(11): 2-22.

构建尚不完善,需要进一步探索与构建。

(二)文化场域视角下短视频传播现状

法国社会学家皮埃尔·布迪厄(Pierre Bourdieu)在其名著《场域、资本和惯习》中,将场域(field)、资本(capital)、惯习(practice)等概念引入社会学理论中,形成了文化场域理论。该理论认为,文化场域是一种能够将个人或群体组织起来的社会结构,也是一种使社会成员可以在其中进行社会互动的组织系统。布迪厄认为,文化场域是一个"文化实践的场所",每个人都生活在特定的文化场域中,不同人对同一个文化场有着不同的态度和行为,而他们对同一场域所作出的反应又决定了他们之间不同的地位。

随着互联网技术的发展普及,文化场域由线下延伸至线上。随着文旅短视频平台的兴起,文化场域也在逐渐发生变化。一方面,传统意义上的线下文化场域正在向线上迁移;另一方面,以抖音为代表的文旅短视频平台将人们生活中习以为常的文化内容进行重新编码、改造、组合,并在社交平台上以更加多元和开放的形态进行呈现。

二、文旅短视频口语传播的"隐匿"与解构

短视频是近年来流行的传播形式,但从其发展趋势来看,短视频传播的口语化特征也愈发明显。以抖音为例,从 2018 年 1 月至 2019 年 12 月底,抖音上有超过 10 亿次短视频播放量。在这个过程中,抖音上的用户使用了大量的口语词汇和口语表达方式,从而使他们在观看视频时能够感受到语言共鸣,进而对其产生情感上的认同。所以在分析抖音用户口语化倾向时,不能将其简单地归结为"戏谑"和"调侃"两个方面,而是需要结合其内容和传播特征进行分析。

(一)短视频口语传播现状

在抖音平台上,短视频内容大致可以分为三类:一是记录生活、分享日常、展现生活百态的生活记录类;二是讲述故事、传递观点、普及知识的知识科普类;三是表达观点、讲述故事、塑造人物形象、传达情绪情感的情感类。从这些内容来看,短视频中运用最多的便是口语化语言。所谓"口语化语言"是指具有一定表达能力和情感色彩的语言形式。这种表达方式能够让用户感受到强烈的情感共鸣和鲜明的人物形象特征,从而对视频内容产生认可与喜爱。

受众在观看文旅短视频时,往往会发现它与一般的短视频有所不同。因为在看这类文旅短视频时,人们往往会有一种代入感,也就是所谓的"沉浸感"。例如在观看《航拍中国》这类短视频时,人们能够明显感受到祖国的大好河山之美。这种情况下,人们往往会有一种"身在其中"的感觉,而这种感觉正是文化传播中口语传播带来的效果。它通过短视频中各种生动、鲜活、富有感染力的画面,吸引着用户沉浸其中。然而研究发现,文旅短视频话语传播存在着内容缺失、语言样态单一、权威性流动等缺点,需对短视频话语进行有效引导和规范。

(二)口语传播缺失,城市文化认同异样

随着"城市形象"的兴起,各地政府纷纷将城市形象纳入城市发展战略之中,大力塑造具有地方特色的城市形象,并使之成为城市发展战略的重要组成部分。然而,在短视频话语传播过程中,一些短视频平台成为城市形象塑造的重要推手,对此现象进行分析,有助于我们更好地理解城市形象塑造和传播的现象及影响。

短视频话语传播在城市形象塑造中具有重要作用。短视频话语是指在移动互联网环境下以短视频为主要载体和表现形式,通过创意性地表达信息、宣传推介城市的话语体系。近年来,短视频凭借其娱乐性、互动性等特点得到了快速发展,与此同时,一些负面的不良信息也在短视频平台上传播蔓延,在一定程度上影响了用户对城市文化内涵的认知和感受。因此,对文旅短视频话语传播在城市形象塑造过程中所发挥的作用进行研究,有利于我们更好地了解这种现象及其影响。

从广西文旅厅的抖音短视频来看,2020 年发布的短视频以简单的抖音话题倡导、广西通俗民族文化视频为主,运用智能自动配音,甚至选取文化旅游宣传片段,观赏率较低,口语传播"缺席"。2021 年发布的短视频内容逐渐发生变化,主要以风景视频配以音乐为主,而此刻仍缺少人物现身、口语解说,观赏性不足。但我们欣喜地看到,广西文旅厅简化编码、解码的过程,在文化实践的场所中努力寻找受众对于文化的认同感和情感共鸣。此后又借助"金牌导游说广西"系列活动,通过优秀导游简短的介绍,唤起人们对广西文化产业的热情。但是,他们仅仅通过单一的旅游词介绍,难以使处于社会场域中的人们感受到文化的"真实存在",这也体现出这一阶段短视频传播中话语缺失带来的文化认同多元化。

（三）口语传播同质，遮蔽文化形象个性

随着短视频平台的发展，越来越多的文旅品牌和景区通过短视频来进行传播。从最初的"抖音＋景区""抖音＋酒店"等，到如今的"抖音＋美食""抖音＋景区"等，一系列短视频的出现，让文化行业迎来了一波发展红利。然而，文旅短视频在进行传播时，存在语言、内容同质化现象突出和形式单一等问题，缺少创意性表达和强视觉冲击力。口语传播本身就是一种文化活动，旅游行业在进行传播时，不能仅停留在景区和产品的推广层面。

广西文旅厅 2021 年在宣传"三月三"时，短视频中逐渐出现人物元素，在"玩出新花 YOUNG"系列活动中，邀请摇滚唱敬酒歌、Summer 乐队演唱《壮族三月三》，歌词中出现"三月三""山歌""铜鼓""贝阿侬嘞"等壮族元素，说唱组合黑池户演唱的《山歌敬亲人》，歌词中出现的"山歌""绣球""壮锦""刘三姐"等地域文化词语，那坡黑衣壮的"老男孩"绿水母乐队演唱《家乡的歌》中出现的"侬阿内""壮家敬酒""山歌"等广西壮族口语词汇，都在召唤"小屏"外的受众主动接受"文化唤醒"。然而，我们也应看到，仅凭几首近似的改编歌曲不能持久"渲染"，特别是在风格近似、内容同质、歌手小众的演绎下，受众内心的"文化流向"可能会发生转变，这也向下一步广西文旅厅的短视频创作提出了更严峻的挑战。

（四）由传统向新型口语传播的流动

在口语传播中，口语传播的主体是个人或群体，其载体是特定的时空中有目的、有意识地呈现出来的信息。"口语"作为一种文化传统，也形成了一种新的话语方式。在媒介化社会中，语言符号被赋予了新的功能和表现形式。短视频口语传播通过对传统口语传播的颠覆和创新，赋予了新的媒介语境下口语传播新形态，促进了口语传播形式的多样性发展。

2022 年 1 月 30 日，广西文旅厅发布新年宣传 MV，MV 邀请广西籍演员王鸥以普通话述说"心侗程阳"。视频中王鸥口述"程阳八寨""油茶""侗寨""柳州三江程阳八寨"等民俗特色，王鸥普通话语音代替方言语音，避免因为方言语音产生的歧义而造成误解。当年，广西文旅厅在宣传"三月三"时还创作了《春暖花开三月三》MV。在一系列文旅短视频中，口语传播逐渐发生"语码转换"，在口语之间转换语音和字形产生新的意义。这一时期的短视频不再单独依靠传统的口语传播，而是逐步向新型口语传播发展，显现出一些新特征：一是语言形态更加丰富，二是信息来源更加多元，三是信息交流更加即时化。

三、文旅短视频听觉生态与口语文化的"在场"

随着媒介化社会的到来,新型口语传播的发展进入一个新阶段。作为一种以口语为基础的传播形式,新型口语传播是以技术为基础,以信息为导向,通过对口语的重组、转换、加工,使其变成更加适应社会需求的表达形式。

（一）场景适配造就情境感知

短视频口语传播以场景适配与情境感知为主要特征,场景适配包括空间适配和时间适配,情境感知则包括主体感知和客体感知。在短视频口语传播中,个体或群体与口语传播者之间的互动不仅是内容意义的生成过程,更是一种双方关系建构的过程。短视频的口语传播研究从"在场"视角出发,考察其"在场"的媒介想象与情感互动。短视频的口语传播呈现出"在场"的媒介想象,即基于对场景和互动的构建。短视频口语传播不仅是一种技术,更是一种媒介想象,这种媒介想象又在不同时空中创造了不同的社会空间。

2022年,《趣广西打工！怦然心动的 offer》微综艺来到桂林录制。在节目中,阳朔县漓江景区管理有限公司莫主管曾用诗句"两座山峰相连,像倒挂着羊的蹄子"阐释杨堤码头的由来。当他们来到"甲天下风光"的地理标志时,又吟诵古诗"下龙三峰峰对峰,老人骑鸡望江流。自古游人纷纷过,谁人到此不抬头"。在身临其境的空间配置中,莫主管的话语传播赋予了短视频"古往今来"的时间配置,既让短视频成为日常生活的"现场直播",也让其成为公众表达情感、参与社会讨论与互动、构建文化共同体、参与公共生活的重要场域。

在"壮乡春正好 潮起三月三 相约游广西"MV 中的歌词"妈妈织好了壮锦,阿妹绣好了绣球,阿哥备好了米酒,只待你来",通过情感互动建构起一个有温度、有烟火气的公共空间,营造出与现实生活中截然不同的景观。在这一系列话语传播中,广西文旅厅尝试通过听觉传播下的"场景再现＋媒介联想"双重文化说服,潜移默化地使"不在场"的人仿佛身体"在场"。

（二）口语传播表演催生空间真实

口语传播表演指人们通过语言和行为表达自己的情感、思想和观点。短视频作为一种新媒体形式,口语传播表演为人们带来了丰富的视听体验。在短视频口语传播中,表演的衍生对传播真实性产生了积极影响,以"沙龙式"对话呈现空间真实感,有利于消解信息虚假性。

2022 年,广西文旅厅邀请阳朔籍网络达人"栓 Q 哥"刘涛宣传阳朔。"栓 Q 哥"刘涛曾以一首 *Row Your Boat* 火爆全网,刘涛带有阳朔口音的英文"thank you"被网友戏谑地翻译成"栓 Q",一度成为口语传播网络热门听觉符号。2022 年 9 月 10 日,短剧《去女朋友家,该送什么样的中秋礼物》,通过男生主人公内心独白,宣传合浦月饼小镇,真实展现了合浦月饼的制作过程和真材实料。短视频中通过介绍广西文化旅游推广大使梁玉莹,赋予她"暖酷表妹"的称号,并借助她在国内知名音乐赛事的冠军荣誉喊出"让广西好声音唱响全国"的宣传口号。在短视频平台中,人们通过真人出镜或虚拟出镜等多种方式来进行口语传播表演。与传统媒介相比,短视频口语传播表演具有交互性强、易分享、易模仿、互动性强等特点,但也存在着真实性低、可复制性强等问题。

(三)具身存在推动空间叙事

从传播学角度来看,短视频在口语传播中强调身体在场和身体交流。这种新传播方式突出了短视频口语传播中身体与空间、听觉、视觉等因素之间的互动关系。短视频口语传播中身体在场可以体现在两个方面:一方面表现为身体的视觉呈现,另一方面表现为身体与空间的互动。短视频口语传播具有以身体为中心的特征,其中呈现出的具身化和互动化,可以使受众获得一种沉浸式、强交互、强体验、强沉浸的传播体验。

2023 年 2 月 13 日,广西文旅厅发布纪录片《记录在路上》,旅游达人梁伟龙以壮语叙述,旁白用壮语和汉语普通话阐述。广西文旅推广大使沈鹏鸣现身各个城市,品尝城市特色美食时也用轻松愉悦的表达介绍自己"具身"品尝的美食:"林俊杰爱浪漫广西,麦兜爱吃纸包鸡,不吃一口真可惜,梧州城里喝冰泉,一口甜的一口咸,喝完心口软绵绵。"短视频口语传播中旅游达人梁伟龙、广西文旅推广大使沈鹏鸣的身体在场表现为身体的参与和互动,短视频中餐厅的美食品尝即空间叙事是对现实世界的建构,受众在其中能够体验到与现实世界一致的空间,即"在这种空间里,身体可以扮演重要角色,它让我们看到、听到和经历世界上的一切。这种空间既是我们创造出来的,也是我们所置身其中的"。

短视频口语传播中身体在场和空间叙事的特征,使其突破了传统口语传播中时间和空间的限制,将具身化的口语传播推向了新的空间叙事,使受众获得一种沉浸式、强交互、强沉浸的传播体验。

四、口语传播策略创新路径探析

（一）建立亲切、包容、多元的话语传播体系

在新的媒介环境下，新兴媒体之间需要建立一种新型的短视频创作、传播模式和受众关系。新媒体平台搭建了一个公众与短视频创作和传播相互参与、相互沟通的平台，形成了一种多元、包容、对话性质的公共空间。这种公共空间即是短视频生产和传播过程中最贴近受众的部分。

构建尊重、关切的话语表达体系，在口语表达中融入情感化的话语表达，不仅能拉近与受众的情感距离，还能激发他们对文化内涵进行深度解读和分析的兴趣。每个人都有其情感与思想，共情也是短视频创作中不可或缺的重要元素。因此，在叙事方式上应多采用以共情性语言为主的个性化语言，将情感话语融入其中，增强意义表达的说服力和感染力；在叙事视角上要善于利用情感因素、共情因素进行报道内容的创作和呈现，使话语具有"共情"性和"共鸣"性。

（二）从"平民化"路径发掘新的传播视角

从短视频创作的角度来看，传统的短视频叙事模式发生了变化，改变了过去以第一视角为代表的"硬"性叙事路径，而是将更多视角和信息引入叙事之中，让受众在接收到传统意义上的信息同时还能参与解读和讨论。这种视角上的变化，让视频视角呈现出"平民化""下沉化""去精英化"等趋势。然而，新时代下的短视频创作却出现了一个令人困惑和担忧的现象，即过度强调短视频创作内容本身，忽略其他因素，使报道中出现一些对社会问题认知不全面、对现实问题解读不到位、缺少人文关怀或价值观偏颇等弊端。因此，在新媒体语境下进行传统思维模式的短视频创作时，必须树立正确的价值观，从受众需求出发。

（三）通过社交可供性与受众建立深度连接

有研究发现，社交可供性为社交媒体文化产品的传播提供了可能性和便利性，同时也成为影响受众参与互联网环境中深度互动卷入的重要因素。目前，受众与媒体的互动方式主要以文本互动交流的评论区点赞讨论、视频弹幕互动为主，这些互动手段都充分利用了新技术的社交互动性，在媒介联系受众方面发挥了不可替代的作用。

通过社交化传播让用户参与内容生产。在这种模式下,用户不再是被动接受者,而是短视频内容的生产者。在众多互联网平台和应用中,受众"眼花缭乱",真正吸引受众的还是那些"近便"的信息。这主要指受众不仅可以轻松触手可及,也可以便捷参与。如今,人们可以在抖音上观看官方媒体发布的主流信息,以往需要"眺望"的信息,现在可以参与发表自己的言论,抒发自己的观点。媒体也建立起与受众的联系。

五、结　语

近年来,国内学者对有声媒体和播客的关注和讨论逐渐深入,并提出了诸如"声音""声景""听觉文化"等概念来指代有声媒体、声景和听觉文化等相关话题。无论是有声读物还是短视频口语,都具有其独特的内容属性,这些内容生产主体在对当下社会进行审视与反思的同时,也在"发声"中获得了新的生活意义,使其与受众的身体在场形成一种"反身体"的具身倾向。以"声音"为介质,受众实现了对本雅明所言的"讲故事"的重塑,使其在内容生产和传播中重新获得了主体性,也为受众的身体在场提供了一个更加真实和多元的空间。

在媒介化社会的语境下,人们对于"在场"的感知已经从客观实体空间转变为由电子媒介构建的虚拟空间。在这个虚拟空间中,主播的身体呈现为一种"可视化的现实",受众对于身体在场和声音在场的追求,也从对"物理实体"的依赖转变为对"视觉霸权"的反抗。在大众媒体时代,视听语言已经发展成一种重要的交流方式。在视觉文化主导的社会里,听觉的重要性被不断淡化。但伴随着移动互联网的发展,听觉语言依旧蕴藏着丰富的潜能。

参考文献

[1] 陈力丹.传播是信息的传递,还是一种仪式?——关于传播"传递观"与"仪式观"的讨论[J].国际新闻界,2008,(8):44-49.

[2] 谢清果,曹艳辉.口语媒介的变迁与人性化传播理念的回归[J].徐州工程学院学报(社科版),2013,(3):79-84.

[3] 季凌霄.从"声景"思考传播:声音、空间与听觉感官文化[J].国际新闻界,2019,(3):24-41.

[4] 王媛."口耳相传"的数字化重建:社交媒介时代的口语文化[J].现代

传播(中国传媒大学学报),2020,(6):27-31.

[5] 曾一果,时静.从"情感按摩"到"情感结构":现代性焦虑下的田园想象——以"李子柒短视频"为例[J].福建师范大学学报(哲学社会科学版),2020,(2):122-130,170-171.

[6] 季芳芳.文旅扶贫与政务短视频:缘起、现状及问题[J].中国报业,2020,(3):26-28.

[7] 陈虹."人机"协作,正在重构口语传播[N].社会科学报,2021-3-11(5).

[8] 米斯茹.可听的身体:审美现代性视域下的主持人身体实践[J].中国主持传播研究,2020,(1):109-118.

[9] 许加彪,张宇然.耳朵的苏醒:场景时代下的声音景观与听觉文化[J].编辑之友,2021,(8):12-17,23.

徐静雨式解说:开启中国网络体育解说"娱乐至死"时代

陈鑫隆

(上海体育大学新闻与传播学院,上海杨浦 200438＊)

摘　要:随着新媒体技术的不断发展以及各网络新媒体平台入局体育传播,网络体育传播已逐步发展成国内体育传播的重要力量。当下我国网络媒体平台的体育解说存在过度娱乐化的现象,且以徐静雨为代表的网络体育解说员们,正加速着我国网络体育解说过度娱乐化的进程。徐静雨等非专业网络体育解说员在体育解说的实践过程中消解体育解说的专业性、体育解说过程中存在倾向性等问题,这类非专业性的体育解说还使得中国网络体育转播平台的人才选拔机制发生改变。

关键词:体育解说;篮球;娱乐化;后真相化;新媒体传播

一、中国网络解说时代体育娱乐主播第一人

2022 年 NBA 季后赛期间,徐静雨作为百视 TV 的篮球解说员,在网络上爆红出圈。其体育解说时激情化的语言表达、娱乐化的解说风格在网络上获得了无数关注,其解说内容在网络上引起热议,在篮球迷中迅速传播。他还凭借一己之力使百视 TV 成为那年 NBA 季后赛观看量最高的 NBA 转播平台之一。以 2021—2022 赛季 NBA 季后赛凯尔特人对阵雄鹿的一场比赛为例,百视 TV 徐静雨直播间一开播人气就达到 200 万,到达峰值时突破 500 万。而同样的一场比赛,腾讯体育的直播峰值人气才 200 万,咪咕视频则只有 150

＊　作者简介:陈鑫隆,男,硕士。

万。无疑腾讯体育和咪咕视频的解说员和评论员从业时间更长、解说更为专业,但是徐静雨却能在这样的解说环境中获得如此大的关注度,从侧面说明了观看其解说的受众并不在意其解说专业与否,更多的是被其情绪化和娱乐化的解说风格所吸引。

当下媒介娱乐化现象严重,体育媒介的娱乐化现象也逐步加重。就笔者看来,这正是尼尔·波兹曼在《娱乐至死》中谈论到的潜移默化的娱乐化影响,而这也正是催生这种极具情绪化、娱乐化体育解说存在的原因。笔者认为,徐静雨的确通过其娱乐化的解说风格吸引了大批受众,但这并不意味着其解说多么专业和优秀,相反这正证明了其解说内容专业性的不足和过度娱乐化,并通过这种极度不专业、极度娱乐化、极度情绪化的赛事解说风格,获得网络受众对他的关注。

(一)网络平台的"草根网红"进化为篮球解说员

2020年,在NBA联盟停摆期间,一个篮球自媒体人火了,这个人就是操着一口东北方言、录制节目时背景是桑拿房的徐静雨。彼时在短视频平台和网络社区到处都能看到关于徐静雨的话题讨论,当时抖音上还出现了模仿徐静雨热潮,大家争相模仿徐静雨《雨说体育》节目的表达风格以及其在抖音直播时的情景,并对他的各种经典语录进行模仿。

2020年底,徐静雨在网络上爆红之后获得了来自腾讯体育的关注,腾讯体育邀请其作为连线嘉宾参与腾讯自制体育综艺栏目《有球必应》,通过此节目徐静雨获得了更多关注。

2022年3月2日,徐静雨在湖人对阵独行侠的比赛中,首次以体育解说员的身份出现在百视TV的NBA转播中。此后,徐静雨便从短视频平台的"草根网红"正式转变成了体育解说员。如今,徐静雨更是活跃在各网络体育转播平台进行体育解说工作。

(二)徐静雨"自成一派"的体育解说风格

徐静雨在成为体育解说员之后形成了属于自己的独特的体育解说风格,其解说语言和风格与我们熟知的体育解说员大相径庭。传统媒体的体育解说员以及受过专业训练的体育解说员以专业性的体育解说为主,而徐静雨的解说则呈现出过度情绪化和娱乐化的特点。

在徐静雨体育解说的过程中,其对于比赛场景画面的描述大多采用情绪化叙事的方式。如2022—2023赛季NBA季后赛首轮勇士对阵国王的第四场比赛中第一节最后一分钟时,徐静雨在解说中谈及勇士主教练史蒂夫·科尔换人调整时用东北口音激动地喊道:"还不下格林,哪是你亲儿子,简直是你亲爹,这简直是没有这么对待的。这俩是一路货,科尔、格林一路货。谁都能看出来,全世界都能看出来格林有问题。"这样的解说表达中没有体育解说员应有的对于篮球比赛专业化的分析,也没有解说员应有的标准普通话的发音,也没有客观中立的解说立场,但就是这样的解说风格,成为了徐静雨独有的标签,操着东北口音、解说语言粗犷、情绪化叙事,成为徐静雨的人设。

类似于这样的表达方式,在徐静雨的解说过程中占比很大。他就是用这种被情绪裹挟的叙述方式吸引观众注意力,将受众带入后真相化、娱乐化的观赛氛围中。

二、中国网络体育解说走向"娱乐至死"时代

尼尔·波兹曼在其著作《娱乐至死》中,表露了对于自己所经历的报刊时代向电视时代过渡时过度娱乐化的担忧,他在书中写道:"一切公共话题日渐以娱乐的形式出现,我们的政治、宗教、新闻、体育、教育和商业都心甘情愿地成为娱乐的附庸,成为一个娱乐至死的物种。"①要知道尼尔·波兹曼死于2003年,他对于电视时代娱乐化的担忧和批判已经很严重了。虽然他那时也预测过未来的电子信息时代,并且也表示过担忧,但想必他难以想象电子信息时代能发展到当下的程度。尼尔·波兹曼认为,那时的电视节目以小时为单位进行转换,已经影响到人们注意力的集中了。而当下进入短视频时代,短视频内容开始以秒为单位进行转换,人们的注意力更是遭到了史无前例的破坏。同时,在受众的注意力难以集中的情况下,内容生产者开始绞尽脑汁地思考如何用持续不断的娱乐内容留住受众,娱乐至死的时代逐渐来临。

尼尔·波兹曼担心一切公共话题日渐以娱乐的形式出现,体育正是其担心的内容之一。尼尔·波兹曼在书中并未大篇幅地讲解对于体育娱乐化的担忧,但是其在文中提到了一句关于当时电视体育解说的言论"你还会让体育播音员故意用上粗鲁的语言"②。这句话在中国电视体育解说的时代似乎并没有应验,毕竟中国的电视台归各级党委宣传部管控,各级党委宣传部起到了较好的"把关人"的作用。但是这句话如今开始在中国网络体育解说的时代

---

①② 尼尔·波兹曼.娱乐至死[M].章艳,译.北京:中信出版社,2015:4.

应验。

徐静雨在进行体育解说的过程中,出现了大量尼尔·波兹曼在其书《娱乐至死》提到的粗鲁的语言:包含性隐喻的解说语言、过激的情感表达甚至直播过程中不断响起的手机铃声。但是以上提到的被认为其不专业的几个方面,却能够吸引网络受众的观看,并成为在网络上流传的搞笑的"二创"内容,从而吸引更多受众。不得不说随着徐静雨的出现及其解说风格受到网络受众的接受和喜爱,中国网络体育解说也进入了"娱乐至死"的时代。

三、中国网络体育解说专业性的消解

(一)解说的单向度——解说文化的消逝

伴随着徐静雨逐渐成为中国体育解说界的顶流,中国网络体育解说也进入了"娱乐至死"的时代。与此同时,体育观众也成为体育解说娱乐化的附庸。

在这个流量至上的自媒体时代,网络体育解说员和观看体育赛事的观众都成了单向度的人。网络体育解说员在通过自己娱乐化、情绪化的解说风格获得巨大流量之后,其便会固化和加强这种解说的风格。这类体育解说员会单方面地认为自己这种可以收获流量的解说风格是正确的,便不去思索体育解说的专业性,不去思索体育解说的意义,也就不会对于自己的解说风格进行理性思考、否定和判断,从而成为单向度的体育解说员。

同理,体育观众在观看这类极具娱乐化、情绪化解说的体育赛事之后,在观赛的同时得到了情绪的宣泄,观众观看此类型的解说与观看之前专业性解说的感受完全不同。专业性的体育解说态度中立、语言规范、鲜有情绪化的内容表达。而观看徐静雨这类娱乐化、情绪化体育解说风格解说的比赛,能让观看比赛的观众获得自身情绪的宣泄。当受众开始观看这类娱乐化、情绪化的体育解说之后,便很难再次回归观看专业性体育解说的比赛,就像开始通过浏览短视频获取信息后,你很难再去静下心来阅读报纸。

波兹曼在《娱乐至死》里说:一切都以娱乐的方式呈现;人类心甘情愿成为娱乐的附庸,最终成为娱乐至死的物种。娱乐化、情绪化的体育解说风格确实可以获得巨大的流量,但是我们不得不产生一些担忧。因为这种体育解说风格的出现,正加速着解说文化的消逝,将体育解说本该拥有的专业性都转化成了娱乐性。

　　在网络媒介快速发展的今天,我们应认清体育解说的本质以及体育解说在体育传播中的重要性。首先,体育解说员应有较高的政治素养。体育是一种特殊的社会文化现象,有着丰富的精神内涵,体育解说员作为体育文化和精神的重要传播者,一定要具备过硬的政治素质,才能从宏观上把控中国特色社会主义文化建设对体育竞赛、参与、实践等的切实指导作用。[①]　其次,体育解说员应有扎实的专业素养。不管体育解说员处于哪个时代,扎实过硬的基本功都是必需的,标准的普通话、优美的嗓音、即兴口语表达的能力等都是体育解说员所必备的,如果自身的专业水平不过硬,也很难让受众乐于聆听你的解说。再次,做好体育传播中"把关人"的角色。体育解说员是体育传播中的最后一道防线,对于体育解说的内容把握极为重要。做好体育传播中的"把关人",不仅决定着信息内容的数量与质量、流量与流向,甚至决定着对社会的作用与影响。

　　总之,媒体应该作为更专业的存在,传递给受众应该接受的正向信息内容。网络体育解说也应更多地传递体育精神、专业化的体育知识,而不是一味地追求娱乐化、情绪化,让体育解说员一步步变成娱乐主播。

　　(二)非专业体育解说实践中的倾向性

　　体育解说是一种拓展性的新闻报道,体育解说具有倾向性更是一种普遍的现象,它能与受众产生强烈的共鸣,从而大大提高新闻效果。然而,过于强烈的个人感情也会带来负面影响。[②]　当下中国网络体育解说由于过度追求娱乐化、情绪化以及对于观众的感情陪伴,为追求流量,会选择性地进行有倾向性的体育解说。例如,徐静雨在体育解说的过程中,会倾向于国内球迷数量庞大的 NBA 球队,比如在解说金州勇士的比赛时他的解说立场也会站在勇士球迷一边,从而让众多国内的勇士球迷以及库里、汤普森等勇士球星的粉丝对其产生好感,从而用这样带有倾向性的体育解说风格获得更多关注、更大流量。中国网络体育解说平台的非专业体育解说员也较多地存在这种通过非客观中立的倾向性解说风格获取关注度和流量的现象。

　　一方面,由于非专业网络体育解说员大多是体育网民转化而来的,其对于体育信息的了解会受到体育社交媒体和网络社区的影响。目前国内知名篮球论坛"虎扑体育"中热度最高的几支球队分别为洛杉矶湖人队、菲尼克斯太阳

　　①　雷国楳.新媒介环境下体育解说员的人文内涵构建[J].河北体育学院学报,2013,27(5):25-27.

　　②　高瞳美.体育解说评论倾向性的批评话语分析[J].海外英语,2020,(13):229-230.

队、金州勇士队、费城 76 人队、洛杉矶快船队,这些球队内都有巨大流量和话题度高的 NBA 球员,关于这些球队的新闻数量也就更多。

因为非专业网络体育解说员对流量大、新闻多的球队了解更多,故在他们进行体育解说的实践中便会潜移默化地对流量大、新闻多的球队评论更多,造成他们在体育解说过程中的倾向性。

另一方面,由于流量大的球队有更大的球迷基础,因此非专业网络解说员为获得更多关注,在进行体育解说的过程中,会通过带有倾向性的情绪化表达激发相关球队球迷观赛时的共鸣。

体育解说员在进行体育解说的过程中理应保持客观中立的解说态度,然而,在中国电视体育解说的时代便存在各地方台在转播本土球队时有一定倾向性的现象。如今,随着自媒体时代的到来,这种包含背离体育解说专业性的带有倾向性的解说变得越来越多。

(三)中国网络体育解说人才选拔机制的流变

伴随着中国网络体育解说文化的消解,中国各网络体育解说平台的人才选拔机制也随之产生流变。徐静雨已经在百视 TV 进行体育解说,之后在2022—2023 赛季的 NBA 季后赛期间,徐静雨还出现在咪咕视频 NBA 二台直播间进行解说。徐静雨在网络上爆红之后,中国各网络体育解说平台便展开了对于徐静雨的追捧,或期待培养或寻找到与徐静雨这种娱乐化、情绪化解说风格类似的体育解说员。腾讯体育在 2021 年举办了《上线吧解说员》的选拔节目选拔新人 NBA 解说员,这次选拔区别于之前主流媒体选拔体育解说员的方式,旨在寻找不一样的解说。最终,这次选拔的冠军是"篮球独立团",他在进行篮球解说时使用天津话方言解说,而天津方言是中国最诙谐幽默的方言之一,其采用方言进行娱乐化体育解说的风格得到了这次比赛的认可。

咪咕视频在拥有大量体育转播版权之后,也开始尝试多种解说模式,例如推出了旨在互动解说新尝试打造沉浸式观赛体验的二台解说。咪咕二台的大多数解说员都是非解说专业科班出身的体育解说员,他们更注重陪伴球迷观赛,与球迷进行留言互动以及娱乐性地聊天。咪咕视频让观众从"被动收看"转为"主动选择",实现了视频直播与观众之间的交互,观众可以根据偏好自主选择央视解说、方言解说、现场原声等,满足观众多元的观看需求。① 但是咪咕二台虽希望满足观众多元的观看需求,但在满足观众多元化的观看需求中,

① 李婷婷.咪咕弯道超车,凭的岂止是赛事版权[J].上海广播电视研究,2022,(2):69-73.

满足观众的娱乐需求看起来成了最重要的一点。

由此看来,徐静雨式体育解说风格走红,影响到了中国网络体育解说领域的人才选拔机制。中国各网络体育解说平台也在新的人才选拔机制的背景下,形成非专业体育解说员数量不断增加的现状,加剧了中国体育解说领域专业浓度的稀释,致使网络体育解说员的水平参差不齐。如果未来中国体育解说的大环境就是追求非专业性及注重娱乐化、情绪化陪伴的解说,那注定会影响到未来年轻解说员的质量,导致优质体育解说员的数量持续减少。

中共中央宣传部办公厅、国家广电总局办公厅印发《关于进一步规范播音员主持人职业行为和社会活动管理的意见》指出,播音员主持人作为媒体的形象代表,是党的宣传思想文化事业的重要力量,承担着坚持正确导向、传播先进文化、引领文明风尚的重要职责。要坚持严管厚爱结合、激励约束并重,加快建设一支具有坚定政治立场、高尚道德品质、广博文化知识、崇高职业精神、过硬工作本领的专业人才队伍。《意见》还要求,严格执行播音员主持人持证上岗和执业注册制度。对各新闻单位所属新媒体、网络视听节目服务机构、节目制作经营机构等从事播音主持工作的人员,参照《意见》精神管理。

当下中国网络体育转播平台对于体育解说员的上岗要求不同于主流媒体,网络体育转播平台存在大量的非专业解说员,这些非专业解说员大多未取得相关上岗证,因此这类非专业体育解说员的专业性严重缺失,也因未严格执行持证上岗制,致使越来越多的娱乐性体育解说员出现在网络体育转播平台。

四、结　语

随着网络媒体的发展,中国体育解说也发展出丰富的体育解说样态,为体育受众在观看体育赛事时提供了更多的选择,比如以主流媒体为代表的专业化解说,以徐静雨为代表的娱乐化、情绪化的解说等。

对于未来网络体育解说的发展,笔者是悲观的。因为随着网络时代的不断发展,网络体育解说已不断呈现过度娱乐化的态势,并且在网络体育解说中还存在传播负能量的现象。而且这种娱乐化、情绪化的体育解说风格,正在致使体育解说员转向娱乐主播的发展路径。娱乐主播的更新迭代是频繁的,当徐静雨的娱乐化风格不再吸引受众时,新的娱乐化的体育解说员将会出场,从而引导着中国体育解说走向娱乐至死的时代。

中国网络体育解说平台应对网络体育解说的风格进行适当引导和把关,让体育解说不要过度娱乐化,让中国体育赛事直播娱乐至死的时代来得再慢一些。笔者期待,未来网络体育解说能够重回体育解说的正轨。